STUDIEN
ZUR DEUTSCHEN
LITERATUR

Herausgegeben von
Richard Brinkmann, Friedrich Sengle
und Klaus Ziegler

Band 38

HANSGERD DELBRÜCK

Kleists Weg zur Komödie

Untersuchungen zur Stellung des ›Zerbrochnen Krugs‹
in einer Typologie des Lustspiels

Max Niemeyer Verlag Tübingen 1974

cc

ISBN 3-484-18032-3

INHALTSVERZEICHNIS

EINLEITUNG[1]

Überblick über den Gang der Untersuchung

Zweifellos beruht die Bühnenwirksamkeit von Kleists ›Zerbrochnem Krug‹ auch - und nicht zum wenigsten - auf seiner »derben Komik.«[2] Kleist selbst hat sie in der derben dörflichen Szenerie und in der

[1] Einige Thesen, die diesem Buch zugrundeliegen, wurden bereits unter dem Titel »Zur dramentypologischen Funktion von Sündenfall und Rechtfertigung in Kleists ›Zerbrochnem Krug‹« in der DVjs. 45. 1971. Heft 4. S. 706-756 veröffentlicht. Die dort angekündigte Fortsetzung des Aufsatzes ist im Hinblick auf diese wesentlich erweiterte Buchveröffentlichung unterblieben.

Klaus Müller-Salget greift in einem Beitrag »Das Prinzip der Doppeldeutigkeit in Kleists Erzählungen« (ZfdPh. 92. 1973. Heft 2. S. 185) pauschal und entschieden die Methode des Aufsatzes an, indem er sie auf »willkürliche Verbindungen zwischen Bibelstellen und Kleist-Zitaten« zu reduzieren sucht. Daß Kleist selbst sehr deutlich die Kant-Krise in Zusammenhang mit religiöser Problematik bringt, beeindruckt M.-S. offenbar wenig. Vielmehr setzt er bei Kleist - wie Wittkowski, auf den er sich beruft - eine abgeschlossene Säkularisierung des biblischen Mythos oder gar den Kampf gegen ihn voraus, wo dieser Mythos für Kleist durchaus noch religiöse Verbindlichkeit besitzt. Die Behauptung, es bleibe dem Menschen nach Kleist »außer der eigenen Moralität nichts als das Vertrauen auf die Menschlichkeit des anderen«, widerspricht eklatant dem Befund der Kleistschen Dichtung. Indem Kleist in ihr die »eigene Moralität« und das »Vertrauen auf die Menschlichkeit des anderen« gerade zum Problem erhebt, zielt er keineswegs darauf, es resigniert oder auch trotzig zu akzeptieren, weil der Mensch nun einmal nicht daran vorbeikomme. Statt dessen führt er immer wieder zu einer Lösung, die das scheinbar Unlösbare dennoch als lösbar erscheinen läßt. Daß und wie dies geschehen könne, ist historisch so wenig ohne Kleists Beziehung zum biblischen Mythos zu erklären, wie sachlich ohne seine Beziehung zum Mythos überhaupt.

Daß Kleist Leibniz' ›Theodizee‹ gekannt haben könne, leugnet M.-S., weil sie von Kleist nicht irgendwo beim Namen genannt wird. Man braucht aber doch wohl kaum daran zu erinnern, daß es Epochen gegeben hat, in denen Leibniz zur Allgemeinbildung gehört hat, ganz abgesehen davon, daß sich Kant am Ende der ›Kritik der reinen Vernunft‹ (im Zusammenhang seiner Moraltheologie!) ausdrücklich auf Leibniz beruft. Der Rekurs auf Leibniz war Kleist also sogar durch Kant selbst nahegelegt, sobald ihm die Kantische Moraltheologie, nämlich eben in ihrer Berufung auf Leibniz, fragwürdig erschien!

[2] Bernd Schoeller: Gelächter und Spannung. Studien zur Struktur des heiteren Dramas. Zürich und Freiburg i.Br. 1971. S. 124.

1

Sprache seiner Figuren angelegt. In diesem Zusammenhang pflegt man mit Recht daran zu erinnern, daß Kleist während der Arbeit am ›Zerbrochnen Krug‹ Aristophanes las, und man weist darauf hin, daß gleich die erste Szene »in ihrer derben Komik an den Anfang der ›Wolken‹, an die bäuerliche Schlafstube und den gähnend erwachenden Strepsiades (erinnert).«[3]

Wenn im folgenden dennoch jene derbe Komik zunächst ausgeklammert wird, dann könnte das umso fragwürdiger erscheinen, als ich im Untertitel dieser Arbeit eine Einordnung des ›Zerbrochnen Krugs‹ in eine Typologie des Lustspiels verspreche. Solche Vernachlässigung eines wichtigen Bestandteils des ›Zerbrochnen Krugs‹ ist jedoch damit zu rechtfertigen, daß hier nicht von d e r einzig möglichen, sondern wirklich nur von einer m ö g l i c h e n, freilich möglichst relevanten Typologie die Rede sein soll. Sie fragt vorrangig nach verschiedenen Arten nicht der Komik, sondern der Dramaturgie, die die Komik an eine bestimmte Handlung bindet und damit jeweils einen bestimmten Lustspieltypus realisiert.

In solchem Zusammenhang hat schon P. Kluckhohn die Komödie als ein »Drama im engeren Sinne« dem Lustspiel als einem »Schauspiel« entgegengestellt und sich dabei zum einen auf den »strengen Bau« und zum andern auf die »lose Handlungsführung« als die Unterscheidungskriterien dieser beiden Dramentypen berufen.[4] Er hat damit implicite gezeigt, daß hier das zentrale Problem des modernen Dramas überhaupt berührt ist, wie es allgemein durch die Gegenüberstellung von ›offener‹ und ›geschlossener‹ Form, von ›epischem‹ und ›dramatischem‹ Theater gekennzeichnet wird. Damit dürfte weitgehend dem Einwand von H. Arntzen zu begegnen sein, der die Unterscheidung von Komödie und Lustspiel rigoros ablehnt, »da diese Differenzierungen nur Ephemeres fassen und überdies bei ihrer Anwendung keinerlei Übereinstimmung herrscht.«[5]

Es geht hier also um mehr als um eine weitere Stellungnahme in dem verwirrenden Streit[6] um die Gattungsbestimmung des ›Zerbrochnen

---

[3] Ebd.

[4] Paul Kluckhohn: Die Arten des Dramas. In: Deutsche Vierteljahrsschrift 19. 1941. Heft 3. S. 241–268.

[5] Helmut Arntzen: Die ernste Komödie. Das deutsche Lustspiel von Lessing bis Kleist. 1968. S. 253.

[6] Hans Joachim Schrimpf (Kleist. Der zerbrochene Krug. In: Benno von Wiese (Hrsg.): Das deutsche Drama. Vom Barock bis zur Gegenwart. Interpretationen. Bd. I. 1964. S. 343) hat in seiner Interpretation des ›Zerbrochnen Krugs‹ die folgende (durchaus nicht vollständige) Liste der unterschiedlichen Gattungsbestimmungen zusammengestellt, die man diesem Stück gegeben hat:

Krugs‹, aber auch um mehr als um die verengt gestellt eher technische Frage nach der offenen oder geschlossenen Form der Komödie. Schon Hegel hat zwar – wie dies Rommel betonte[7] – seinen Begriff der komischen Subjektivität nicht dialektisch verstanden[8], jedoch bei der Verwendung dieses Begriffs in seiner Komödientheorie das Verhältnis von Komik und Dramatik in den Blick gefaßt. Dabei war für Hegel das Ziel der Komödie mit dem der Tragödie wirkungsästhetisch identisch: Die komische Subjektivität, wie sie sich am Ende der Komödie gegenüber der subjektiven »Scheinexistenz« behauptet, erhält ihren – hierin »sittlichen« – Wert ebenso aus der »Darstellung« eines »zu Erhaltenden«, wie am Ende der Tragödie das »streitende Individuum«, von dem das »ewig Substantielle (...) die falsche Einseitigkeit abstreift, das Positive aber (...) in seiner nicht mehr zwiespältigen, affirmativen Vermittlung als das zu Erhaltende darstellt.« Hier wie dort spaltet sich ein zu erhaltendes »Positives« von einem »Falschen« ab, und beidemale wird an dem Positiven wirkungsästhetisch als ein Drittes und Letztes jener

---

Komisches Idyll, Burleskes Genre-Bild, Stilisiertes Volksstück, Idyllische Komödie, Lustspiel, geboren aus dem Geist der Tragödie, Reine Komödie, Schicksalskomödie, Tragikomödie der Subjektivität. Schrimpf selbst erweiterte diese Liste um eine weitere Gattungsbestimmung und nannte den ›Zerbrochnen Krug‹ eine Grotesk-Komödie. (A.a.O. S. 366). Der Begriff war nicht neu, er findet sich schon in einem von Otto Rommel (Komik und Lustspieltheorie. In: Deutsche Vierteljahrsschrift 21. Heft 3. S. 283) aufgestellten Schema des »komischen Dramas«, doch ordnete Rommel den ›Zerbrochnen Krug‹ ausdrücklich nicht der »Grotesk-Komödie«, sondern der »pseudorealistischen Komödie« zu. Das ist umso bemerkenswerter, als Rommel sämtliche von ihm festgestellten Komödienarten jeweils einer dieser beiden Gattungsbestimmungen unterordnet. Helmut Kreuzer (Kleist-Literatur 1955–1960. In: Der Deutschunterricht 13. 1961. Heft 2. S. 130) moniert wiederum, Schrimpfs Beschreibung der Wirkung des Grotesken erinnere an Hebbels Analyse der Wirkung des Tragikomischen und obendrein berufe sich Schrimpf auf denselben Kleist-Brief, auf den sich Karl S. Guthke stütze, wenn er in seinem Aufsatz ›Kleists Amphitryon als Tragikomödie‹ (in: Orbis litterarum 13. 1958. S. 145) Kleists ›Amphitryon‹ als Tragikomödie bezeichne. Guthke selbst jedoch nennt zwar in dem von Kreuzer zitierten Aufsatz den ‹Amphitryon› eine Tragikomödie, lehnt aber in seiner ›Geschichte und Poetik der deutschen Tragikomödie‹ (1961. S. 402) diese Definition für den ›Zerbrochnen Krug‹ entschieden ab und hält es »für voll gerechtfertigt, an Kleists Bezeichnung ›Lustspiel‹ festzuhalten.« Mit diesem Satz polemisiert Guthke wiederum gegen J. Heimreichs Deutung des ›Zerbrochnen Krugs‹ als einer »komischen Tragödie« (Jens Heimreich: Das Komische bei Heinrich von Kleist. Diss. Hamburg 1937. S. 38).
[7] Otto Rommel: Die wissenschaftlichen Bemühungen um die Analyse des Komischen. In: Deutsche Vierteljahrsschrift 21. 1943. Heft 2. S. 174.
[8] Vgl. unten S. 139/140. Anm. 407.

Trost erfahren, den Hegel als einen religiösen beschreibt, wenn er wiederholt das »ewig Substantielle« zugleich die »ewige Gerechtigkeit«, das »Göttliche«, die »göttliche Weltregierung« nennt. Hegel wandte solche literaturtheologische Methode wirkungsästhetischer Dramenbestimmung nicht nur historisch auf das antike, sondern auch normativ[9] auf das moderne (»romantische«) Drama und die moderne Komödie an.[10] Mag man auch seine normative Poetik heute ablehnen, so ist doch seine Voraussetzung religiöser Wirkungsbedingungen dessen, was ihm im eigentlichen Wortsinn Tragödie und Komödie hieß, ein nicht zu übersehender Beleg dafür, daß er eine derartige religiöse Zielsetzung des Dramas auch für seine eigene Zeit für durchaus angemessen und möglich hielt. So mag es erlaubt sein, gerade in diesem Punkt auch für Kleist an W. Müller-Seidels Satz zu erinnern: »Nur insofern sich ein Dichter mit der eigenen Zeit einläßt und mit ihr auseinandersetzt, nur insofern er mit dem Bewußtsein dieser Zeit arbeitet, gelangt er über sie hinaus und gewinnt ›Modernität‹ auch für spätere Zeiten.«[11] Für diesen Satz gilt es nun die – nach dem Hinweis auf Hegels Dramentheorie gar nicht so befremdliche – Probe aufs Exempel, wenn ich in meiner Studie die Bedeutung von Kleists religiösem Glauben für die dramatische Gestalt seines ›Zerbrochnen Krugs‹ zu analysieren suche und mir dabei weiterführende Aufschlüsse über die Bedingungen der ›offenen‹ und ›geschlossenen‹ dramatischen Form und schließlich über die Typologie des Lustspiels erhoffe. Hegels Theorie des Dramas und Kleists dramatische Praxis arbeiten insofern mit demselben ›Bewußtsein ihrer Zeit‹, als sich dieses noch durch ein affirmatives Verhältnis zu einer wie auch immer gearteten religiösen Problemstellung auszeichnet.

Die Frage nach der Beziehung zwischen Kleists ›Religiosität‹[12] und der dramaturgischen Form seiner Komödie soll im ersten Teil dieser

---

[9] Peter Szondi konnte sich deshalb in seiner ›Theorie des modernen Dramas‹ (7. Aufl. 1970. S. 12) nicht auf Hegels ›Ästhetik‹, sondern nur abstrakt auf seine ›Wissenschaft der Logik‹ berufen, als er erklärte: »Aber auf die systematische, also normative Poetik ist zu verzichten (...), weil die historisch-dialektische Auffassung von Form und Inhalt die systematische Poetik als solche entgründet.«

[10] Vgl. Georg Wilhelm Friedrich Hegel: Ästhetik. Bd. 2. Nach der zweiten Ausg. H. G. Hothos (1842) redig. u. mit einem ausf. Register vers. von F. Bassenge. 1965. S. 585/586.

[11] Walter Müller-Seidel: Kleists Weg zur Dichtung. In: H. Steffen (Hrsg.): Die deutsche Romantik. Poetik, Formen und Motive. 1967. S. 114.

[12] Man hat sich immer wieder gegen die bei Friedrich Braig (Heinrich von Kleist. 1925) konstatierte »Interpretatio christiana« (Hans Joachim Kreutzer: Die dichterische Entwicklung Heinrichs von Kleist. 1968. S. 26) der Kleistschen Dichtung gewandt. Zuletzt hat Wolfgang Wittkowski (Weltdialektik

Arbeit so gestellt werden, daß die Stellung des ›Zerbrochnen Krugs‹ auf dem Weg seiner inneren Biographie erhellt wird. Die für dieses Stück von Kleist gewählte Form des Gerichtsprozesses erweist sich (in Kap. A I) nicht nur allgemein »für die Entfaltung des dramatischen Stils besonders geeignet«, vielmehr handelt es sich dabei um einen spezifischen Gerichtsprozeß, für den der Vergleich mit dem Sophokleischen ›König Ödipus‹ als zentrale, unterscheidende Kategorie das Kriterium des Gewissens herausstellen kann. Damit ist eine auffallende Parallele zu jenem Teil der Kantischen Gewissensdefinition gefunden, in dem Kant das Funktionieren des Gewissens in Analogie zum Gerichtsprozeß zu erklären versuchte. Der erkenntnistheoretisch argumentierende Kant aber hob dabei seine Analyse des Gewissens zuletzt auf die Ebene der Theologie!

Bekanntlich ging es im Verhältnis Kleists zu Kant nicht nur um eine historische Parallele, sondern um eine direkte Auseinandersetzung, die nach Kleists eigener Aussage seinen Verzicht auf die zuvor angestrebte wissenschaftliche Laufbahn zur Folge hatte. Durch den (in Kap. A II unternommenen) Nachweis der Verbindung von Erkenntnisproblematik und Glaubenskrise in Kleists Biographie läßt sich nun die alte Kontroverse der Forschung, ob wirklich Kant und nicht vielmehr Fichte für Kleists sogenannte Kant-Krise verantwortlich war, befriedigend mit der Erklärung lösen, daß Kleist offenbar durch die Fichte-Lektüre

---

und Weltüberwindung. Zur Dramaturgie Kleists. In: R. Grimm (Hrsg.): Deutsche Dramentheorien. 1971. S. 273) erklärt, christliche Motive bedeuteten »kein Hineinreichen christlicher Religiosität in Kleists dichterische Welt. Es handelt sich vielmehr um die polemisch säkularisierende Heiligung von Tugenden, die dem Christentum indifferent und manchmal feindlich gegenüberstehen.« Johannes Karl-Heinz Müller (Die Rechts- und Staatsauffassung Heinrich von Kleists. 1962. S. 209) betonte darüber hinaus sogar Kleists »fehlende Religiosität«, und Manfred Lefèvre (Kleist-Forschung 1961–67. In: Colloquia Germanica 3. 1969. S. 17) moniert bei Rolf Dürst (Heinrich von Kleist. Dichter zwischen Hoffnung und Endzeit. Kleists Weg im Licht idealistischer Eschatologie. 1965) die »›Überfremdung‹ Kleists durch theologische und philosophische Fragestellungen.« Umgekehrt hat G. Fricke (Gefühl und Schicksal bei Heinrich von Kleist. 1929) versucht, den »inneren Vorgang im Leben und Schaffen des Dichters« (so der Untertitel seines Buches) anhand eines an Kierkegaard orientierten religiösen Existenzbegriffs zu erklären. Georg Lukács sprach geradezu von der »borniert-religiösen Grundlage seiner (sc. Kleists) fundamentalen Fragestellung« (zitiert nach Günter Blöcker: Kleist oder das absolute Ich. 1960. S. 63), und Hermann Reske (Traum und Wirklichkeit im Werk Heinrich von Kleists. 1969. S. 138/139) formulierte: »Für den Preußen Kleist ist der Fürst der von Gott eingesetzte Verwalter göttlicher und menschlicher Ordnung. Er kann von keiner menschlichen Instanz gerichtet werden, sondern nur von Gott selbst.«

auf seinen schon lange virulenten und bisher nur überspielten Gegensatz zu Kants Ethikotheologie aufmerksam wurde. Aus seiner Ablehnung der Kantischen Ethikotheologie ergibt sich folgerichtig, wiederum in seiner Biographie nachweisbar, seine Suche nach einer neuen theologischen Ethik, die ihm das nunmehr aus seinem Gerechtigkeitsproblem[13] erwachsene Problem der Theodizee zu lösen versprach. Das Problem der Theodizee weist zurück auf Leibniz, doch sind an dieser Stelle mit dem Hinweis auf Kant und Leibniz gleichsam nur zwei äußere Grenzmarken benannt, zwischen denen Kleist sich seinen eigenen theologischen Weg suchen mußte. Es kann nur aus seiner Dichtung selbst nachgewiesen werden, daß er die Suche nicht abbrach, sondern in seiner Dichtung fortsetzte. Aus Biographie und Dichtung läßt sich jedoch Kleists religiöse Suche (mit Luther zu reden: seine Suche nach einem gerechten Gott) mit einiger Sicherheit ablesen: eine Suche nunmehr unter der Richtschnur der biblischen Offenbarungsreligion, die zwar Kleists theologischen Mittelweg zwischen Kant und Leibniz bestimmen sollte, aber auch umgekehrt ihrerseits von Kleist nach Kant und Leibniz interpretiert wurde. Insofern wird die Stellungnahme zu der umstrittenen Frage, inwiefern bei Kleist von einem ›christlichen‹ Bewußtsein zu sprechen sei, von vornherein in eine bestimmte Richtung gelenkt. Klarheit ist hier nicht zu finden, wenn man Kleists Religiosität abstrakt einem doch immer nur scheinbar eindeutigen Begriff christlicher Religiosität gegenüberstellt, noch wenn man sie mit einem auf den ersten Blick dem Kleistschen Denken verwandten, etwa Kierkegaardschen existentialistischen Glaubensverständnis identifiziert. Statt dessen ist von dem historischen Befund auszugehen, daß Kleist sich an einer bestimmten, angebbaren Stelle, mit bestimmten Voraussetzungen und mit bestimmten Ergebnissen, sowohl mit der ›natürlichen‹ Religion der Philosophen seiner Zeit, wie mit der ›Offenbarungs‹-Religion des Christentums auseinandersetzte. In Frage steht dabei zu-

---

[13] Vgl. Kleists Brief vom 18./19. März 1799, mit dem er gegenüber Christian Ernst Martini seinen Abschied vom Militär begründet: »Dazu kam noch, daß ich den übeln Eindruck, den meine Lage auf meinen Charakter machte, lebhaft zu fühlen anfing. Ich war oft gezwungen, zu strafen, wo ich gern verziehen hätte, oder verzieh, wo ich hätte strafen sollen; und in beiden Fällen hielt ich mich selbst für strafbar. In solchen Augenblicken mußte natürlich der Wunsch in mir entstehen, einen Stand zu verlassen, in welchem ich von zwei durchaus entgegengesetzten Prinzipien unaufhörlich gemartert wurde, immer zweifelhaft war, ob ich als Mensch oder als Offizier handeln mußte (...)« (Heinrich von Kleist: Sämtliche Werke und Briefe. Hrsg. von Helmut Sembdner. (Unveränd. fotomech. Nachdr. der zweiten, verm. und völlig revid. Aufl. 1961). 1962. Bd. II, S. 479.

letzt freilich nicht Kleists Anerkennung oder Ablehnung überkomme- ner theologischer oder philosophischer Lehrmeinungen, sondern es geht um ihre Vermittlung und Verwandlung in seiner Dichtung. Dem Kleistschen Weg von der Wissenschaft zur Dichtung entspricht hier die methodische Notwendigkeit, seine Lösungsversuche nicht mehr nur auf ihren – wie auch immer eklektischen oder vermittelnd integrieren- den – philosophischen oder theologischen Begriff zu bringen, sondern in der Formensprache seiner Dichtung selbst auszumachen.

Damit ist die Notwendigkeit zum Neuansatz des zweiten Teils die- ser Arbeit aufgezeigt. Aufgrund der Ergebnisse des ersten Teils kann die Frage nach dem Spezifischen jenes dramatischen Gerichtsprozes- ses um den zerbrochenen Krug nun erneut, aber präziser gestellt wer- den, da es gelungen ist, in Kleists innerer Biographie die Legi- timation für den Versuch zu finden, die dramatische Formensprache des ›Zerbrochnen Krugs‹ als eine zugleich wesentlich religiöse zu be- trachten. In der (in Kap. B I vorgelegten) Analyse der Verschränkung dramatischer Motive mit biblischen Symbolen in der Komödie läßt sich – und das bestätigt die Ergebnisse des ersten Teils – zugleich auch die für Kleists Suche nach dem funktionierenden Gewissen entscheidende Problematik des Verhältnisses von Erkenntnis und Glauben wiederfin- den. Der Erkenntnisweg des Guten und Bösen wird von Kleist im Drama als Weg der Erkenntnis der heilsgeschichtlichen Symbole, und zwar in ihnen selbst, virtuell je schon vorweggenommen, ihre Erkennt- nismöglichkeit metapsychologisch (in einem nicht-Freudschen Sin- ne) begründet. Damit wird nicht nur die dramatische Funktion des an diese Symbole gebundenen Witzes eingegrenzt, sondern die Untersu- chung zugleich wieder auf den Gerichtsprozeß als ganzen verwiesen, der durch die Erkenntnis der dramatischen Funktion der Symbole nun allerdings seinerseits wiederum genauer, nämlich in seiner Doppelbö- digkeit bestimmt ist: Die äußere Gerichtsverhandlung ist zugleich Ve- hikel eines inneren Gewissensprozesses.

Das ermöglicht (in Kap. B II) den Versuch, unter Einbeziehung des ›Varianten‹[14] den Progreß des inneren Gewissensprozesses aus der Ver-

---

[14] Reinhart Spörri (Dramatische Rhythmik in Kleists Komödien. Diss. Zürich 1954. S. 64/65) hat erklärt: »Wer mit geistesgeschichtlichen Problemen an den ›Zerbrochenen Krug‹ herangeht, muß im Varianten den Sinn und die Erfül- lung des Stückes sehen.« Daß die Einbeziehung des ›Varianten‹ für eine ange- messene Formenbestimmung des ›Zerbrochnen Krugs‹ unabdingbar ist, wird sich in Kap. C I,2 genauer erweisen. Hier genügt vorerst als Begründung, daß der ›Variant‹ Bestandteil der früheren Fassung des ›Zerbrochnen Krugs‹ war.

schiebung der Gewichte von der Adam-Handlung auf die Eve-Handlung abzuleiten. Adam kämpft gegen den Revisor wie gegen sein Gewissen mit Argumenten, die nach Art der Hobbesschen Machtphilosophie (wie sie von Leibniz gedeutet wurde) mit der Voraussetzung der Berechtigung und des Nutzens moralischer Willkür sich zuletzt gegen ihre Verfechter selber wenden. Die gegen den Richter ausbrechende Volksjustiz ist also im Grunde gleichsam nur das äußere Werkzeug von Adams unfreiwilliger Selbstbestrafung. Damit ist jedoch das dramatische Problem des Stückes noch nicht gelöst, weil die Volksjustiz nicht nur an sich problematisch bleibt, sondern weil sie obendrein Eves Angst vor der Verschleppung ihres Verlobten Ruprecht in die Kolonien nicht aufheben kann. Diese Angst aber war es gewesen, deretwegen sie sich überhaupt auf so verfängliche Weise mit dem Richter eingelassen hatte. Nachdem sie bis zu dieser Stelle im Vertrauen auf Adams Versprechungen mit allen Kräften ihres Verstandes und ihrer Phantasie einen Weg gesucht hatte, Macht durch Macht zu überlisten, gewinnt sie in einem neuen Erkenntnisprozeß, der durch des Revisors Anspielung auf das Gleichnis vom Zinsgroschen in Gang gesetzt wird, plötzlich eine neue Zuversicht, die sie von ihrer vorigen Angst gänzlich befreit. Der dramatische Prozeß hat also die in seinen Motiven angelegte religiöse Symbolik genau an der Stelle eingeholt, an der die Lösung des äußeren Gerichtsprozesses schließlich auch im Bewußtsein der Prozeßteilnehmer (jedenfalls Walters und Eves) an die Lösung des inneren Gewissensprozesses gebunden erscheint. Wie spätestens hier die religiöse Symbolik als solche vom Zuschauer zu entschlüsseln ist, so gewinnt für ihn im Gefolge der von Eve vollzogenen Erkenntnis auch die Komik der Schlußszene, in der Frau Marthe auf dem »Recht« ihres Kruges besteht, eine neue Qualität.

Durch die religiöse Lösung des dramatischen Prozesses rückt im dritten Teil nun doch wieder die auffallende Verwandtschaft des ›Zerbrochnen Krugs‹ mit dem ›König Ödipus‹ ins Blickfeld: Der Funktion des Delphischen Orakels in der Tragödie des Sophokles entspricht in der Komödie Kleists das alttestamentliche prophetische Symbol des zerbrochenen Kruges.[15] Die dramentypologische Relevanz dieser Par-

---

[15] Demgegenüber verliert hier für die dramentypologische Einordnung die zu Beginn (Kap. A I,2) festgestellte und aus Kleists eigener Problemstellung erklärte Tatsache an Bedeutung, daß den Figuren des ›Zerbrochnen Krugs‹ erst in einem subjektiven Gewissensprozeß der zuvor nur unbewußt bekannte (aber eben doch bekannte!) biblische Anspruch ins Bewußtsein gehoben wird, wo die Forderung des Orakels bei Sophokles den Figuren schon in der Exposition des Prologs (der dort mit der 1. Szene zusammenfällt) direkt und als solche bekannt gemacht wird.

allele erweise ich in Kap. C. I. Das Ergebnis von Kleists Suche nach einer neuen theologischen Ethik bestand nicht etwa darin, daß er Kants Subjektivismus-Verdacht durch den Rückgriff auf die Leibnizsche Voraussetzung einer dem Menschen im Rahmen seiner Möglichkeiten dennoch gegebenen Unterscheidungsfähigkeit des objektiv Guten und Bösen zu widerrufen suchte, sondern daß er den Glauben selbst zum Inhalt der von ihm gesuchten objektiven Moral erhob. Als er sah, daß die Kantische Ethikotheologie sich zuletzt auf ein M a c h t prinzip berief, das Gerechtigkeit gerade nicht garantierte, setzte Kleist der Formel der Macht das G n a d e n prinzip der Paulinisch-Lutherischen Theologie entgegen. Die neue Basierung der Vernunft auf einen die Vernunft gleichzeitig einschränkenden und transzendierenden religiösen Glauben führt aber zu einem neuen Glaubensverständnis u n d zu einer (über das neue Verständnis des Verhältnisses von Glauben und Geschichte gewonnenen) Neuwertung von Geschichte selbst, die in ihrer je gegenwärtigen Wirklichkeit gegenüber allen geschichtlichen Zielvorstellungen derart aufgewertet wird, daß sie nicht mehr erst von ihnen her ihre Würde empfängt, sondern umgekehrt ihrerseits den Gedanken an Zukunft überhaupt erst erträglich macht. So endet der ›Zerbrochne Krug‹, wenn man den ›Varianten‹ zur Interpretation heranzieht, von der Gesellschaftsproblematik aus betrachtet als offenes Drama, vom Glaubenskonflikt her gesehen jedoch als geschlossenes. Es ist also für die dramatische Form konstitutiv, daß die Gesellschaftsproblematik dramatisch durch die Glaubensproblematik eine qualitativ neue Wertung erfährt. So hat es, wie zu zeigen ist, schon Schiller gesehen, als er bei seiner Arbeit am ›Wallenstein‹ die Bedeutung des Orakels für die dramatische Form des ›König Ödipus‹ entdeckte. Der Vergleich mit Schiller unterstreicht aber gerade Kleists Sonderstellung gegenüber der bisherigen Aufklärung einschließlich des transzendentalen Idealismus, denn Schiller sah sich gezwungen, in seinem ›Wallenstein‹ um der a priorisch vorgegebenen Form willen mit der Einführung des Horoskops einen in seinen eigenen Augen unzulänglichen Ersatz für das Orakel zu stiften, wo Kleist auf etwas wirklich Gleichwertiges zurückgreifen konnte. Bei aller Kant-Kritik blieb Schiller im Vergleich zu Kleist doch immer noch Kantianer.

Wenn sich in dieser Weise Kleists K o m ö d i e n -Praxis zu Recht mit Schillers T r a g ö d i e n -Praxis vergleichen und Kleists Komödie als das – von der Dramaturgie her gesehen – gleichsam griechischere, ja als ›griechisches‹ Drama bestimmen läßt, dann wird verständlich, warum der deutschen Klassik bei aller theoretisch bekundeten Vorliebe für die Komödie[16] doch keine Komödie gelingen wollte. Damit ist jedoch

---

[16] Vgl. Friedrich Schiller: Sämtliche Werke. Bd. 5. (Erzählungen und theoreti-

Kleists Komödienpraxis des ›Zerbrochnen Krugs‹ positiv noch keineswegs zureichend erklärt. Hier könnte indessen (in Kap. C II) ein Vergleich des ›Zerbrochnen Krugs‹ mit der Aristotelischen Dramentheorie weiterhelfen, da Aristoteles ja nicht nur den damals vorhandenen griechischen Dramenbestand auswertete, sondern dies von seiner eigenen, mit Kleists Stellung zur deutschen Aufklärung vergleichbaren ideologischen und doch wohl auch theologischen Position aus tat. Dabei ist zwar von vornherein einsichtig, daß die Aristotelische Dramentheorie kaum ohne die durch die Sophistik in Gang gesetzte griechische Aufklärung zu verstehen ist, wie immer auch die theologische (und religiöse) Stellung etwa des Sophokles zur Sophistik zu werten sein mag. Doch könnte das Verfahren, die Aristotelische Dramentheorie nicht etwa nur mit der in seiner ›Metaphysik‹ greifbaren Theologie zusammenzusehen, sondern eine eigene Aristotelische Theologie, wie sie in seiner ›Poetik‹ formuliert gewesen sein könnte, aus den durch die Analyse der Kleistschen Komödie gewonnenen Ergebnissen zu konstruieren, als ein allzu spekulativer Weg erscheinen, gleichsam Kleist in Aristoteles hineinzuprojizieren. Für diese Arbeit ist jedoch die Frage, wie die Aristotelische Dramentheorie aussah, falls er sie theologisch begründete, ungleich wichtiger als die andere Frage, ob er dies wirklich historisch getan hat. Immerhin läßt sich auch mit den hier gebrauchten systematischen Argumenten wenigstens ein historischer Wahrscheinlichkeits- oder doch Möglichkeitsbeweis führen, der zumindest belegt, daß bei bestimmten sachlichen und natürlich historischen Voraussetzungen, die indessen nicht nur für Kleists besondere historische Situation vorauszusetzen sind, ebenso der Gedanke einer in Theologie mündenden Philosophie möglich war wie der Gedanke einer Theologie, die ihrerseits in einer (somit selbst theologischen) Ästhetik mündet.

---

sche Schriften). Hrsg. von G. Fricke und H. G. Göpfert. 4. Aufl. 1967. S. 725/26: »Die Freiheit des Gemüts in uns hervorzubringen und zu nähren, ist die schöne Aufgabe der Komödie, so wie die Tragödie bestimmt ist, die Gemütsfreiheit, wenn sie durch einen Affekt gewaltsam aufgehoben wurde, auf ästhetischem Weg wiederherstellen zu helfen (...) Wenn also die Tragödie von einem wichtigeren Punkt ausgeht, so muß man auf der andern Seite gestehen, daß die Komödie einem wichtigern Ziel entgegengeht, und sie würde, wenn sie es erreichte, alle Tragödie überflüssig und unmöglich machen. Ihr Ziel ist einerlei mit dem Höchsten, wornach der Mensch zu ringen hat, frei von Leidenschaft zu sein, immer klar, immer ruhig um sich und in sich zu schauen, überall mehr Zufall als Schicksal zu finden und mehr über Ungereimtheit zu lachen als über Bosheit zu zürnen oder zu weinen.«

Zur systematischen Demonstration solcher Zusammenhänge an einem jüngeren historischen Beispiel läßt sich Wittgensteins Philosophie des ›Tractatus logico-philosophicus‹ heranziehen, in dem er nicht nur, wie Kleist in seiner Kant-Kritik, mit seinem religiösen Subjektivismus die Grenzen der Erkenntnistheorie überschreitet, wo es ihm um die Möglichkeit von Ethik überhaupt zu tun ist, sondern obendrein ausdrücklich, gleichsam als unbeabsichtigte Theorie zu Kleists Praxis, den Satz formuliert, daß Ethik (für die als solche es »keine Sätze« gebe) und Ästhetik Eins seien. Von Wittgensteins Problematisierung der Ethik aus läßt sich – und zwar gerade an dem für den ›Zerbrochnen Krug‹ so bedeutsamen Beispiel der angemessenen Selbstverwirklichung des Richters – eine Linie zu Aristoteles ziehen. Von hier aus wiederum lassen sich Kleists neues Glaubensverständnis einerseits und seine neue Geschichts- und Wissenschaftswertung andererseits als Ausdruck und Folge seines konsequenten Festhaltens an dem Anspruch des Individuums als Individuum erklären. Zum andern führt Wittgensteins besonderer Weg der Identifizierung von Ethik und Ästhetik in das Gebiet einer Psychologie, die in solcher Identifizierung ebenso sich selber zu transzendieren gezwungen ist wie die von Wittgenstein angesprochene Ethik selbst. Von Wittgensteins Bestimmung der Ästhetik ausgehend, sollen diese Kriterien in der Aristotelischen Dramentheorie gesucht und durch sie erweitert werden. Es empfiehlt sich zunächst ein Vergleich der Aristotelischen Theorie des Lachens mit derjenigen, die Staiger zur Komödiendeutung vorgetragen hat, weil sich auf diese Weise zeigen läßt, daß Aristoteles mit einiger Wahrscheinlichkeit seine Theorie des Lachens in eine Komödientheorie eingebaut hat, die zugleich – wie seine Tragödientheorie[17] – als ein Teil seiner Dramentheorie konzipiert war. Damit ergeben sich zugleich Anhaltspunkte für eine Aristotelische Lehre der Katharsis auch in der Komödie, so daß nun die religiöse Funktion der Kleistschen Komödie gleichsam auch Aristotelisch noch jenseits der biblischen Sprache ihrer Symbole und Gleichnisse und unabhängig von ihrer Nähe zu der griechischen Institution und Sprache des Orakels genauer bestimmt werden kann. Mit Hilfe des von Aristoteles gebrauchten – zugleich medizinischen und religiösen – Begriffs der Katharsis läßt sich die Transzendierung der Moral in der Transzendierung der Psychologie erfassen und als Ziel des ›Zerbrochnen Krugs‹ ein von dem Glück äußerer Macht abgehobenes Glück der Selbstvergewisserung ausmachen, das

---

[17] Der Tragödiensatz des Aristoteles enthält die doppelte Gattungsbestimmung, daß die Tragödie »Mimesis« (also ein Kunstwerk), und zwar die Mimesis einer (edlen und abgeschlossenen) Handlung, also ein Drama ist.

11

durch das Drama zwar nicht geschaffen, wohl aber erinnert und insofern hervorgerufen werden kann. Es ist als das Glück der Komödie von der Wirkung der Posse und den Wirkungen des ›ernsten‹ wie ›satirischen‹ Lustspiels zu unterscheiden. Dagegen haben Komödie und und Tragödie ein gemeinsames Ziel – wenn auch auf einem verschiedenen und in gewisser Hinsicht entgegengesetzten Weg, der zu beschreiben ist. Dieses Ziel läßt sich schließlich mit dem Aristotelischen Begriff ›philanthropisch‹ nennen und als das dramen- wie lustspieltypologische Definiens bezeichnen, das den ›Zerbrochnen Krug‹ insgesamt organisiert und der Komödie zuordnet.

Solche Identifizierung des Ziels der Kleistschen ›Suche nach der Wahrheit‹ mit dem in der ›Philanthropie‹ festgemachten Komödienziel verlangt freilich nicht nur die Abgrenzung gegen Lessings Begriff der Philanthropie. Es ist vielmehr Aufgabe des ganzen Buches, die in Kleists Komödie so vielfältig verflochtenen erkenntnistheoretischen und psychologischen, gesellschaftspolitischen und anthropologischen, religiösen und theologischen Folgen des von ihm eingeschlagenen Weges aufzuzeigen und dabei diesen Weg dennoch als seinen Weg erkennen zu lassen. Das ist nur möglich jenseits der auf Kleist nie einseitig anwendbaren Kategorien wie Idealismus und Realismus, Glauben und Nihilismus, Aufklärung und Reaktion, Humanität und Weltflucht, Menschenliebe und Egoismus. Das Ziel dieses Weges und damit dieser Weg selbst sind sicherlich nicht zureichend durch den bloßen Begriff der Philanthropie beschrieben, sondern allein durch die Analyse ihrer Realisierung in der Komödie.

Am Ende findet diese Analyse jedoch ihre Bestätigung durch den doppelten Nachweis, daß Kleist a) in seinem Verständnis des ›König Ödipus‹ durch die Lektüre der Aristotelischen ›Poetik‹ beeinflußt wurde, die er vor dem Hintergrund seiner religiösen Erkenntnisproblematik interpretierte, und daß er b) als wichtigste Aristophanische Lustspiel-Vorlage für den ›Zerbrochnen Krug‹ nicht die immer in den Vordergrund gerückten ›Wolken‹, sondern die ›Wespen‹ benutzte, die er als komische Inversion des ›König Ödipus‹ erkannte. Da er die ›Wespen‹ im Sinne einer mythologischen Variante des biblischen Mythos vom Sündenfall lesen konnte, findet sich hier der letzte literarhistorische wie lustspieltypologische Grund, warum Kleist überhaupt »derlei in ein ›Lustspiel‹ gebracht« hat.[18]

---

[18] So fragte Werner Weber am 29.1.1972 in der Neuen Zürcher Zeitung, nachdem mein Aufsatz »den doch wohl schlüssigen Nachweis« geliefert habe, »daß das religiöse Problem von Sündenfall und Rechtfertigung den Kern der Handlung von Kleists ›Zerbrochnem Krug‹ bildet.«

A.
DIE STELLUNG DES ›ZERBROCHNEN KRUGS‹
IN KLEISTS INNERER BIOGRAPHIE

I
KLEISTS UMDEUTUNG DES ›KÖNIG ÖDIPUS‹ VOR DEM HINTERGRUND DER KANTISCHEN LEHRE VOM GEWISSEN

1. Die Fabel des ›Zerbrochnen Krugs‹ als juristischer Prozeß

Die äußeren Entstehungsbedingungen für den ›Zerbrochnen Krug‹ sind bekannt. Ein Kupferstich von Le Veau nach einem Gemälde von Debucourt verlockte Kleist und seine beiden Freunde Heinrich Zschokke und Ludwig Wieland »zu mancherlei Deutungen des Inhalts. Im Scherz gelobten die drei, jeder wolle seine eigentümliche Ansicht schriftlich ausführen. Ludwig Wieland verhieß eine Satire, Heinrich von Kleist entwarf ein Lustspiel und der Verfasser der gegenwärtigen Erzählung das, was hier gegeben wird.« So lautet der Bericht,[19] mit dem Zschokke im Jahre 1825 seine eigene, nach dem Kupferstich abgefaßte Erzählung kommentiert.

Kleist hat seinem Stück in einer ›Vorrede‹ eine Bildbeschreibung des Kupferstichs vorausgeschickt:

> Diesem Lustspiel liegt wahrscheinlich ein historisches Faktum, worüber ich jedoch keine nähere Auskunft habe auffinden können, zum Grunde. Ich nahm die Veranlassung dazu aus einem Kupferstich, den ich vor mehreren Jahren in der Schweiz sah. Man bemerkte darauf zuerst einen Richter, der gravitätisch auf dem Richtstuhl saß: vor ihm stand eine alte Frau, die einen zerbrochenen Krug hielt, sie schien das Unrecht, das ihm widerfahren war, zu demonstrieren: Beklagter, ein junger Bauerkerl, den der Richter, als überwiesen, andonnerte, verteidigte sich noch, aber schwach: ein Mädchen, das wahrscheinlich in dieser Sache gezeugt hatte (denn wer weiß, bei welcher Gelegenheit das Deliktum geschehen war) spielte sich, in der Mitte zwischen Mutter und Bräutigam, an der Schürze; wer ein falsches Zeugnis abgelegt hätte, könnte nicht zerknirschter dastehn: und der Gerichtsschreiber sah (er hatte vielleicht kurz vorher das Mädchen angesehen) jetzt den Richter mißtrauisch zur Seite an, wie Kreon, bei einer ähnlichen Gelegenheit, den Ödip.

---

[19] Abgedruckt im Anmerkungsteil von Sembdners Kleist-Ausgabe (I, S. 925).

Darunter stand: der zerbrochene Krug. – Das Original war, wenn ich nicht irre, von einem niederländischen Meister.[20]

Auffällig ist der Unterschied dieser Bildbeschreibung gegenüber der Darstellung seines Freundes Zschokke, der seine Erinnerung an dasselbe Bild folgendermaßen schildert: »In meinem Zimmer hing ein französischer Kupferstich, ›La cruche cassée‹. In den Figuren desselben glaubten wir ein trauriges Liebespärchen, eine keifende Mutter mit einem zerbrochenen Majolikakruge und einen großnasigen Richter zu erkennen.«[21] Kleists Darstellung enthält nicht etwa nur, als Bildbeschreibung, eine ausführlichere Charakterisierung der Personen, sondern sie versucht sogleich, der dargestellten Szene als einer G e r i c h t s szene ihre Stellung in einem juristischen Gesamtprozeß zuzuweisen, also von der einzelnen Szene auf den Prozeßverlauf und die Vorgeschichte des Prozesses zu schließen. Das Corpus delicti ist ein zerbrochener Krug, und Streitpunkt (causa) des Prozesses ist die Frage, wer ihn zerbrach. Um den Schuldigen herauszufinden, muß der Prozeß die »Gelegenheit« rekonstruieren, »bei welcher das Deliktum geschehen war.« Der Richter selbst war offenbar am Delikt beteiligt, wie bislang zwar nur der Schreiber ahnt, der Prozeßverlauf aber zweifelsfrei erhärten wird – gegen den Willen des Richters, der sich selbst aus der Schlinge ziehen will, indem er den jungen Mann zu verurteilen sucht, den seine Verlobte durch falsche Zeugenaussage belastet hat. Nicht nur der Richter, sondern auch diese Zeugin ist bei jener Gelegenheit in eine verfängliche Situation geraten, und ihre Mutter, die wegen des zerbrochenen Kruges Anklage erhoben hat, erhebt damit zugleich Anklage wegen des Anschlags auf die Ehre ihrer Tochter.

Über den äußeren Tatbestand gibt also Kleists ›Vorrede‹ ausführlich und unzweideutig Auskunft, und wenn es nur um diesen Tatbestand ginge, so könnte der Prozeß nicht mehr enthüllen, als daß sowohl der Richter wie die Zeugin schuldig sind im Sinne der von der Klägerin erhobenen Anklage. Zwar können und werden sich Komplikationen einerseits durch die bewußt falschen Aussagen der beiden Täter und andererseits durch die Unwissenheit der übrigen Prozeßteilnehmer ergeben, sowie schließlich dadurch, daß der Gerichtsschreiber sein Wissen nicht allzu deutlich zeigen darf, weil er sonst seine Ambitionen verraten würde, den Fall des pflichtvergessenen Richters für die eigene Karriere zu nutzen. Doch scheint das Ergebnis des Prozesses, wenn er denn doch zuletzt die Wahrheit enthüllen soll, trotz aller dieser Hemmnisse von vornherein festzustehen.

---

[20] I, S. 176.

[21] I, S. 925.

Hier ist man indessen im allgemeinen viel zu schnell bereit, die Ebene der solchermaßen noch keineswegs ausgeschöpften juristischen Fragestellung zu verlassen und die dramatische ›Spannung‹ des Stückes mit außerjuristischen Momenten zu begründen, etwa mit der Lügnergabe des Richters, deren Erfindungsreichtum im Ausdenken von Ausreden und Ablenkungsmanövern immer wieder in Atem halte. Schon Corneille hat, zunächst mit Bezug auf seine Tragödie ›Rodogune‹, dann aber auch im Blick auf die Hauptfigur seiner Komödie ›Le Menteur‹, sich solcher Argumente bedient. Über seinen ›Menteur‹ sagt er: »Das Lügen ist unstreitig eine lasterhafte Angewohnheit; allein Dorant bringt seine Lügen mit einer solchen Gegenwart des Geistes, mit so vieler Lebhaftigkeit vor, daß diese Unvollkommenheit ihm ordentlich wohl läßt und die Zuschauer gestehen müssen, daß die Gabe, so zu lügen, ein Laster sei, dessen kein Dummkopf fähig ist.«

Schon Lessing, der diesen Ausspruch im dreiundachtzigsten Stück seiner ›Hamburgischen Dramaturgie‹[22] zitierte, hat gegenüber solchen Argumenten Widerspruch angemeldet – freilich nur, weil er solche Charaktere um ihrer selbst willen d a r z u s t e l l e n für u n m o r a l i s c h hielt:

Wahrlich, einen verderblichern Einfall hätte Corneille nicht haben können! Befolget ihn in der Ausführung, und es ist um alle Wahrheit, um alle Täuschung, um allen sittlichen Nutzen in der Tragödie getan! Denn die Tugend, die immer bescheiden und einfältig ist, wird durch jenen glänzenden Charakter eitel und romantisch: das Laster aber mit einem Firnis überzogen, der uns überall blendet, wir mögen es aus einem Gesichtspunkt nehmen, aus welchem wir wollen. Torheit, bloß durch die unglücklichen Folgen von dem Laster abschrecken zu wollen, indem man die innere Häßlichkeit desselben verbirgt! Die Folgen sind zufällig; und die Erfahrung lehrt, daß sie ebenso oft glücklich als unglücklich fallen.[23]

Sieht man in dieser Passage nicht auf die Formel der ›Abschreckung vom Laster‹, sondern darauf, daß der Zuschauer in der Theorie Lessings indirekt dazu aufgerufen ist, die ›Laster‹ zu b e u r t e i l e n, so erkennt man, daß Lessing dem Z u s c h a u e r selbst gleichsam R i c h t e r - f u n k t i o n zuerkennt. Da Lessing allerdings mit seinem Wort von der »inneren Häßlichkeit des Lasters« wiederum sicher nicht mehr als die Lasterhaftigkeit des Lasters im Auge hat, bedarf es zur genaueren Feststellung der Richterfunktion des Zuschauers offenbar der Vermittlung zwischen den Positionen Lessings und Corneilles – jedenfalls, wenn

---

[22] Gotthold Ephraim Lessing: Hamburgische Dramaturgie. Kritisch durchges. Gesamtausg. mit Einleitung und Kommentar von Otto Mann. 2. Aufl. (1969), S. 325.
[23] Ebd.

man ihre Theorien auf den ›Zerbrochnen Krug‹ anwenden will. Die Vermittlung kann nur darin bestehen, daß man die Frage der Tat-Motive aufwirft: Der Richter hat nicht nur über die Tat, sondern auch über die subjektive Schuld des Angeklagten zu befinden. Erst die Berücksichtigung beider Momente bestimmt das Strafmaß, weil erst beide Momente zusammen Aufschluß über die objektive Schuld des Angeklagten geben können.

Damit kompliziert sich im Falle des ›Zerbrochnen Krugs‹ der zunächst so einfach und eindeutig erscheinende juristische Sachverhalt ganz erheblich. Wenn der Zuschauer seine Richterfunktion angemessen wahrnehmen soll, darf er sich nicht mehr mit dem Gedanken begnügen, schon in den ersten Szenen die Schuld des Dorfrichters trotz und gerade wegen seiner Lügenkünste zweifelsfrei durchschaut zu haben. Vielmehr muß er hinter und in diesen Lügen zugleich nach den von ihnen versteckten Motiven sowohl der Tat, als auch der Lügen selbst suchen. Diese Motive können dann ebenso auf freiwillig-böswillige Schuld, wie auf den Zwang äußerer Umstände verweisen, schließlich auf eine Mischung, in der entweder das eine oder das andere vorwiegt.

Es ist zwar nicht zu leugnen, daß Kleist in seiner ›Vorrede‹ nirgends direkt auf die Problematik der Tat-Motive in seinem Stück eingeht. Daß er dennoch gerade in diesem Problem das juristische wie dramatische Hauptmoment seiner Komödie sah, läßt sich auf indirektem Wege zweifelsfrei ablesen aus seinem eigenen Vergleich des ›Zerbrochnen Krugs‹ mit dem ›König Ödipus‹ des Sophokles.

2. ›Der Zerbrochne Krug‹ und ›König Ödipus‹: Das Wissen um die Strafbarkeit der Tat als Voraussetzung für das Gewissen

Die Forschung ist Kleists Hinweis auf die Parallelität seiner Komödie zur Tragödie des Sophokles wiederholt nachgegangen und hat den Beziehungen zwischen diesen beiden Dramen sogar eigene Untersuchungen gewidmet.[24] Kleist selbst verweist nur auf einen Vergleichspunkt zwischen Adam und Ödipus: das Motiv des Richters, der über seine eigene Schuld zu Gericht sitzen muß: »Der Gerichtsschrei-

---

[24] Vgl. vor allem Hans M. Wolff: ›Der Zerbrochene Krug‹ und ›König Ödipus‹. In: Modern Language Notes. Vol. LIV. 1939 und Wolfgang Schadewaldt: Der ›Zerbrochene Krug‹ von Heinrich von Kleist und Sophokles' ›König Ödipus‹. In: Heinrich von Kleist. Aufsätze und Essays. Hrsg. von W. Müller-Seidel. 1967. (Zuvor abgedruckt in: W. Schadewaldt: Hellas und Hesperien. 1960).

ber sah (...) den Richter mißtrauisch zur Seite an, wie Kreon, bei einer ähnlichen Gelegenheit, den Ödip.«

Nun gibt es keine solche Stelle im ›König Ödipus‹: Wenn es sie aber gäbe, so könnte der Blick Kreons, wie Kleist ihn zu erinnern glaubt, sich nur dann auf den Vatermord des Ödipus beziehen, wenn Sophokles das Enthüllungsgeschehen seiner Tragödie in einem entscheidenden Punkt anders konzipiert hätte. Kleist spricht nämlich nicht von einem Verdacht, sondern ausdrücklich von Mißtrauen; dieses Wort aber impliziert die bewußte Absicht der Verstellung bei dem, der das Mißtrauen hervorruft. Man sieht also, daß Kleist hier in die Tragödie des Sophokles hineinprojiziert hat, was zwar konstituierender Bestandteil seiner eigenen Komödienfabel ist, diese aber gerade diametral von der Tragödie des Sophokles unterscheidet.

Die Uminterpretation ist offenbar die Folge einer Gedächtnistäuschung. Dieser wichtige Unterschied zwischen den beiden Stücken hat zwar sicher noch nichts zu tun mit der von Schadewaldt[25] konstatierten und unbestreitbaren »Verkehrung (Inversion) des Ernstes« des ›König Ödipus‹ in die Komik des ›Zerbrochnen Krugs‹. Wohl aber belehrt uns Kleists Irrtum umso sicherer über das spezifisch K l e i s t s c h e Interesse an jenem Motiv des Richters, der sich selbst zu richten hat.

Als Ödipus zu Beginn der Tragödie von Teiresias des Königsmordes beschuldigt wird, weiß er nichts von seiner Tat, sucht die Beschuldigung guten Glaubens zu widerlegen und forscht nach dem ›wahren‹ Täter. Nur also im uneigentlichen Sinne, nämlich ohne es zu wissen, ist er Richter und (wahrer) Angeklagter in einer Person, da er erst am Ende der Tragödie seine Identität mit dem gesuchten Täter erkennt. Zwischen der Erkenntnis der Tat (Vatermord und Inzest) und ihrer freiwilligen Konsequenz der Selbstbestrafung durch Blendung und Exil unternimmt er keinerlei Versuch, die Tat zu entschuldigen. Bei Richter Adam verhält es sich genau umgekehrt. Im Gegensatz zu Ödipus weiß er, was er getan hat. So sehr er dies anderen gegenüber zu verbergen sucht, so wenig kann und will er es vor sich selbst verleugnen. Dennoch führt sein Leugnen keineswegs dazu, daß er wie Ödipus im Verlaufe des Prozesses nur durch äußere Kriterien (Zeugenaussagen, Indizienbeweise usw.) als der eigentlich Schuldige entlarvt wird. Vielmehr ist seine Selbstentlarvung in erster Linie und von Anfang an Funktion seines gegen seinen Willen wirksamen Gewissens. Am anschaulichsten verdeutlicht wird dieser Tatbestand in dem Alptraum, von dem Adam im dritten Auftritt – also noch v o r dem eigentlichen Prozeß – dem Schreiber Licht berichtet:

---

[25] Wolfgang Schadewaldt a.a.O. S. 325.

Mir träumt', es hätt ein Kläger mich ergriffen,
Und schleppte vor den Richtstuhl mich; und ich,
Ich säße gleichwohl auf dem Richtstuhl dort,
Und schält' und hunzt' und schlingelte mich herunter,
Und judiziert den Hals ins Eisen mir.[26]

Alles, was Adam in der Komödie tut und sagt, ist also das Ergebnis einer inneren Auseinandersetzung mit sich selbst, jede seiner Entscheidungen zugleich eine Entscheidung gegen eine andere. Dafür gibt es bei Ödipus keinerlei Parallele. Es ist nicht so sehr das bloße Faktum des zuvor objektiv begangenen Unrechts, das durch den Prozeß um den zerbrochenen Krug entlarvt wird, sondern die subjektive, durchaus widersprüchliche Einstellung Adams zu seiner Tat. Dem in seinen Lügen verborgenen, immer wiederholten Versuch, seine subjektive Unschuld, also die Unschuld seiner persönlichen Motive, durch den Hinweis auf das fehlende Bewußtsein einer objektiv schuldhaften Handlung zu belegen, korrespondiert die jeweils gleichzeitige, unfreiwillige Enthüllung seines tatsächlichen Wissens um die Strafbarkeit der Tat. Dieser stete Selbstwiderspruch ist es, der in Kleists Komödie ebenso das Mißtrauen Lichts wie das des Zuschauers erweckt. Hier wäre zwar der Einwand denkbar, daß Angst vor schlimmen Folgen nicht notwerdig ein Schuldbewußtsein zur Voraussetzung zu haben brauche. Doch solchem Einwand steht eben jener Traum entgegen, von dem Adam zu einer Zeit gequält wurde, als er noch gar nicht wissen konnte, daß es am nächsten Morgen einen Prozeß um den zerbrochenen Krug und das Geschehen der vergangenen Nacht geben würde. Adams zwanghafte Angst, er müsse sich selbst »den Kopf ins Eisen judizieren«, beweist nicht nur die Angst vor irgendeinem möglichen unangenehmen Nachspiel seines Verführungsversuchs, sondern die Angst vor der Stimme seines Gewissens, die ihn Lügen straft, wenn er sein nächtliches Unternehmen zu einem bloßen »Schwank« verharmlosen will:

Der Henker hols! Und alles, was es gilt,
Ein Schwank ists etwa, der, zur Nacht geboren,
Des Tags vorwitzgen Lichtstrahl scheut.[27]

---

[26] V. 269 – 273.
[27] V. 153 – 155

3. Kants Definition des Gewissens als des Bewußtseins eines »inneren Gerichtshofes« und die ›praktische‹ Absicherung der Kantischen Pflichtethik durch seine Ethikotheologie

Der Prozeß, den Adam von außen gesehen gegen alle anderen Prozeßteilnehmer, nur nicht gegen sich selbst führt, verbirgt (und enthüllt) also zugleich einen inneren Prozeß, in dem »seine (sc. des Richters) Gedanken einander verklagen oder entschuldigen.«

Dieses letzte Zitat stammt indessen nicht von Kleist, sondern von Kant, und Kleists soeben aufgezeigte Fehlerinnerung an den ›König Ödipus‹ wird verständlich, wenn man annimmt, daß seine Erinnerung an das Drama des Sophokles durch seine Beschäftigung mit Kants Pflichtethik gefärbt und verfälscht worden war, und hier wieder besonders durch seine Auseinandersetzung mit der Kantischen Lehre vom Gewissen, in der auch jener Satz enthalten ist.

Kant hatte im zweiten Teil seiner 1797 veröffentlichten ›Metaphysik der Sitten‹ – in dem Kapitel über die »Ästhetische(n) Vorbegriffe der Empfänglichkeit des Gemüts für Pflichtbegriffe überhaupt« – den Begriff des Gewissens eingeführt. Im ersten Abschnitt des zweiten Hauptstücks entfaltete er dann seine Lehre von der Funktion des Gewissens nach Analogie der Gerichtspraxis. Schon die Überschrift zu diesem ersten Abschnitt lautet: »Von der Pflicht des Menschen gegen sich selbst, als dem angeborenen Richter über sich selbst.« Und die Analogie führte Kant folgendermaßen aus:

Ein jeder Pflichtbegriff enthält objektive Nötigung durchs Gesetz (als moralischen, unsere Freiheit einschränkenden Imperativ) und gehört dem praktischen Verstande zu, der die Regel gibt; die innere Z u r e c h n u n g aber einer Tat, als eines unter dem Gesetz stehenden Falles (*in meritum aut demeritum*), gehört zur U r t e i l s k r a f t (*iudicium*), welche als das subjektive Prinzip der Zurechnung der Handlung, ob sie als Tat (unter einem Gesetz stehende Handlung) geschehen sei oder nicht, rechtskräftig urteilt; worauf denn der Schluß der V e r n u n f t (die Sentenz), d.i. die Verknüpfung der rechtlichen Wirkung mit der Handlung (die Verurteilung oder Lossprechung) folgt: welches alles vor G e r i c h t (*coram iudicio*), als einer dem Gesetz Effekt verschaffenden moralischen Person, G e r i c h t s h o f (*forum*) genannt, geschieht. – Das Bewußtsein eines inneren G e r i c h t s h o f e s im Menschen (›vor welchem sich seine Gedanken einander verklagen oder entschuldigen‹) ist das Gewissen.[28]

Hier stellt sich freilich die berechtigte Frage, wie denn überhaupt zunächst ein Interesse Kleists gerade an Kants ›Metaphysik der Sitten‹

---

[28] Immanuel Kant: Metaphysik der Sitten. Hrsg. von Karl Vorländer. Unveränd. Abdruck 1966 der 4. Aufl. 1922. S. 437/38. (Ich gebe die Seitenzahlen nach der Akademieausgabe).

zu begründen sei, da offenbar nicht direkt nachzuweisen ist, daß er diese Schrift überhaupt gelesen hat. Man geht zwar im allgemeinen davon aus, daß in Kleists »innerer Biographie«[29] seine sogenannte Kant-Krise eine hervorragende Rolle spielte, doch beruft man sich dabei vor allem auf die Erkenntnisproblematik. Immerhin übersah man durchaus nicht, daß Kleists Bestreben, »immer unaufhörlich einem höheren Grad von Bildung entgegenzuschreiten«,[30] angemessen nur »auf seinem religiösen Grunde«[31] zu verstehen sei, und Günter Blöcker betont, daß auch nach der Kant-Krise »die theologische Verwurzelung blieb.«[32] In der Tat hat Kleist offenbar sein Ziel, den ihm von Gott gesetzten Zweck zu erreichen, nicht zusammen mit seinem aufklärerischen Erkenntnis- und Bildungsideal aufgegeben. Die Frage ist aber, ob jene Kant-Krise nicht auch – und vor allem – sein theologisches und religiöses Selbstverständnis berührte. Auch dies ist freilich zunächst nur eine Hypothese, doch wenn sie richtig wäre, so wäre damit ein mögliches, ja sehr wahrscheinliches Motiv für Kleists Lektüre von Kants Abhandlung über die Metaphysik der Sitten gefunden.

Dann konnte allerdings die bloße Gewissensdefinition, die Kant in dieser Schrift gegeben hatte, für Kleist als solche noch nicht von sonderlichem Interesse sein. Kant hatte sich aber auch mit solcher Definition nicht begnügt, sondern sogleich nach der Verläßlichkeit und letztlichen Funktionsfähigkeit jener Prozeßführung des Gewissens gefragt, die nach seiner Definition das Bewußtsein eines inneren Gerichtshofes im Menschen voraussetzte:

> Diese ursprüngliche intellektuelle und (weil sie Pflichtvorstellung ist) moralische Anlage, Gewissen genannt, hat nun das Besondere in sich, daß, obzwar dieses sein Geschäfte ein Geschäft des Menschen mit sich selbst ist, dieser sich doch durch seine Vernunft genötigt sieht, es als auf das Geheiß einer anderen Person zu treiben. Denn der Handel ist hier die Führung einer Rechtssache (causa) vor Gericht. Daß aber der durch sein Gewissen Angeklagte mit dem Richter als eine und dieselbe Person vorgestellt werde, ist eine ungereimte Vorstellungsart von einem Gerichtshofe; denn da würde ja der Ankläger jederzeit verlieren.[33]

Kant folgerte daraus, schon der Gedanke der bloßen Möglichkeit eines funktionierenden Gewissens verlange, daß das Gewissen

[29] Vgl. zu diesem Begriff die Kleist-Monographie von Günter Blöcker: Heinrich von Kleist oder das absolute Ich. 1960.

[30] Kleist in einem Brief an seine Braut vom 22. März 1801. (II, S. 633).

[31] Ludwig Muth: Kleist und Kant. Versuch einer neuen Interpretation. 1954. S. 47.

[32] Günter Blöcker a.a.O. S. 63.

[33] Kant: Metaphysik der Sitten. S. 438.

sich »einen anderen (als den Menschen überhaupt), d.i. als sich selbst zum Richter seiner Handlungen« denken müsse,[34] möge dieser andere nun »eine wirkliche oder bloß idealische Person sein, welche die Vernunft sich selbst schafft.«[35] Damit aber war Kant die Gelegenheit gegeben, zur Beantwortung der zuvor gestellten Frage seinen schon früher – in der ›Kritik der Urteilskraft‹ – entwickelten Gedanken der ›praktischen‹ Notwendigkeit einer Ethikotheologie wieder aufzugreifen:

> Da nun ein solches moralisches Wesen zugleich alle Gewalt (im Himmel und auf Erden) haben muß, weil es sonst nicht (was doch zum Richteramt notwendig gehört) seinen Gesetzen den ihnen angemessenen Effekt verschaffen könnte, ein solches über alles machthabende moralische Wesen aber Gott heißt: so wird das Gewissen als subjektives Prinzip einer vor Gott seiner Taten wegen zu leistenden Verantwortung gedacht werden müssen; ja es wird der letztere Begriff (wenngleich nur auf dunkle Art) in jenem moralischen Selbstbewußtsein jederzeit enthalten sein.[36]

Kant gab also hier seiner Lehre vom Gewissen zugleich eine theologische Dimension. Wenn es Kleist zuletzt eben um diese zu tun war, dann zeichnet sich die Notwendigkeit oder doch zumindest die Möglichkeit ab, auch den vielfältigen biblischen Bezügen seines ›Zerbrochnen Kruges‹ eine sehr viel größere Bedeutung zuzumessen, als das bisher üblich war. Kant freilich erwähnt in diesem Zusammenhang die Bibel mit keinem Wort. Das könnte aber gerade dafür sprechen, daß Kleist – wie oben vermutet – durch Kants Erkenntniskritik statt nur in eine Bildungskrise vor allem in eine religiöse Krise gedrängt wurde, die ihn von Kants Theologie auf die biblische Offenbarungsreligion zurückverwies.

---

[34] Ebd.
[35] A.a.O. S. 439
[36] Ebd.

II

KLEISTS AUSEINANDERSETZUNG MIT KANTS KONZEPTION DER ETHIKOTHEOLOGIE ALS VORAUSSETZUNG SEINER DICHTUNG

1. Erkenntnisproblematik und Glaubenskrise

a) Kleists Begegnung mit Kants Konzeption der Ethikotheologie vor seiner sogenannten Kant-Krise

Kleists eigener Bericht über seine Kant-Krise, der sich in dem viel zitierten Brief an seine Braut vom 22. März 1801 findet, lautet wie folgt:

> Vor kurzem ward ich mit der neueren sogenannten Kantischen Philosophie bekannt – und Dir muß ich jetzt daraus einen Gedanken mitteilen, indem ich nicht fürchten darf, daß er Dich so tief, so schmerzhaft erschüttern wird, als mich. Auch kennst Du das Ganze nicht hinlänglich, um sein Interesse vollständig zu begreifen. Ich will indessen so deutlich sprechen, als möglich.
> Wenn alle Menschen statt der Augen grüne Gläser hätten, so würden sie urteilen müssen, die Gegenstände, welche sie dadurch erblicken, sind grün – und nie würden sie entscheiden können, ob ihr Auge ihnen die Dinge zeigt, wie sie sind, oder ob es nicht etwas zu ihnen hinzutut, was nicht ihnen, sondern dem Auge gehört. So ist es mit dem Verstande. Wir können nicht entscheiden, ob das, was wir Wahrheit nennen, wahrhaft Wahrheit ist, oder ob es uns nur so scheint. Ist das letzte, so ist die Wahrheit, die wir hier sammeln, nach dem Tode nicht mehr – und alles Bestreben, ein Eigentum sich zu erwerben, das uns auch in das Grab folgt, ist vergeblich –
> Ach, Wilhelmine, wenn die Spitze dieses Gedankens Dein Herz nicht trifft, so lächle nicht über einen andern, der sich tief in seinem heiligsten Innern davon verwundet fühlt. Mein einziges, mein höchstes Ziel ist gesunken, und ich habe nun keines mehr –[37]

Diese Sätze sind nur zu verstehen, wenn man sieht, auf welche Weise Kleist bisher glauben konnte, »ein Eigentum sich zu erwerben, das uns auch in das Grab folgt«. Die spezifische Relativität menschlicher Erkenntnis in ihrer Bezogenheit auf Gott hatte vor der Kantkrise positiv die Objektivität solcher Erkenntnis verbürgt. Der Erkenntniswert

---

[37] II, S. 634.

maß sich damit nicht an dem Kriterium des Objektiven, sondern letztlich an der Übereinstimmung des menschlichen mit dem göttlichen Willen:

Wie können wir uns getrauen in den Plan einzugreifen, den die Natur für die Ewigkeit entworfen hat, da wir nur ein so unendlich kleines Stück von ihm, unser Erdenleben übersehen? Also wage Dich mit Deinem Verstande nie über die Grenzen Deines Lebens hinaus. Sei ruhig über die Zukunft. Was Du für dieses Erdenleben tun sollst, das kannst Du begreifen, was Du für die Ewigkeit tun sollst, nicht; und so kann denn auch keine Gottheit mehr von Dir verlangen, als die Erfüllung Deiner Bestimmung auf dieser Erde.[38]

Das Zitat stammt wieder aus einem Brief an Wilhelmine, und zwar unter dem Datum des 15. Sept. 1800. Entscheidend war für Kleist also Sicherheit in der Frage, »was die Gottheit von Dir verlangen kann«, und von hier aus scheint nun die Erklärung der zuvor zitierten Stelle aus Kleists Kant-Brief auf den ersten Blick sehr einfach: Als die Kantische Philosophie Kleist unwiderruflich die grundsätzliche Subjektivität menschlicher Erkenntnis bewiesen zu haben schien, zog er den Schluß, daß menschliche Erkenntnis auch die Erfüllung irdischer Bestimmung als ein Eigentum, das »uns auch in das Grab folgt«, nicht sicher zu garantieren vermochte.

Das Problem ist indessen komplizierter. Kleist hatte nämlich ohne Zweifel die bei Kant mit der Moraltheologie bzw. Ethikotheologie verbundene Theologiekritik schon einige Monate vor der so verzweifelt ausbrechenden Kant-Krise kennengelernt, ohne daß er damals existentiell davon betroffen worden wäre. Das bedarf natürlich der Erklärung.

In der ›Kritik der reinen Vernunft‹ heißt es – unter ausdrücklicher Berufung auf Leibniz[39] – folgendermaßen:

Diese Moraltheologie hat nun den eigentümlichen Vorzug vor der spekulativen, daß sie unausbleiblich auf den Begriff eines einigen, allervollkommensten und vernünftigen Urwesens führt, worauf uns spekulative Theologie nicht einmal aus objektiven Gründen hinweist, geschweige uns davon überzeugen konnte. Denn, wir finden weder in der transzendentalen, noch natürlichen Theologie, so weit uns auch Vernunft darin führen mag, einigen bedeutenden Grund, nur ein einiges Wesen anzunehmen, welches wir allen Naturursachen vorsetzen, und von dem wir zugleich diese in allen Stücken abhängig zu machen hinreichende Ursache hätten. Dagegen, wenn wir aus dem Gesichtspunkte der sittlichen Einheit, als einem notwendigen Welt-

[38] II, S. 565.
[39] Immanuel Kant: Kritik der reinen Vernunft. Unveränd. Neudruck der von Raymund Schmidt bes. Ausg. (nach der zweiten durchges. Aufl. von 1930). 1967. S. B 840.

gesetze, die Ursache erwägen, die diesem allein den angemessenen Effekt, mithin auch für uns verbindende Kraft geben kann, so muß es ein einiger oberster Wille sein, der alle diese Gesetze in sich befaßt.[40]

Und:

Die Moraltheologie ist also nur von immanentem Gebrauche, nämlich unsere Bestimmung hier in der Welt zu erfüllen, indem wir in das System aller Zwecke passen, und nicht schwärmerisch oder wohl gar frevelhaft den Leitfaden einer moralisch gesetzgebenden Vernunft im guten Lebenswandel zu verlassen, um ihn unmittelbar an die Idee des höchsten Wesens zu knüpfen, welches einen transzendenten Gebrauch geben würde, aber ebenso, wie der der bloßen Spekulation, die letzten Zwecke der Vernunft verkehren und vereiteln muß.[41]

So beantwortet nach Kant die Moraltheologie die »dritte Frage, nämlich: wenn ich nun tue, was ich soll, was darf ich alsdann hoffen?«[42] Kleist aber benutzt alle diese Argumente[43], die er dann folglich gekannt haben muß, mit einiger Sicherheit in einem Brief an seine Braut vom 16. September 1800, ohne freilich den Namen Kants zu erwähnen:

Aber in uns flammt eine Vorschrift – und die muß göttlich sein, weil sie ewig und allgemein ist; sie heißt: e r f ü l l e D e i n e P f l i c h t; und dieser Satz enthält die Lehren aller Religionen.

Alle anderen Sätze folgen aus diesem und sind in ihm gegründet, oder sie sind nicht darin begriffen, und dann sind sie unfruchtbar und unnütz.

Daß ein Gott sei, daß es ein ewiges Leben, einen Lohn für die Tugend, eine Strafe für das Laster gebe, das alles sind Sätze, die in jenem nicht gegründet sind, und die wir also entbehren können. Denn gewiß sollen wir sie nach dem Willen der Gottheit selbst entbehren können, weil sie es uns selbst unmöglich gemacht hat, es einzusehen und zu begreifen. Würdest Du nicht mehr tun, was recht ist, wenn der Gedanke an Gott und Unsterblichkeit nur ein Traum wäre? Ich nicht.

Daher b e d a r f ich zwar zu meiner Rechtschaffenheit dieser Sätze nicht; aber zuweilen, w e n n i c h m e i n e P f l i c h t e r f ü l l t h a b e, erlaube ich mir, mit stiller Hoffnung an einen Gott zu denken, der mich sieht, und an eine frohe Ewigkeit, die meiner wartet; denn zu beiden fühle ich mich doch mit meinem Glauben hingezogen, den mein Herz mir ganz zusichert und mein Verstand mehr bestätigt, als widerspricht.[44]

---

[40] A.a.O. S. B 842/43.
[41] A.a.O. S. B 847.
[42] A.a.O. S. B 833.
[43] Die Parallelstelle findet sich in der ›Kritik der Urteilskraft‹ vor allem auf den Seiten 481–482. (Ich gebe die Seitenzahlen nach der Kantischen Originalausgabe, zitiere aber nach der Ausgabe von Karl Vorländer (Hrsg.): Immanuel Kant: Kritik der Urteilskraft. Unveränd. Nachdruck 1968 der 6. Aufl. von 1924.) Der Wortlaut des nun zu besprechenden Kleistschen Briefes vom 16. Sept. 1800 an seine Braut verweist allerdings doch wohl eindeutig auf die ›Kritik der reinen Vernunft‹.
[44] II, S. 317.

Kant hatte die Sätze seiner Ethikotheologie nicht nur als möglich, sondern als für die praktische Durchsetzung der Moral unabdingbar nötig bezeichnet: »Aber nach der Analogie mit einem Verstande k a n n i c h , j a m u ß i c h mir wohl in gewisser anderer Rücksicht ein übersinnliches Wesen denken. (. . .)[45] Dazu stand in direktem Widerspruch, daß Kleist seinerseits aus der Unmöglichkeit der Erkenntnis Gottes folgerte: »Daher b e d a r f i c h (. . .) zu meiner Rechtschaffenheit dieser Sätze nicht (sc. der Sätze, daß ein Gott sei, daß es ein ewiges Leben, einen Lohn für die Tugend, eine Strafe für das Laster gebe).«

Kants Theologiekritik konnte Kleist also damals einfach deshalb noch nicht in eine Krise führen, weil er, Kleist, nicht finden konnte, wo denn hier überhaupt ein Problem liegen sollte. Dafür aber ist der Grund wieder in einem Selbstwiderspruch Kleists zu suchen, der ihm damals noch nicht bewußt wurde: Seine Feststellung, daß er sich nur erlaube, »mit stiller Hoffnung an einen Gott zu denken (. . .)«, wenn er seine Pflicht bereits erfüllt h a b e , war doch angewiesen auf die z u v o r formulierte andere Gewißheit, daß »wir (diese Sätze) n a c h d e m W i l l e n d e r G o t t h e i t s e l b s t entbehren können.«[46]

Der letzte Satz ist zugleich noch in einem weiteren Punkte aufschlußreich. Die Formel von der Gewißheit, daß »wir (diese Sätze) nach dem Willen der Gottheit selbst e n t b e h r e n k ö n n e n «[47], ist nicht ohne weiteres mit dem in diesem Brief vertretenen absoluten Pflichtprinzip zur Deckung zu bringen. Den Grund hierfür wird man nur darin sehen können, daß das eigentliche, übergreifende Ziel von Kleists Wahrheitssuche eben nicht »die Pflicht« war, sondern etwas, wofür die letztere ihm nur Mittel zum Zweck blieb. Kleist war ja schon früher, in seinem Aufsatz für Rühle von Lilienstern über das Thema ›Den sichern Weg des G l ü c k s zu finden (. . .)‹,[48] von dem stoischen Satz ausgegangen, daß die Tugend ihren Lohn in sich selber trage, und er hatte diesen Satz sogleich auf bemerkenswerte Weise modifiziert:

Und dann, mein Freund, dienen und unterstützen sich doch diese beiden Gottheiten so wechselseitig, das Glück als Aufmunterung zur Tugend, die Tugend als Weg zum Glück, daß es dem Menschen wohl erlaubt sein kann, sie nebeneinander und ineinander zu denken.   Es ist kein bessrer Sporn zur Tugend möglich, als die Aussicht auf ein nahes Glück, und kein schönerer und edlerer Weg zum Glücke denkbar, als der Weg der Tugend.[49]

---

[45] Kant: Kritik der Urteilskraft. S. 482. (Hervorhebung von mir).
[46] Hervorhebung von mir.
[47] Hervorhebung von mir.
[48] II, S. 301 – 318. (Hervorhebung von mir.) Der Aufsatz ist wahrscheinlich im Jahre 1799 oder vielleicht schon 1798 entstanden.
[49] II, S. 303.

Entsprechend verstand Kleist Kants Prinzip der Pflicht nur um der Pflicht willen, als er es kennenlernte, zunächst offenbar nur als Variation jenes — von ihm umgedeuteten - stoischen Satzes. So behauptete er noch in einem Brief an Wilhelmine vom 11. Januar 1801, bereit zu sein, das Prinzip der Pflicht um der Pflicht willen selbst anzuwenden. Er erklärte dies aber zuletzt doch mit deutlichem Widerstreben und ohne eigentliche Überzeugung, denn sein Bekenntnis lautet im Zusammenhang: »Nur dann könnte und müßte ich gleichgültig gegen Dich werden, wenn die Erfahrung mich lehrte, daß der Stein, den ich mit meiner ganzen Seele bearbeitete, den Glanz aus ihm hervorzulocken, kein Edelstein wäre - Ich würde Dich darum nicht verlassen, - denn warum solltest Du den Irrtum büßen, den ich beging? Aber unglücklich würde ich sein, und Du würdest nicht glücklich sein, weil ich es nicht sein kann; denn das Gemeine kann man nur brauchen, nur das Edlere kann man lieben, und nur die Liebe macht das Leben süß.«[50]

b) Kants Ethikotheologie im Lichte von Fichtes ›Bestimmung des Menschen‹

Erst unter dem Datum des 5. Februars 1801 findet sich in einem Brief Kleists an seine Schwester Ulrike der Beleg dafür, daß Kleist nunmehr auf seinen früheren Selbstwiderspruch aufmerksam geworden war. Die Frage, »was die Gottheit von Dir verlangen kann«, war ihm nunmehr angesichts des Kantschen Nachweises unausweichlicher menschlicher Subjektivität überhaupt erst wirklich zur Frage, damit aber sogleich auch zum existentiellen Problem geworden:

Selbst die Säule, an welcher ich mich sonst in dem Strudel des Lebens hielt, wankt-- Ich meine, die Liebe zu den Wissenschaften. - Aber wie werde ich mich hier wieder verständlich machen? - Liebe Ulrike, es ist ein bekannter Gemeinplatz, daß das Leben ein schweres Spiel sei; und warum ist es schwer? Weil man beständig und immer von neuem eine Karte ziehen soll und doch nicht weiß, was Trumpf ist; ich meine d a r u m, w e i l m a n b e s t ä n d i g u n d i m m e r v o n n e u e m h a n d e l n s o l l u n d d o c h n i c h t w e i ß, was r e c h t i s t.[51]

In diesem Zitat liegt der Schlüssel zur Erklärung von Kleists neuer Auffassung der Kantischen Erkenntniskritik. Es läßt sich nämlich zeigen, daß der letzte Satz in diesem Zitat die genaue Umkehrung einer Formel ist, die sich wiederholt in Fichtes ein Jahr vor Kleists Kant-Kri-

---

[50] II, S. 610.
[51] II, S. 629. Hervorhebung von mir.

se veröffentlichter Schrift über ›Die Bestimmung des Menschen‹ findet. Ernst Cassirer[52] hätte mit diesem Hinweis seine These stützen können, daß nicht Kant selbst, sondern Fichte Kleists Kant-Krise verursacht habe. Daß dieser Hinweis bei Cassirer fehlt, ist indessen verständlich: Cassirer wollte – vor allem unter Berufung auf das z w e i t e Buch von Fichtes Schrift – zuletzt nur nachweisen, daß »der unbedingte Wahrheitssinn und der unbedingte Wahrheitsmut, den Kleist bis zur inneren Selbstvernichtung festhält, (...) immer wieder über jede derartige Stimmung« siege, wie sie von Fichtes Glaubensbegriff im dritten Buch vertreten werde.[53] Cassirers Beweisführung enthält also durchaus eine Antwort auf den späteren Einwand von Muth, es werde doch im dritten Buch »die Weltrealität, die das Wissen bestritten hatte, durch das Organ des Glaubens wieder aufgebaut und bestätigt.«[54] Die Antwort reicht aber nicht aus, weil Cassirer nicht sah, daß Kleist Fichtes Glaubensentwurf a u s G l a u b e n s g r ü n d e n ablehnte. Wenn man dies aber berücksichtigt, so wird Muths Einwand gegen die Annahme von Kleists Fichte-Lektüre und ihrer Bedeutung für Kleists Kant-Krise hinfällig.

Schon Friedrich Braig hat ausdrücklich Kleists Widerspruch gegen das dritte Buch von Fichtes ›Bestimmung des Menschen‹ in dem Satz zusammengefaßt: »Kleist erschien die Trennung von Willen und Tat durch die Annahme einer doppelten Kausalität der irdischen und der ewigen Welt, der mechanischen Notwendigkeit der Natur und der Kausalität des freischaffenden Willens in der geistigen Welt, absurd. Sein Wesen drängte zur Einheit, die er nicht finden konnte.«[55] Der Sachverhalt ist indessen genauer zu erklären.

Fichte schreibt im dritten Buch:

> (...) sobald das Gebot aus meiner Person heraus in die Welt eintritt, habe ich nicht mehr zu sorgen, denn es tritt von da an ein in die Hand des ewigen Willens. Von nun an weiter zu sorgen, wäre vergebliche Qual, die ich mir selbst zufügte; wäre Unglaube und Mistrauen gegen jenen Willen. Es soll mir nie einfallen, statt Seiner die Welt regieren zu wollen, die Stimme meiner beschränkten Klugheit statt seiner Stimme in meinem Gewissen zu hören, und den einseitigen Plan eines kurzsichtigen Einzelnen an die Stelle seines Planes, der über das Ganze sich erstreckt, zu setzen. Ich weiss, dass ich da-

---

[52] Ernst Cassirer: Heinrich von Kleist und die Kantische Philosophie. In: Ders.: Idee und Gestalt. Goethe. Schiller. Hölderlin. Kleist. 1971. (Neudruck der 2. Aufl. 1924).
[53] Cassirer a.a.O. S. 175.
[54] Ludwig Muth: Kleist und Kant. S. 11.
[55] Friedrich Braig: Heinrich von Kleist. 1925. S. 64.

durch nothwendig aus seiner Ordnung, und aus der Ordnung aller geistigen Wesen herausfallen würde.[56]

Es waren offenbar solche Sätze, die Kleist darauf aufmerksam machten, daß er mit seiner eigenen ›Berichtigung‹ der Kantischen Aussagen zur Ethikotheologie seinerseits gegen die von Kant erwiesene Unerforschbarkeit des göttlichen Willens verstoßen hatte. Denn Fichte schien hier zu behaupten, die Stimme des »ewigen Willens« von der »Stimme meiner beschränkten Klugheit in meinem Gewissen« unterscheiden zu können. Gerade das aber dürfte Kleist zu vollem Bewußtsein gekommen sein angesichts des von Fichte oft variierten Satzes: »Ich weiß in jedem Augenblicke meines Lebens sicher, was ich in ihm thun soll: und dies ist meine ganze Bestimmung, inwiefern dieselbe von mir abhängt.«[57] Kleist mußte an diesem Satz theologischen Anstoß nehmen, sobald ihm deutlich wurde, daß Fichtes Ethik, obwohl von menschlicher Vernunft aufgestellt, Gültigkeit für die »übersinnliche, ewige Welt«[58] beanspruchte. Und eben weil Fichte die Abstraktheit von Kants Formeln des Kategorischen Imperativs und des praktischen Vernunftglaubens durch die Erläuterung ins Konkrete wendete, daß für den »bloßen reinen Willen«[59], soweit er »unser guter Wille«[60] ist, die entsprechenden Folgen für den »ewigen Willen« zu postulieren seien, gewann in solcher Entfaltung die Kantische Begründung des Glaubens durch die praktische Vernunft die Gestalt, die Kleist prägnant als neuerlichen Sündenfall angemaßter Erkenntnis des Guten und Bösen verurteilen sollte: Da wir den »ewigen Willen« nicht kennen können, so las er Fichte und verstand er nun Kant, legen wir den »ewigen Willen« auf unseren eigenen »guten Willen« fest – zwar nicht im Sinne deckungsgleicher Identität (dies hieße ja, »den einseitigen Plan eines kurzsichtigen Einzelnen an die Stelle seines Planes, der über das Ganze sich erstreckt, zu setzen«), wohl aber in dem Sinne, daß der »ewige Wille« unsern »guten Willen« auch wirklich als gut anzurechnen habe.

Zugleich und zuerst freilich schien hier für Kleist mit Fichtes Glauben, der sich ihm so als Irrglaube entlarvt hatte, doch die Ebene der philosophischen Wahrheit voreilig verlassen zu sein, insofern Fichte nach Kleist bei solchem Ergebnis die Wahrheit noch gar nicht gefunden hatte, als er in der Überleitung zum ›Glauben‹ erklärte: »Ich habe eingesehen, und sehe klar ein, dass es so ist; ich kann es nur nicht

---

[56] Johann Gottlieb Fichte: Die Bestimmung des Menschen. In: J. G. Fichtes sämmtliche Werke. Hrsg. von I. H. Fichte. Bd. II. 1845/6. S. 310.
[57] A.a.O. S. 309.
[58] A.a.O. S. 291.
[59] A.a.O. S. 288.
[60] A.a.O. S. 286.

glauben.«[61] Gemeint ist mit dieser Einsicht die Selbstwiderlegung und Selbstaufhebung des Wissens: Kleist suchte nun nach der Möglichkeit, dieses vorgeblich einzige Wissen des Nichtwissens nicht einfach durch Fichtes ›falschen‹ Glauben zu widerrufen, sondern mit den Mitteln des Wissens selbst zu widerlegen. Deshalb der auch von Cassirer[62] zitierte Satz: »Aber der Irrtum liegt nicht im Herzen, er liegt im Verstande und nur der Verstand kann ihn heben.«[63]

Der Brief, aus dem oben der Satz Kleists zitiert wurde, daß »man beständig und immer neu handeln soll und doch nicht weiß, was recht ist«, stammt eindeutig aus einer Phase von Kleists geistiger Entwicklung, in der er die spezifisch Fichtesche Harmonisierung von Wissen und Glauben schon nicht mehr gelten ließ; denn Kleist fährt fort: « W i s s e n kann unmöglich das Höchste sein – handeln ist besser als Wissen (. . .) Zwei ganz verschiedne Ziele sind es, zu denen zwei ganz verschiedene Wege führen. Kann man sie beide nicht vereinigen, welches soll man wählen? Das höchste, oder das, wozu uns unsre Natur treibt?«[64] Es geht hier um die beiden Fragen am Schluß des Zitats. Was mit der letzten Frage gemeint sei, läßt sich allein aus dem Kontext des Briefes kaum erschließen, ja man würde grammatikalisch und logisch sicher zu falschen Folgerungen verleitet. Ein Blick in das dritte Buch von Fichtes Schrift belehrt uns aber, daß das »höchste« das Ziel des W i s s e n s meint, während mit dem, »wozu uns unsre Natur treibt«, auf die nach Fichtes Lehre sich »natürlich« und ohne das vergebliche Mühen »aller jener Grübeleien und Klügeleien« verständlichen Gebote des G l a u b e n s angespielt ist:

> (. . .) kein Wissen kann sich selbst begründen und beweisen; jedes Wissen setzt ein noch Höheres voraus, als seinen Grund, und dieses Aufsteigen hat kein Ende. Der Glaube ist es; dieses freiwillige Beruhen bei der sich uns natürlich darbietenden Ansicht, weil wir nur bei dieser Ansicht unsere Bestimmungen erfüllen können; er ist es, der dem Wissen erst Beifall giebt, und das, was ohne ihn blosse Täuschung seyn könnte, zur Gewissheit und Ueberzeugung erhebt. Er ist kein Wissen, sondern ein Entschluss des Willens, das Wissen gelten zu lassen.[65]

Das Zitat macht deutlich, daß Kleist sich mit der ersten Frage tatsächlich in Gegensatz zu Fichte stellte, indem er die für sein Verständnis von Fichte derart gerade noch n i c h t befriedigend geleistete Ver-

---

[61] A.a.O. S. 245.
[62] Ernst Cassirer a.a.O. S. 176.
[63] Brief an Wilhelmine vom 28. März 1801. (II, S. 638).
[64] II, S. 629.
[65] Fichte: Die Bestimmung des Menschen. S. 253/54.

mittlung von Wissen und Glauben mit jenem »Kann man beide nicht vereinigen (...)« zum erst noch zu bewältigenden Thema seiner weiteren Überlegungen machte. Offenbar leuchtete ihm nicht ein, inwiefern der Glaube das Wissen gelten lassen dürfe, oder anders: wie ein unsicheres Wissen durch den Glauben in gewisses Wissen verwandelt werden könne. Er maß also das nach Fichte durch den Glauben erreichte Wissen wiederum an den Kriterien des Wissens und reduzierte den Fichteschen Glauben auf ein bloßes Fürwahrhalten. Er selbst mußte sich um die Auflösung eines von ihm nicht anerkannten unendlichen Zirkels bemühen, als der ihm die Gedankenführung Fichtes erschien: vom Wissen zum Wissen des Nichtwissens und von diesem nicht nur zum Glauben, sondern wiederum zurück zum Wissen. Derart war seine Aufgabe nun zwar tatsächlich, einen ›Irrtum des Verstandes‹ zu lösen, doch ist von hier aus zugleich einsichtig, daß die Lösung nur in einer neuen Vermittlung von Wissen und Glauben, also letztlich in einem neuen Glaubensverständnis würde liegen können.

2. Sündenfall und Rechtfertigung

a) Die Erkenntnis des Sündenfalls der Erkenntnis

Sein früherer Glaube, durch Vervollkommnung seiner Erkenntnis sich selbst »auf eine Stufe näher der Gottheit zu stellen«,[66] schien ihm nun prägnant eine Wiederholung von Adams und Evas Sündenfall, die gleich ihm geglaubt hatten, sie würden »wie Gott«, wenn sie vom »Baum der Erkenntnis des Guten und Bösen« äßen. Wie Adams und Evas Augen nach dem Genuß der Frucht aufgetan und wie sie gewahr wurden, »daß sie nackt waren«, so schrieb auch Kleist an seine Schwester Ulrike:

Ach, es gibt eine traurige Klarheit, mit welcher die Natur viele Menschen, die an dem Dinge nur die Oberfläche sehen, zu ihrem Glücke verschont hat. Sie nennt mir zu jeder Miene die Gedanken, zu jedem Worte den Sinn, zu jeder Handlung den Grund – sie zeigt mir alles, was mich umgibt, und mich selbst in seiner ganzen armseligen Blöße, und dem Herzen ekelt zuletzt vor dieser Nacktheit.[67]

Blöckers Formeln von Kleists »Durst nach dem Absoluten« und seinem »auf das Lebensganze gerichtete(n) Erkenntnishunger«,[68] ja von

[66] Brief an Wilhelmine vom 13. Nov. 1800.
[67] Brief an Ulrike vom 5. Febr. 1801. (II, S. 628).
[68] G. Blöcker a.a.O. S. 40.

32

Kleists »Leben und Dichtung«, die »im Zeichen des ungeheuerlichen Versuchs« stünden, »hier auf dieser Erde in den Besitz des reinen Seins zu gelangen«,[69] versäumen deshalb leicht im Gebrauch der Termini moderner Existenzphilosophie[70] Kleists religiöse Problematik von Sünde und Rechtfertigung, ja selbst seine nach der Kant-Krise[71] erst eigentlich problematisch gewordene theologische Frage, »was die Gottheit von Dir verlangen kann«. Zwar führt für Kleist der Weg zur Vollkommenheit, wie Blöcker richtig feststellt, »nicht durch dürre Moral- und Verstandesexerzitien«, aber genauso wenig zureichend, ja nicht einmal notwendig, »durch eine voll durchmessene und erlittene Existenz«.[72] Erst durch Annahme ihrer religiösen Funktion, im Sinne der Bestätigung religiöser Bindung oder im Sinne der ›Bekehrung‹, vermag der Mensch, wie ich zeigen werde, sich in den Augen des Dramatikers Kleist vor Gott zu rechtfertigen. Vollkommenheit gibt es für ihn nicht in der auf sich selbst oder aufs ›Schicksal‹ zurückgeworfenen Existenz, sondern allein in der ›Essenz‹ des mit Gott versöhnten Bewußtseins.

Für Kleist war nach der Kant-Krise die im Drama des Sophokles noch gültige Unterscheidung von Gut und Böse in einem letzten, unbedingten Sinn fragwürdig geworden:

Was heißt das auch, etwas Böses tun, der Wirkung nach? Was ist böse? Absolut böse? Tausendfältig verknüpft und verschlungen sind die Dinge der Welt, jede Handlung ist die Mutter von Millionen andern, und oft die schlechteste erzeugt die besten – Sage mir, wer auf dieser Erde hat schon etwas Böses getan? Etwas, das böse wäre in aller Ewigkeit fort – ? Und was uns auch die Geschichte von Nero, und Attila, und Cartouche, von den Hunnen, und den Kreuzzügen, und der spanischen Inquisition erzählt, so rollt doch dieser Planet immer noch freundlich durch den Himmelsraum, und die Frühlinge wiederholen sich, und die Menschen leben, genießen, und sterben nach wie vor.[73]

---

[69] G. Blöcker a.a.O. S. 41.

[70] Kritik an der »existentialistischen, unhistorischen Betrachtungsweise« Blökkers übt auch Siegfried Streller: Heinrich von Kleist und Jean-Jaques Rousseau. In: Weimarer Beiträge 8. 1962. S. 558. Anm. 36. (Wieder abgedruckt in: Walter Müller-Seidel (Hrsg.): Heinrich von Kleist. Aufsätze und Essays. 1967. S. 635 – 671, hier S. 660). Strellers Aufsatz berücksichtigt freilich seinerseits nicht zureichend, daß auch das (in der Tat nach der Kant-Krise bedeutsamer werdende) affirmative Verhältnis Kleists zu Rousseau nicht Kleists besondere religiöse Problematik zu lösen vermochte, vielmehr umgekehrt durch sie relativiert wurde.

[71] Vgl. den Brief an Wilhelmine vom 15. Aug. 1801: »Ja, tun, was der Himmel sichtbar, unzweifelhaft von uns fordert, das ist genug.« (II, S. 683).

[72] G. Blöcker a.a.O. S. 63. Ich verweise hier auf das ›Käthchen von Heilbronn‹.

[73] Brief an Wilhelmine vom 15. Aug. 1801. (II, S. 683).

Aufzuheben war die menschliche Erbsünde nun nicht mehr auf dem bisherigen Wege der Erkenntnis von Falsch und Richtig, Gut und Böse, die zu behaupten ja gerade die menschliche Schuld ausmachte, sondern allein durch Verzicht auf den Glauben an die (sei es auch gottbezogen relative) Autonomie und Erlösungskraft von Erkenntnis. Solcher Widerruf konnte jedoch nicht ohne und gegen Erkenntnis geschehen. Die blieb vielmehr dem Menschen Schuld wie Pflicht, und ihre erste unschuldige Aufgabe war eben die, ihre eigene Unzulänglichkeit zu entlarven: sich selbst zu richten.

b) Die Unmöglichkeit des Verzichts auf Erkenntnis von Gut und Böse

Es lag nicht an dem Fehlschlag seines Versuches, in der Schweiz einen Bauernhof zu erwerben, daß der Gedanke einer Sühne und Rechtfertigung durch Landarbeit für Kleist auf die Dauer keine Lösung bedeuten konnte. Er hatte seinen Entschluß, das Leben eines Bauern zu führen (»ein Feld zu bauen«[74]), ausdrücklich mit einem Gebot und einer Verheißung der Bibel begründet: »In der Bibel steht, arbeite so wird es Dir wohl gehen – ich bilde mir ein, es sei wahr, und will es auf die Gefahr hin wagen.«[75] Daß er ausgerechnet in der Landarbeit die Möglichkeit zur Erfüllung der ihm von Gott gesetzten Pflicht sah, war also wiederum kein Zufall oder bloße Regression von Kant zu Rousseau. Es zeigt vielmehr, daß Kleist nach sicherer Möglichkeit einer Rechtfertigung vor Gott nun nicht nur in den Geboten der natürlichen, sondern auch der Offenbarungsreligion zu suchen begann; denn mit seinem – so in der Bibel nicht zu findenden – Bibelzitat bezog er offenbar das Wort Gottes bei der Vertreibung Adams aus dem Paradies auf sich selbst und interpretierte es als die erlösende Antwort auf seine Rechtfertigungsproblematik:

Im Schweiße deines Angesichts sollst du dein Brot essen, bis daß du wieder zu Erde werdest, davon du genommen bist (...)
Da wies ihn Gott der Herr aus dem Garten Eden, daß er das Feld baute (...)[76]

Kleist mußte jedoch erkennen, daß seine Hoffnung, wenn er nur getreu dem Bibelwort im Schweiße seines Angesichts den Acker bebaue, sein erschüttertes Bewußtsein betäuben und »ruhiger machen« zu kön-

---

[74] Brief an Ulrike vom 12. Jan. 1802. (II, S. 713).
[75] Ebd.
[76] 1. Mose 3,19 u. 23. (Vgl. II, 694 das »religiöse Gesetz« »persischer Magier«).

nen,[77] ein Irrtum war. Widerruf und Selbstbestrafung waren für Kleist solange nur Selbstbetrug, als für ihn nicht auszumachen war, wodurch sich das vorige sündige und das neue, vorgeblich entsühnende Exil-Dasein des Erkenntnis-Verzichts wirklich der Sache nach voneinander unterschieden, als er sich also zu einer Bekehrung wovon, nicht aber zu einer Bekehrung wozu fähig sah.

Kleist hatte auch an ein Ausweichen zuerst nicht gedacht. Am 28. März 1801 schrieb er an seine Braut: »Aber der Irrtum liegt nicht im Herzen, er liegt im Verstande und nur der Verstand kann ihn heben.«[78] Er nannte Kants Ergebnisse nur deshalb »Sätze einer traurigen Philosophie«,[79] weil sie ihn mit dem Faktum der erkenntnistheoretisch begründeten religiösen Aporie allein ließen. Und er sprach von der »sogenannten« Kantischen Philosophie,[80] weil für ihn eine Philosophie ihren Namen nicht mehr verdiente, die sich mit solcher Aporie abfand. Kleist erkannte also Kants Beweisführung an und weigerte sich nur, bei ihr stehen zu bleiben. Es ist deshalb falsch zu meinen, Kleist habe bei Kant oder wo auch immer »die Lossprechung vom Verstandeswesen mit allen ihren Konsequenzen (gefunden)«,[81] oder Kleist sei »von Kant auf Rousseau zurückgeworfen worden«.[82] Die »Idee, künftig in der Schweiz als dichtender Bauer zu leben«,[83] blieb eine Episode, die Kleist überwand, als er zu dichten begann, und war doch wieder mehr als Episode, weil Kleist von ihr nicht einfach zu der Stufe seiner Erkenntnisproblematik zurückkehrte, die in dem eben zitierten Brief an seine Braut festgehalten ist. Vielmehr fand er mit seiner Dichtung zu einer Lösung, die die Erkenntniskritik Kants in ihrer Folge und zugleich im Protest gegen sie mit seinem eigenen, zur Zeit seiner Bauern-Ideale dezidiert erkenntnisunabhängigen religiösen Glauben zu vermitteln und so beide derart zu verändern vermochte, daß die Erkenntniskritik, mit einem neuen Stellenwert in seinem Glauben, diesem Glauben geradezu zum praktischen Fundament dienen konnte.

---

[77] Brief an Wilhelmine vom 3. Juni 1801. (II, S. 654).
[78] II, S. 638.
[79] Brief an Wilhelmine vom 21. Juli 1801. (II, S. 667).
[80] Brief an Wilhelmine vom 22. März 1801. (II, S. 634).
[81] G. Blöcker a.a.O. S. 61.
[82] Ebd. S. 65.
[83] Ebd.

c) Die Suche nach einer neuen theologischen Ethik

Kleist hatte also erfahren müssen, daß die Pflicht zur Erkenntnis nicht nur negativ als Pflicht ihrer Selbstentlarvung zu bestimmen war. Damit vermag der Verweis auf die für Kleist nach der Kant-Krise zentrale Bedeutung von Sündenfall und Rechtfertigung zwar allgemein Kleists Weg zum Dramatiker zu erklären, da diese Begriffe das Grundschema von Schuld und Sühne enthalten, wenn der Versuch der Rechtfertigung weder das Faktum noch die Sündhaftigkeit des Sündenfalls zu leugnen versucht. Die spezifisch Kleistsche Dramatik aber wird erst verständlich, wenn man sieht, daß ihm zwar nicht Faktum oder Sündhaftigkeit des Sündenfalls, wohl aber die Möglichkeit der Rechtfertigung erneut problematisch wurde.

Vor allem aber betraf diese Problematik wieder den Bereich theologischer Erkenntnis, deren Aufgabe sich ihm nun positiv als der Versuch darstellte, statt von dem moralischen Gesetz ›in uns‹ auf Gott zu schließen, gerade umgekehrt ein ›moralisches Gesetz‹ nach Art der vorkantischen Aufklärung, aber auf neue Weise, überhaupt erst als ein gottgewolltes zu bestimmen. Kleist unternahm also den verzweifelten Versuch, gegen Kant an der Möglichkeit einer theologischen Ethik festzuhalten, die nicht nur auf alles Definieren kasuistischer Moralvorschriften, sondern selbst noch auf Kants Kategorischen Imperativ als nur subjektiv-menschliche Bestimmungen meinte verzichten zu müssen.[84]

Ich sagte oben, Günter Blöcker betone mit Recht, daß auch nach der Kant-Krise »die theologische Verwurzelung blieb«. Von solcher Verwurzelung zu sprechen ist berechtigt, weil sie allein Kleist zu immer neuen Versuchen einer Lösung der theologischen Aporie verpflichtete, die ihm, insofern die Kant-Krise ihn in seiner religiösen Existenz bedrohte, auch zur religiösen Aporie wurde. So betrachtet, war die »theologische Verwurzelung« letztlich eine religiöse, die anstelle der fragwürdig gewordenen Theologie eine neue hervorzubringen vermochte. Blöcker erklärt jedoch, Kleist habe zur Theologie eines »Jenseits im Diesseits«[85] gefunden, und diese Formulierung scheint unzulänglich, auch wenn Blöcker etwas vorsichtiger formuliert, daß sich für Kleist nun das Paradies schon im irdischen Leben »beweisen« mußte:[86] das

---

[84] Das Ergebnis von L. Muths Untersuchung, der ›Nihilismus‹ Kleists erweise sich »als ein echtes und tiefes Kant-Verständnis« (S. 78), findet also in Kleists Bemühen um eine neue theologische Ethik seine Grenze.

[85] G. Blöcker a.a.O. S. 64.

[86] Ebd.

mußte es, entsprechend aller der Leibnizschen Monadologie noch verpflichteten Aufklärung, schon vorher. Gewandelt hat sich jedoch Kleists Vorstellung, wie der diesseitige Mensch in jenem »absoluten Raum«[87] nach absoluten Geboten Gottes handeln oder gegen sie verstoßen könne. Nicht das Hineinreichen des Absoluten in die Immanenz war Kleist je problematisch, sondern die Bestimmung, unter welchen in der Verantwortung des Menschen stehenden Bedingungen immanentes Sein mit den Gesetzen des Absoluten in Übereinstimmung zu bringen sei. Die Forderung des Daß solcher Übereinstimmung war die Forderung seiner Religion, die Problematik des Wie die erkenntnistheoretisch begründete Problematik seiner Theologie. Sprächen wir nur von Kleists Theologie, so würden wir weder seiner Krise, noch ihrer Lösung gerecht, weil es für Kleist nach der Kant-Krise eine Theologie als Wissenschaft im traditionellen Sinne nicht mehr geben konnte. Gleichwohl läßt sich nicht von Kleists Religion sprechen, ohne daß wir nach seiner Theologie fragen und zeigen, wo und wie diese Theologie ihren aufklärerischen Begriff transzendiert.

3. Kleists Versuch einer theologischen Neuorientierung zwischen Kant und Leibniz

a) Das Problem der Theodizee

Die Frage, »was die Gottheit von Dir verlangen kann«, war für Kleist nunmehr mit dem traditionellen Problem der Theodizee nicht mehr unmittelbar identisch, insofern dieses eine objektive Unterscheidbarkeit von Gut und Böse noch voraussetzte. Man darf nicht verkennen, daß dieses Ergebnis der Kant-Krise, das sein Theodizeeproblem nicht löste, sondern eigentlich erst hervorrief, zugleich von Kleist als Bedingung und erster Schritt zur Überwindung des vorigen falschen, ›sündigen‹ Bewußtseins verstanden wurde. Gerade der Weg der Rechtfertigung Gottes, wie er von der Theologie der Aufklärung, also vor allem in Leibnizens Theodizee beschritten wurde, war ihm nun nicht mehr Beweis echter Gläubigkeit, sondern religiösen Irrglaubens. Andererseits verstand Kleist nicht etwa das Handeln nun nur noch als religiös-ethisch indifferentes Substrat für religiös-ethisch richtiges Bewußtsein, das durch den bloßen Widerruf menschlicher Erkenntnisautonomie erreichbar wäre.

---

[87] Ebd.

Am 15. August 1801 schreibt er an Wilhelmine:

Ja, wahrlich, wenn man überlegt, daß wir ein Leben bedürfen, um zu lernen,
wie wir leben müßten, daß wir selbst im Tode noch nicht ahnden, was der
Himmel mit uns will, wenn niemand den Zweck seines Daseins und seiner
Bestimmung kennt, wenn die menschliche Vernunft nicht hinreicht, sich und
die Seele und das Leben und die Dinge um sich zu begreifen, wenn man seit
Jahrtausenden noch zweifelt, ob es ein R e c h t gibt – kann Gott von solchen
Wesen V e r a n t w o r t l i c h k e i t fordern?[88]

Und Kleists Antwort ist nicht, daß der Mensch für sein Tun von Gott
nicht verantwortlich zu machen sei, sondern daß er t u n müsse, »was
der Himmel sichtbar, unzweifelhaft von uns fordert«.[89] Doch die Frage,
ob Gott »von solchen Wesen« Verantwortlichkeit fordern könne, blieb
offen, und indem er sie stellte, stellte also auch Kleist die Frage der
Theodizee, doch so, daß s e i n e Theodizee notwendig zu einer bewußten Korrektur der Theodizee der vorkantischen Aufklärung führen
mußte. Kants kategorischer Imperativ mußte ihm Leerformel bleiben,
untauglich für die Gewißheit gottgewollten Handelns, da jegliche in-
haltliche Auslegung und Anwendung wieder allein spezifisch subjektiv-
menschlicher Erkenntnis entspringen konnte. Da Kant ihn, wie er glaubte, mit seiner Frage der Theodizee alleinließ, mußte er sie selbst neu
durchdenken, und es lag nahe, daß er dazu das klassische Werk der
Neuzeit zu dieser Frage studierte: Leibnizens ›Theodizee‹. Sie galt es
nicht nur kantisch zu überwinden, sondern zugleich aus ihr zu bewahren, worauf Kants »traurige« Philosophie in Kleists Augen unberech-
tigterweise verzichtet hatte: den Glauben an die Bestimmbarkeit dessen, »was die Gottheit von Dir verlangen kann« – und zwar jenseits
dessen, was Kleist mit Kant, aber rigoroser als dieser, als Produkt
menschlicher Subjektivität denunzieren mußte.

b) Der Verzicht auf den Gottesbeweis

Man hat in der Forschung oft darauf hingewiesen, daß Kleists »theoretische und ethische Lebensansicht« vor der Kant-Krise von den
»Grundanschauungen des achtzehnten Jahrhunderts« bestimmt worden
sei.[90] Cassirer sammelte eine Fülle von Kleistschen Briefzitaten, die er
mit dem Satz kommentieren konnte: »In alledem ist nichts enthalten,
was nicht Gemeingut der deutschen Geistesbildung des achtzehnten

---

[88] II, S. 682/3.
[89] II, S. 683.
[90] Ernst Cassirer a.a.O. S. 179.

Jahrhunderts gewesen wäre.« In diesem Zusammenhang kam auch Cassirer auf Leibniz zu sprechen: »Überall klingt jene metaphysische Ansicht von der Stellung des Ich zur Welt und zur Gottheit durch, die ihren vollendeten systematischen Ausdruck in der Leibnizischen Monadologie gefunden hatte.«[91] Entsprechende Parallelen zu Kleists »Lebensansicht vor der entscheidenden Einwirkung des transzendentalen Idealismus« sah er in Lessings ›Erziehung des Menschengeschlechts‹ und in Schillers Jugendphilosophie, vor allem in den Gedichten der ›Anthologie‹ und in der ›Theosophie des Julius‹, und er faßte die wichtigsten Elemente dieses »Gemeinguts der deutschen Geistesbildung des achtzehnten Jahrhunderts« in den folgenden Sätzen zusammen:

Alles, was wir das Sein, was wir die Wirklichkeit der Dinge nennen, löst sich für die Betrachtung der Vernunft in ein einziges Geisterreich auf, das nach Stufen intellektueller Klarheit und Vollkommenheit geordnet ist. Aus dem Kelch dieses Geisterreiches schäumt auch dem höchsten göttlichen Wesen erst seine wahrhafte Unendlichkeit: es erkennt und weiß sich selbst, indem es sich in der Fülle und Mannigfaltigkeit der ›geschaffenen Geister‹ als ebensoviel lebendigen Spiegeln seiner selbst beschaut. Das Universum bildet einen einzigen großen Zweckzusammenhang, der sich der menschlichen, sinnlich-eingeschränkten und sinnlich- ›verworrenen‹ Ansicht zwar nur fragmentarisch und unvollkommen darstellt, der sich aber der fortschreitenden Einsicht des Verstandes immer reiner und bestimmter offenbart. Was wir von unserem beschränkten Standpunkt aus Mangel der Welt zu nennen pflegen, das sind daher in Wahrheit nur Mängel unserer Einsicht in die Welt und ihre teleologische Gesamtheit. Sie würden verschwinden, wenn wir es vermöchten, unser Auge – ebenso wie es Copernicus für seine Umbildung der gewöhnlichen kosmologischen Ansicht gefordert hatte – ganz in die Sonne, in das Licht der reinen Vernunfterkenntnis zu stellen. Leibniz stellte es einmal als Grundsatz dieses intellektualistischen Optimismus auf: daß die Dinge, je mehr sie in ihre wahrhaften Grundelemente zerlegt werden, dem Verstand umso mehr Genüge bieten.[92]

So gelte der Satz ›Le tout est bien‹ »für Rousseau, wie er für Leibniz gegolten hatte. Auch er (sc. Rousseau) glaubt an einen durchgängigen teleologischen Grundplan der ›Vorsehung‹, den die Vernunft seinem Bestand und seinen inhaltlichen Hauptzügen nach zu erfassen vermag; auch er glaubt an die ursprüngliche, durch keine Erbsünde befleckte Güte der menschlichen Natur.« Der transzendentale Idealismus dagegen bilde hier »die Grenzscheide der Zeiten und die Grenzscheide der Geister«. Der Kritik der theoretischen Erkenntnis entspreche die Kritik der theoretischen Gottesbeweise, »insbesondere des bekanntesten und populärsten unter ihnen: des teleologischen Beweises«.[93]

---

[91] Ebd.
[92] A.a.O. S. 180 – 181.
[93] A.a.O. S. 182.

Cassirer folgert lapidar: »Das ›Mißlingen aller philosophischen Versuche in der Theodizee‹ ist damit ein für allemal festgestellt.«[94] Der Satz ist sicher richtig, wofern er von Cassirer durch die Erläuterung eingeschränkt wird: »Die theoretische Vernunft kann sich mit ihren Begriffen nicht mehr vermessen, ein Bild der ›besten Welt‹ zu entwerfen und dem Ich seine Stelle in dieser Welt anzuweisen.« Damit ist jedoch das Problem der Theodizee selbst noch keineswegs abgetan, wofern es nämlich mit dem Problem des Gottesbeweises weder identisch, noch notwendig auf diesen angewiesen ist.

Das gilt jedenfalls für Kleist. Zwar hatte er nach seiner ersten Begegnung mit der Philosophie des transzendentalen Idealismus es dieser Philosophie nachgesprochen, der Satz sei zu »entbehren«, »daß ein Gott sei«. Doch war ihm das schon damals nur ein theoretisches, kein existentielles Problem. In Wahrheit setzte er die Existenz Gottes durchaus voraus und suchte nicht Gott zu beweisen, sondern eben herauszufinden, »was die Gottheit von Dir verlangen kann«. Der Brief, aus dem der Satz stammt, enthält zugleich den aufschlußreichen Zusatz: »Wie kann irgend eine gerechte Gottheit von uns verlangen, in diesen ihren ewigen Plan einzugreifen, von uns, die wir nicht einmal imstande sind, ihn zu denken?«[95] Kleist hat die Suche nach der »gerechten Gottheit« auch nach der Kant-Krise nicht aufgegeben, und so trifft Cassirer nur halb das Rechte, wenn er Kleists Denken nach der Kant-Krise mit den Worten paraphrasiert: »Die Welt wird dem Menschen, der Mensch wird sich selbst zum Rätsel, weil Gott es ihm geworden ist. Keine Anstrengung des Denkens vermag dieses Rätsel zu entwirren: wir können nur versuchen, ins Unbewußte hinabzugleiten und in ihm Vergessenheit zu finden.«[96] Cassirer belegt seine These mit dem Zitat eines Kleist-Briefes vom 21. Mai 1801 an Wilhelmine: »Sonst waren die Augenblicke, wo ich mich meiner selbst bewußt ward, meine schönsten – jetzt muß ich sie vermeiden, weil ich mich und meine Lage fast nicht ohne Schaudern denken kann.« Dieser Satz vermag aber den anderen aus dem vorangegangenen Brief an die Braut nicht aufzuheben: »Meine heitersten Augenblicke sind solche, wo ich mich selbst vergesse – und doch, gibt es Freude, ohne ruhiges Selbstbewußtsein?«[97] So hat Kleist doch immer wieder neu versucht, das Rätsel zu entwirren.

---

[94] Ebd.
[95] II, S. 316. Hervorhebung von mir.
[96] Cassirer a.a.O. S. 183.
[97] II, S. 648.

Gegen Kant also stellte Kleist erneut die Frage der Theodizee und folgte darin, daß er dies tat, dem Vorbild von Leibniz. Dessen teleologischen Gottesbeweis[98] konnte er nach Kants Leibniz-Kritik ebenso wenig übernehmen wie den Glaubenssatz einer ursprünglichen, durch keine Erbsünde befleckten Güte der menschlichen Natur. Stattdessen sah sich der Protestant Kleist zurückverwiesen auf die neutestamentliche Forderung nach »Erneuerung eures Sinnes, auf daß ihr prüfen möget, welches sei der gute, wohlgefällige und vollkommene Gotteswille«. So war das Gebot, an das er sich nun hielt, im Römerbrief formuliert,[99] in dem Paulus[100] Adam als dem, der die Erbsünde in die Welt brachte, den Christus entgegenstellt, durch dessen »Gerechtigkeit die Rechtfertigung des Lebens über alle Menschen gekommen« sei,[101] so daß wir nun »wissen, daß unser alter Mensch samt ihm gekreuzigt ist, auf daß der sündliche Leib aufhöre, daß wir hinfort der Sünde nicht dienen«.[102]

Ich werde im folgenden zeigen, daß Kleist diese Stelle des Römerbriefes sehr genau kannte und daß im ›Zerbrochnen Krug‹ nicht nur von der zuletzt zitierten Paulus-Stelle her und nicht nur für das Selbstverständnis des korrupten Dorfrichters (»Auf, aufgelebt du alter Adam!«[103]) eine Beziehung zur Paulinischen Theologie zu beobachten ist. Dabei wird sich ergeben, daß Kleist die Paulinische Theologie zwar in ihrem wichtigsten Bestandteil weiterhin von der Position der Aufklärung her veränderte, andererseits aber eben doch von der biblischen Theologie aus Leibniz und Kant kritisierte. Und es wird deutlich werden, daß er dies tat, indem er die Existenz Gottes weder für beweisbar, noch für unbeweisbar hielt, sondern als sicher gegeben voraussetzte und so an der Möglichkeit der Theodizee auch ohne die Möglichkeit eines Gottesbeweises festhielt.

---

[98] Muths Untersuchung hat die These Cassirers noch genauer belegen können, daß gerade Kants Destruktion der Teleologie zentrale Bedeutung für Kleists Kant-Krise zuzumessen ist.

[99] Röm. 12, 3.

[100] Röm. 5, 12 – 21.

[101] Röm. 5,18.

[102] Röm. 6, 6.

[103] V. 605.

c) Von der wissenschaftlichen Begrifflichkeit zur Aussageweise der Dichtung

Über diese letzte, endgültige Lösung sind wir aus Kleists innerer Biographie, soweit sie nichtkünstlerischen Dokumenten zu entnehmen ist, nicht mehr unterrichtet, weil Kleist von der Beendigung des Briefwechsels mit Wilhelmine bis zur Vollendung des ›Zerbrochnen Krugs‹ von seiner Gedankenarbeit so gut wie keine Einzelheiten mehr preisgab. Er leistete sie von nun an in seiner Dichtung, und während er an seiner Dichtung arbeitete, schrieb er an seine Schwester Ulrike nur über die Wirkung von Fortschritten und Rückschlägen auf seinen Gemütszustand, jedoch nichts über deren Inhalte. Die Bemerkung, daß er durch Dichtung seinen Lebensunterhalt werde verdienen können,[104] enthält nicht die Lösung des Problems, denn solche Lösung wäre ihm auch durch das zunächst ersehnte Bauerndasein möglich gewesen. Das eigentlich Hilfreiche seines Dichtens lag in der Möglichkeit, trotz der Arbeit an seinem Problem Abstand von sich selbst zu gewinnen: »Ich bin jetzt bei weitem heitrer, und kann zuweilen wie ein Dritter über mich urteilen.«[105] Aber auch die Möglichkeit, durch das Dichten Abstand zu gewinnen, lieferte ihm nur die günstige Voraussetzung für die Lösung, nicht die Lösung selbst. Sie konnte allein in dem Wie der Dichtung, und das heißt zunächst vor allem: in der in ihr geleisteten Gedankenarbeit liegen.

Noch in seinem ›Brief eines Dichter an einen anderen‹ schreibt er im Jahre 1811:

> Wenn ich beim Dichten in meinen Busen fassen, meinen Gedanken ergreifen, und mit Händen, ohne weitere Zutat, in den deinigen legen könnte: so wäre, die Wahrheit zu gestehn, die ganze innere Forderung meiner Seele erfüllt.[106]

Nun sind diese Sätze zwar ein Beweis dafür, daß Kleist sein letztlich religiöses Problem in der Tat durch seine Dichtung neuerlich mit geistigen Mitteln zu bewältigen suchte; sie enthalten aber doch zugleich eine Warnung für uns, den im ›Zerbrochnen Krug‹ erreichten lösenden ›Gedanken‹ allzu unbefangen auf den Begriff zu bringen. Kleist selbst hielt das nicht für möglich, denn er verstand sein Dichten als »unbewußt«. Am 25. April 1811 schreibt er in einem Brief an Friedrich de la Motte Fouqué:

---

[104] Brief an Ulrike vom 19. Febr. 1802. (II, S. 718).
[105] Ebd.
[106] II, S. 347.

Denn die Erscheinung, die am meisten, bei der Betrachtung eines Kunstwerks, rührt, ist, dünkt mich, nicht das Werk selbst, sondern die Eigentümlichkeit des Geistes, der es hervorbrachte, und der sich, in unbewußter Freiheit und Lieblichkeit, darin entfaltet.[107]

Diese Äußerung stimmt gut damit zusammen, daß Kleist Kants Philosophie zugleich anerkannte und kritisierte. Wir werden deshalb bei der Herausarbeitung der Lösungs-Formel aus dem ›Zerbrochnen Krug‹ nicht stehenbleiben dürfen, müssen vielmehr zeigen, warum und in welcher Weise diese Formel dennoch, wenn auch erst »unbewußt«, im Werk, für Kleist Wirklichkeit und Gültigkeit gewann. Unter diesem Vorbehalt aber und zugleich mit diesem Ziel ist die Suche nach der ›Lösung‹ des ›Zerbrochnen Krugs‹ legitim.

---

[107] II, S. 861.

B.
DIE RELIGIÖSE FORMENSPRACHE DES ›ZERBROCHNEN KRUGS‹

I
HEILSGESCHICHTE UND PROPHETIE. DIE VERSCHRÄNKUNG DRAMATISCHER MOTIVE UND RELIGIÖSER SYMBOLE

1. Paulinische Rechtfertigungslehre und alttestamentliche Prophetie

a) Erbsünde und Christologie im Römerbrief

Es sei vorweg aus dem Römerbrief der zentrale Satz zitiert, in dem Paulus seine Christologie mit seiner Lehre von der Erbsünde verknüpft:

> Wie nun durch e i n e s Sünde die Verdammnis über alle Menschen gekommen ist, also ist auch durch e i n e s Gerechtigkeit die Rechtfertigung des Lebens über alle Menschen gekommen.[108]

Meine Behauptung lautete, es lasse sich unschwer eine Fülle von Bezügen aufweisen zwischen diesem Satz (und seinem Kontext) und der Fabel des ›Zerbrochnen Krugs‹. Hier nun einige Belegstellen:

Als der Schreiber zu Beginn des ersten Auftritts das Geständnis seines Adamsfalls aus Adam herauslocken will, da hat dieser eine Antwort parat, die sein nächtliches Liebesabenteuer zugleich verleugnet und entschuldigt:

> Ja seht. Zum Straucheln brauchts doch nichts, als Füße.
> Auf diesem glatten Boden, ist ein Strauch hier?
> Gestrauchelt bin ich hier; denn jeder trägt
> Den leidgen Stein zum Anstoß in sich selbst.

Darauf der Schreiber:

> Nein, sagt mir, Freund! Den Stein trüg jeglicher –?

Und Adam:

---

[108] Röm. 5, 18.

Ja, in sich selbst![109]

Der eigentliche Sinn seiner Rede ergibt sich nun aus einem Jesaja-Wort, das von Paulus im Römerbrief zitiert wird:

Siehe da, ich lege in Zion einen Stein des Anlaufens und einen Fels des Ärgernisses; und wer an ihn glaubt, der soll nicht zu Schanden werden.[110]

Paulus bezieht dieses Jesaja-Zitat auf Christus:

Denn Christus ist des Gesetzes Ende; wer an den glaubt, der ist gerecht.[111]

Ich werde später nachweisen, daß im ganzen Prozeß um den zerbrochenen Krug – in der Nachfolge aufklärerischer Auslegung des Neuen Testaments – zwar nicht der Paulinische Christus, wohl aber der Jesus des Matthäus-Evangeliums zuletzt als »des Gesetzes Ende« anerkannt wird. Hier genügt zunächst die Feststellung, daß dieser Jesus an der zitierten Stelle also für Adam zum »Stein des Anstoßes« geworden war. Natürlich geschah dies, ohne daß es Adam selbst bewußt geworden wäre und ohne daß es ihm nun nachträglich bewußt wird, als er es ausspricht. Doch auch dafür liefert der Römerbrief eine Erklärung. Paulus hat nämlich im gleichen Zusammenhang – jedenfalls konnte Kleist das in dieser Weise verstehen – geradezu das weiter unten genauer zu deutende Prinzip der Verdrängung beschrieben. Der Gegenstand der Verdrängung ist der Glaube, der »im Herzen« des Menschen wohnt und »aus seinem Munde« redet; und es ist die Gerechtigkeit, die das Verdrängte ans Licht bringt:

Aber was sagt sie (sc. die Gerechtigkeit)? ›Das Wort ist dir nahe, in deinem Munde und in deinem Herzen.‹ Dies ist das Wort vom Glauben, das wir predigen.[112]

Man kann also die Äußerungen von Adams ›dunklem Wissen‹ um seine ›Verantwortung vor Gott‹ geradezu als Kant-Parodie lesen: Ich erinnere an Kants Definition des Gewissens, die besagte, das Gewissen werde »als subjektives Prinzip einer vor Gott seiner Taten wegen zu leistenden Verantwortung gedacht werden müssen; ja es wird der letztere Begriff (wenngleich nur auf dunkle Art) in jenem moralischen Selbstbewußtsein jederzeit enthalten sein.« Die Verdrängung seines ›dunklen‹ Wissens läßt Adam schuldig werden, weil er selbst verdunkelt, was ihm bewußt sein müßte. Adams Fehltritt, wozu sein Versuch der Verführung Eves ebenso gehört wie seine korrupte Prozeß-

---

[109] V. 3 – 8.
[110] Röm. 9, 33, von Paulus zitiert nach Jes. 8, 14 und 28, 16.
[111] Röm. 10, 4.
[112] Röm. 10, 8.

führung, wird als Folge einer Entscheidung bewertet. Eben deshalb wird, in Bezug auf diese Entscheidung, von Adam klares Wissen gefordert und so gezeigt, daß es mit dem Vorhandensein eines »dunklen Begriffs« noch nicht getan ist, wenn es um die richtige Entscheidung geht:

> Denn ich gebe ihnen das Zeugnis, daß sie eifern um Gott, aber mit Unverstand.
> Denn sie erkennen die Gerechtigkeit nicht, die vor Gott gilt, und trachten, ihre eigene Gerechtigkeit aufzurichten, und sind also der Gerechtigkeit, die vor Gott gilt, nicht untertan.[113]

Dieses Paulus-Zitat erinnert wieder an Kleists Satz: »Aber der Irrtum liegt nicht im Herzen, er liegt im Verstande und nur der Verstand kann ihn heben.« Und zugleich ist festzustellen: Alle hier angeführten Paulus-Zitate entstammen demjenigen Bereich des Römerbriefs, der die Paulinische Prädestinations- und Rechtfertigungslehre entwickelt. Seine Formel lautet zunächst: »So erbarmt er (sc. Gott) sich nun, welches er will, und verstockt, welchen er will.«[114] Solche Formel provoziert geradezu, wie Paulus selbst sieht, das Problem der Theodizee, auf das er deshalb seinen imaginären Gesprächspartner sich berufen läßt: »Was beschuldigt er (sc. Gott) denn uns? Wer kann seinem Willen widerstehen?«[115] Auf diese Frage nun gibt Paulus nicht selbst die Antwort, sondern er beruft sich auf das Alte Testament, indem er Jesaja und Jeremia zitiert:

> Ja, lieber Mensch, wer bist du denn, daß du mit Gott rechten willst? Spricht auch ein Werk zu seinem Meister: Warum machst du mich also?
> Hat nicht ein Töpfer Macht, aus einem Klumpen zu machen ein Gefäß zu Ehren und das andere zu Unehren?
> Derhalben, da Gott wollte Zorn erzeigen und kundtun seine Macht, hat er mit großer Geduld getragen die Gefäße des Zorns, die da zugerichtet sind zur Verdammnis;
> auf daß er kundtäte den Reichtum seiner Herrlichkeit an den Gefäßen der Barmherzigkeit.[116]

Daß Kleist diese Paulinische Antwort auf das Theodizeeproblem sehr genau kannte, läßt sich wieder aus dem ›Zerbrochnen Krug‹ nachweisen. Als Adam Lichts Anspielung auf seinen mißgestalteten Fuß mit dem Satz pariert: »Klumpfuß! / Ein Fuß ist, wie der andere, ein Klum-

---

[113] Röm. 10, 2 – 3.
[114] Röm. 9, 18.
[115] Röm. 9, 19.
[116] Röm. 9, 20 – 23. Zu Vers 20 vgl. Jes. 29, 16 und Jes. 45, 9; zu Vers 21: Jer. 18, 6; zu Vers 22: Jes. 13, 5 und 54, 16, sowie Jer. 50, 25.

pen«,[117] da hat er mit seinem Wortspiel, das den Schreiber sophistisch ablenken soll, wieder nicht nur ein witziges Paradox frei erfunden, sondern das von Paulus zitierte Jesaja-Wort zu seinen Gunsten umgedeutet: »Hat nicht ein Töpfer Macht, aus einem Klumpen zu machen ein Gefäß zu Ehren und das andere zu Unehren?« Seine Umdeutung dieses Verses ist dabei zugleich vor dem Hintergrund des ebenfalls von Paulus zitierten anderen Jesaja-Verses zu sehen: »Wie lieblich sind die Füße derer, die den Frieden verkündigen, die das Gute verkündigen!«[118] Adam bezieht nämlich, natürlich wieder ohne es sich bewußt zu machen, Lichts Anspielung auf den Klumpfuß richtig auf diesen Jesaja-Vers: Nachdem er durch seine Ausrede (»Wo sich der eine (sc. Klumpen) hinwagt, folgt der andere.«[119]) die Anspielung Lichts in apodiktisch-gnomischer Endgültigkeit beantwortet zu haben scheint, verrät er sich in seiner Antwort auf Lichts nächste Frage (»Und was hat das Gesicht Euch so verrenkt?«) mit dem gegenüber der vorigen Frage nun zwar verspäteten, aber nicht weniger aufschlußreichen Eingeständnis: »Hm! Ja! 's ist wahr. Unlieblich sieht es aus.«[120] Im übrigen ist die bloße Tatsache, daß Adam sich gegen die Anspielung auf seinen Klumpfuß verwahrt, natürlich zugleich als unziemlicher Versuch zu werten, für den eigenen Fehltritt zuletzt Gott selbst verantwortlich zu machen: »So liegt es nun nicht an jemandes Wollen oder Laufen, sondern an Gottes Erbarmen.«[121]

b) Der Verweis des Römerbriefs auf das Alte Testament: Das Gleichnis vom zerbrochenen Krug bei Jesaja und Jeremia

Die unbewußte Methode Adams, scheinbar gottesfürchtig die Bibel zu zitieren und in Wahrheit Gott der Ungerechtigkeit zu beschuldigen, soll später eingehend analysiert werden. Es bleibt jedoch anzumerken, daß Kleist den Hinweis auf Röm. 9, 16 und Röm. 9, 18 – 20 aus Leibnizens der ›Theodizee‹ beigegebener Rezension ›Betrachtungen über das von Herrn Hobbes veröffentlichte englische Werk über Freiheit, Notwendigkeit und Zufall‹ erhalten haben kann – einer Rezension, aus der im folgenden noch häufig zu zitieren sein wird. Wie sehr Kleist die in diesem Titel aufgeführten Begriffe von Freiheit, Notwendigkeit und

---

[117] V. 25/26.
[118] Röm. 10, 15. (Hervorhebung von mir).
[119] V. 30.
[120] V. 42.
[121] Röm. 9, 16.

Zufall nach der Kant-Krise beschäftigten, daran darf hier mit Hilfe der folgenden Sätze eines Briefes vom 9. April 1801 an Wilhelmine erinnert werden:

> Doch höre wie das blinde Verhängnis mit mir spielte (...) Ach, Wilhelmine, wir dünken uns frei, und der Zufall führt uns allgewaltig an tausend feingesponnenen Fäden fort (...) Ach, meine liebe Freundin, kann man nicht in Lagen kommen, wo man selbst mit dem besten Willen doch etwas tun muß, was nicht ganz recht ist?«[122]

Kleist war hier nicht allzu weit von der Position Hobbes' entfernt. Nach Ansicht von Hobbes – so referiert ihn Leibniz – »scheint Gott wirklich keine Güte zu besitzen, oder besser, sein (sc. Hobbes') sogenannter Gott scheint weiter nichts als die blinde Natur der angehäuften materiellen Dinge zu sein, welche nach den mathematischen Gesetzen mit absoluter Notwendigkeit handeln, wie die Atome in Epikurs System.«[123] Leibniz hielt dem entgegen, solche Auffassung impliziere zuletzt die »Doktrin von der blinden Allmacht oder von dem Vermögen, willkürlich zu handeln: die eine zerstört das intelligente Prinzip oder die göttliche Vorsehung, die andere schreibt ihm Handlungen zu, die nur mit einem bösen Prinzip verträglich sind.«[124] Deshalb berufe Hobbes sich zu Unrecht auf solche Belegstellen in der Heiligen Schrift wie Röm. 9, 16 und 18 – 20, die er also falsch interpretiere.

Kleists eben zitierter Brief scheint zu belegen, daß Kleist sich damals mit den Leibnizschen Einwänden gegen Hobbes noch nicht auseinandergesetzt hatte. Offenbar hat er später, um sich ein eigenes Urteil zu bilden, die bei Leibniz behandelten Römerbriefstellen nachgeschlagen und ist dann den Hinweisen des Paulus auf das Alte Testament nachgegangen.

Röm. 9, 21 (»Hat nicht ein Töpfer Macht, aus e i n e m Klumpen zu machen ein Gefäß zu Ehren und das andere zu Unehren?«) war in erster Linie ein sehr komprimiertes Zitat von Jerem. 18, 1 – 6:

> Dies ist das Wort, das geschah vom Herrn zu Jeremia, und sprach:
> Mache dich auf und gehe hinab in des Töpfers Haus; daselbst will ich dich meine Worte hören lassen.
> Und ich ging hinab in des Töpfers Haus, und siehe, er arbeitete eben auf der Scheibe.
> Und der Topf, den er aus dem Ton machte, mißriet ihm unter den Händen. Da machte er einen anderen Topf daraus, wie es ihm gefiel.

---

[122] II, S. 641 und S. 642.
[123] Gottfried Wilhelm Leibniz: Die Theodizee. Übersetzung von Artur Buchnau. 2. Aufl. 1968. (1. Aufl. 1925). S. 433.
[124] Leibniz: Theodizee. S. 439.

51

Da geschah des Herrn Wort zu mir und sprach: Kann ich nicht auch also mit euch umgehen, ihr vom Hause Israel, wie dieser Töpfer? spricht der Herr. Siehe, wie der Ton ist in des Töpfers Hand, also seid auch ihr vom Hause Israel in meiner Hand.

Der Töpfer aber pflegt sein Werk, wenn es nicht gelingen will, wieder zu zerbrechen: So wurde dem Propheten der z e r b r o c h e n e Krug zu einem die Zukunft drohend vorwegnehmenden prophetischen Sinnbild für das von Gottes strafender Vernichtung getroffene sündige Israel, soweit es nicht bereit war, sich wieder zu seinem Gott zu bekehren. Zum Propheten Jeremia spricht Gott:

Und du sollst den Krug zerbrechen vor den Männern, die mit dir gegangen sind,
    und sprich zu ihnen: So spricht der Herr Zebaoth: Eben wie man eines Töpfers Gefäß zerbricht, das nicht kann wieder ganz werden, so will ich dies Volk und diese Stadt auch zerbrechen (...).[125]

Dasselbe Bild findet sich in dem Jesaja-Zitat von Röm. 9, 20. Jes. 29, 16 heißt es:

Wie seid ihr so verkehrt! Gleich als wenn des Töpfers Ton gedächte und ein Werk spräche von seinem Meister: Er hat mich nicht gemacht! und ein Gemächte spräche von seinem Töpfer: Er kennt mich nicht!

Und Jes. 30, 12 – 14 folgt dann wiederum die Prophezeiung:

Darum spricht der Heilige Israels also: Weil ihr dies Wort verwerft und verlaßt euch auf Frevel und Mutwillen und trotzt darauf,
    so soll euch solche Untugend sein wie ein Riß an einer hohen Mauer, wenn es beginnt zu rieseln, die plötzlich unversehens einfällt und zerschmettert,
    wie wenn ein Topf zerschmettert würde, den man zerstößt und nicht schont,
    also daß man von seinen Stücken nicht eine Scherbe findet, darin man Feuer hole vom Herde oder Wasser schöpfe aus einem Brunnen.

Kleist hat also deutlich, als er aus dem Kupferstich mit der Überschrift ›Le Juge ou la cruche cassée‹ zu seinem Lustspiel »die Veranlassung (nahm)«[126], nicht nur beim Stichwort ›Richter‹ Kants Gewissensdefinition und den ›König Ödipus‹ des Sophokles, sondern beim Stichwort des zerbrochenen Kruges die genannten Stellen der alttestamentlichen Propheten assoziiert. Von der Bedeutung, die die Suche nach der Möglichkeit der Rechtfertigung für ihn gewonnen hatte, leuchtet aber zugleich ein, daß er nun nicht in einem »Schlüsseldrama zum Sündenfall der ersten Menschen« nur »ein ewiges Schema für den Menschen«

[125] Jerem. 19, 10 – 11.
[126] Vorrede zum ›Zerbrochnen Krug‹ (I, S. 176).

treffen wollte, soweit »der biblische Sündenfall ein Grundmodell für Verführung und Schuldigwerden ist«.[127] Kleists Arbeit am ›Zerbrochnen Krug‹ ist vielmehr nur so vorstellbar, daß er, den Text der Bibel immer wieder vor Augen, jenes »ewige Schema« über seine allgemein-menschliche Bedeutung hinaus wirklich wieder mit seinem religiösen Gehalt zu erfüllen suchte. Was lag dann aber näher, als daß er sich für seine Interpretation des Sündenfalls vor allem solcher Motive bediente, die ihm im Kontext des prophetischen Gleichnisses vom zerbrochenen Krug das darin erhaltene Sinnbild zu erläutern und zugleich Antwort auf seine Frage nach einer Möglichkeit der Rechtfertigung zu geben vermochten?

c) Verführung und Heimsuchung.
(Der ungerechte Richter als Verführer und falscher Prophet: Kleists Vermittlung des Ödipus-Stoffes mit Motiven der alttestamentlichen Propheten)

Als die Propheten des Alten Testament das Gleichnis vom zerbrochenen Krug gebrauchten, da taten sie es, um in dem jeweiligen Abfall des Volkes Israel von Gott eine Wiederholung des von der Genesis berichteten Sündenfalls zu geißeln. Wie der Töpfer den ›irdenen‹ Krug, so schuf Gott den Menschen aus Erde, und wenn Gott bei Jeremia spricht: »Siehe, wie der Ton ist in des Töpfers Hand, also seid auch ihr vom Hause Israel in meiner Hand«, dann wird damit der Schöpfungsbericht Gen. 2, 7 wieder aufgenommen: »Und Gott der Herr machte den Menschen aus einem Erdenkloß.« So sind denn auch die vielfältigen Anspielungen des Adamsfalls der Kleistschen Komödie auf die biblische Genesis oft genug vermerkt worden: vom eigentlichen Sündenfall, der dem Stück vorausliegt, über Adams peinliche Frage, wie er nach dem Verlust seiner Perücke nicht nur diesen Sündenfall, sondern überhaupt die Blöße seiner unzulänglichen Richterexistenz verbergen soll, über das vergebliche Versteckspielen, die Täuschungs- und Entschuldigungsversuche bis zur Vertreibung aus dem Paradies des Richteramtes und seiner Pfründe. Man hat notiert, daß der Gerichtsrat Walter ›stellvertretend‹ die Rolle des biblischen Gottes zu spielen hat[128] und daß es in Kleists Stück mit Eve für Adam eines weiteren

---

[127] Curt Hohoff: Heinrich von Kleist in Selbstzeugnissen und Bilddokumenten. 1958. S. 48.
[128] Nach Wolfgang Schadewaldt (Der ›Zerbrochene Krug‹ von Heinrich von Kleist und Sophokles' ›König Ödipus‹. S. 319) »mag dieser ›Walter‹ in der Ko-

›Apfels‹ nicht mehr bedurfte. Dabei ist hinzuzufügen, daß Adam seinerseits in der Komödie die Funktion der Schlange übernimmt. Das Böse liegt somit nach Kleist im Menschen selbst, also biblisch gesprochen (und im Vergleich mit der Genesis biblischer als die Bibel) schon im ersten Menschen, in Adam, und bedarf keines ihm äußeren, fremden Prinzips. Von hier aus wird die umgekehrte Reihenfolge der Verführung verständlich: im Alten Testament verführt Eva Adam, in der Komödie Adam Eve.

Aus dem (vor allem bei Jesaja) zur Begründung verdienter Strafe detailliert aufgeführten Sünden- und Sünderregister Israels konnte Kleist jedoch, indem er die Personen des Kupferstichs darin entdeckte und sie daraus interpretierte, seine Fabel noch vervollständigen. Bei Jesaja heißt es:

> Wie geht das zu, daß die fromme Stadt zur Hure geworden ist? Sie war voll Rechts, Gerechtigkeit wohnte darin, nun aber – Mörder. (...)
> Deine Fürsten sind Abtrünnige und Diebsgesellen; sie nehmen alle gern Geschenke und trachten nach Gaben; dem Waisen schaffen sie nicht Recht, und der Witwe Sache kommt nicht vor sie.[129]

Gott werde deshalb, sagt Jesaja, Israel »wieder Richter geben, wie zuvor waren und Ratsherren wie am Anfang. Alsdann wirst du eine Stadt der Gerechtigkeit und eine fromme Stadt heißen.«[130] Hier findet sich also schon nicht nur das Motiv des korrupten Richters, sondern auch des Richters, dem wegen solcher Korruptheit der Prozeß gemacht wird und der in seinem Amt einem gerechteren Richter Platz machen muß. So zeigt der Kupferstich, von Jesaja her gedeutet, in der Tat die Momentaufnahme aus einem Prozeß, der zuletzt nicht durch den korrupten Richter, sondern (durch Gott) gegen die Korruptheit entschieden wird. Weiter heißt es bei Jesaja: »(...) die Leiter dieses Volkes sind Verführer, und die sich leiten lassen, sind verloren.«[131] Entsprechend verknüpfte Kleist dieses Motiv des Verführers mit dem oben zitierten der verführten »Hure«. So wurde aus der Konstellation des Waisen und der Witwe[132] die Konstellation der Waise Eve und ihrer Mutter, der

---

mödie als ›Waltender‹ den Gott der Wahrheit, Apollon, ›bedeuten‹.«« Näher liegt zunächst der Gedanke an den biblischen Gott, der nicht nur ein Gott der Wahrheit ist, sondern vor allem ein, wie Adam und Eva erfahren, »wunderbar erhaltender«. Kleist kannte jedenfalls das Kirchenlied »Wer nur den lieben Gott läßt walten (...)«. Das Wort von des Gerichtsrats ›Stellvertretung‹ für Gott wird allerdings unten entscheidend zu modifizieren sein.

[129] Jes. 1, 21 und 23. Vgl. auch Jes. 10, 1 – 2.
[130] Jes. 1, 26.
[131] Jes. 10, 15.
[132] Jes. 1, 23.

Witwe Marthe, so daß auf solche Art andererseits zugleich das Figuren-paar von Adam und Eva aus der Genesis konstituiert war. Eve als der ›armen Waise‹ ist die Rolle der Gegenspielerin und Partnerin des Rich-ters Adam zugewiesen, und sie ist dabei nicht nur die unschuldig Ver-führte, sondern ihre – aus der Kleistschen Umkehrung des Genesis-Geschehens sich ergebende – Schuld ist eben die, daß sie sich von Adam verführen läßt: »Denn die Leiter dieses Volkes sind Verführer, und die sich leiten lassen, sind verloren.«

Schließlich fehlte für die Durchsetzung der Verführung gleichsam noch der Humus der konkreten »Heimsuchung« und des »von fern kom-menden Unglücks«. So wird bei Jesaja Israel von Assyrien bedroht, und entsprechend verlegte Kleist die Handlung seiner Komödie, deren nie-derländischer Schauplatz durch die Szenerie des Kupferstichs fest-gelegt war, in eine Zeit, in der die Niederlande in Gefahr waren, von Spanien überfallen und zerstört zu werden. Damit schuf er jene Bedin-gungen, unter denen auch die Niederländer richtige und falsche Pro-pheten,[133] gute und schlechte Ratgeber voneinander unterscheiden mußten angesichts der Frage:

> Was wollt ihr tun am Tage der Heimsuchung und des Unglücks, das von fern kommt? Zu wem wollt ihr fliehen um Hilfe? Und wo wollt ihr eure Ehre las-sen, daß sie nicht unter die Gefangenen gebeugt werde und unter die Erschla-genen falle?«[134]

Eve flieht zu ihrem Verführer Adam und will bei eben dem »ihre Ehre lassen«, der diese Ehre anzutasten sucht und dessen falsche Prophetie und falscher Rat ihre Bitte um Hilfe erst provozierten: Er verkehrt die wahre Bedrohung (durch die Spanier) in eine Bedrohung durch die »Haager Krämer«, die aus Gewinnsucht die jungen Leute statt gegen die Spanier zu eigener, gewissenloser Bereicherung nach Ostindien schicken wollen, ohne Rücksicht darauf, daß sie damit die Soldaten und ihr eigenes Volk vernichten.
Eve (zum Gerichtsrat):

> Denn diese Konskription – der Richter Adam
> Hat mirs als ein Geheimnis anvertraut,
> Geht nach Ostindien; und von dort, Ihr wißt,
> Kehrt von drei Männern einer nur zurück!
> (...)
> Nach Bantam, gnädger Herr; verleugnets nicht!
> Hier ist der Brief, die stille heimliche
> Instruktion, die Landmiliz betreffend,

[133] Jes. 9, 14.
[134] Jes. 10, 3 – 4.

Die die Regierung jüngst deshalb erließ.[135]

Der Variant ist noch deutlicher:

Eve (zu Adam, in ihrem Bericht an den Gerichtsrat):

> Das ist ja keine offen ehrliche
> Konskription, das ist Betrug, Herr Richter,
> Gestohlen ist dem Land die schöne Jugend,
> Um Pfeffer und Muskaten einzuhandeln.
> List gegen List jetzt, schaff er das Attest
> Für Ruprecht mir, und alles geb ich Ihm
> Zum Dank, was Er nur redlich fordern kann.[136]

Adam weiß, daß Eve ihre »Ehre« an das unversehrte Leben ihres Verlobten Ruprecht gebunden glaubt, und also prophezeit er Eve nicht, daß ihre Ehre, sondern daß ihr Verlobter Ruprecht in Gefahr stehe, »unter die Gefangenen gebeugt zu werden und unter die Erschlagenen zu fallen.«

Natürlich ist nicht zu verkennen, daß Kleist die Motive für sein Drama solcherart nur dadurch aus dem Jesaja gewinnen konnte, daß ihm gleichzeitig stets die Fabel des Sophokleischen Dramas gegenwärtig war und daß er, wenn nicht nach Gleichem, so doch nach Entsprechungen suchte: Der Anmaßung des Königs Ödipus, der die Rätsel der Sphinx gelöst hatte und nun meinte, den Spruch des Gottes selbst und gegen den Seher Teiresias deuten zu dürfen, entspricht jenes falsche Prophetentum des Dorfrichters Adam, dem Inzest der Verführungsversuch an der Waisen Eve, dem Ausbrechen der Pest der drohende Ausbruch des Krieges. Mit dem bloßen Aufweis dieser Parallelen ist jedoch noch nicht allzu viel getan. So soll im folgenden zunächst belegt werden, daß über solche Parallelen hinaus der heilsgeschichtliche Grundgedanke des Jesaja für Kleists Dramatisierung der Geschichte vom Sündenfall besondere Bedeutung gewann.

2. Geschichte als Heilsgeschichte

a) Heilsgeschichte als Gottesgericht

Die Geschichte der Propheten ist Heilsgeschichte, und dies zunächst in ihrer Kehrseite, »daß die Übertreter und Sünder miteinander zerbrochen werden, und die den Herrn verlassen, umkommen«.[137] Gott aber

---

[135] V. 1916 – 19 und 1921 – 24.
[136] V. 2086 – 92.
[137] Jes. I, 28.

straft durch Selbstbestrafung; der Richter, der sich selber richtet, ist nicht nur in des Sophokles ›König Ödipus‹, sondern auch im Jesaja vorgebildet, bei dem es heißt, Zion werde »durch Recht erlöst«[138] werden, »wenn der Gewaltige wird sein wie Werg und sein Tun wie eine Funke und beides miteinander angezündet wird, daß niemand lösche.«[139] Insofern Adam durch die falschen Propheten, die korrupten Richter und andere Sünder der Bibel präfiguriert wird, ist jede von ihm auch gerade unbewußt vollzogene Wiederholung ihres Tuns und Denkens zugleich schon vorausdeutender Beweis für das heilsgeschichtlich notwendig folgende Verderben, in das Gott ihn mit solchen Übertretungen sich selbst wird stürzen lassen. So fehlt es denn auch nicht an versteckten und dennoch, jedenfalls im Nachhinein, eindeutigen Details, die Adam mit von Gott gestraften Sündern des Alten Testaments parallelisieren. Es mag genügen, hier aus der Fülle möglicher Belegstellen nur einige wenige aufzuführen:

Richter Adam entschuldigt das Fehlen seiner Perücke gegenüber dem Gerichtsrat mit der Ausrede, sie sei ihm, wie er sich scheinbar nur anschaulich und zur Bekräftigung ausdrückt, verbrannt »wie Sodom und Gomorrha«.[140] Diese Entschuldigung wird unversehens zum ›Beweis‹ der Schuld angesichts der Worte von Jesaja I, 9: »Wenn uns der Herr Zebaoth nicht ein weniges ließe übrigbleiben, so wären wir wie Sodom und gleich wie Gomorra«, also umgekehrt: Da Gott Adam die Perücke nahm und sie wie Sodom und Gomorra in Flammen aufgehen ließ, tat er das, weil Adam gesündigt hat. Dieses Schuldbekenntnis ist natürlich unfreiwillig, also subjektiv gerade k e i n Eingeständnis der Schuld. Statt sich zu Besserem zu bekehren, versucht Adam, den Revisor mit »Speisopfer« und »Räuchwerk«[141] zu bestechen, sprich: mit »Butter, frisch gestampft, Käs auch aus Limburg, / Und von der fetten pommerschen Räuchergans«.[142] Solche Versuche aber sind »vergeblich«,[143] vergeblich wie das trotzige Selbstbewußtsein des Königs von Assur, dem Jesaja prophezeite: »Darum wird der Herr Zebaoth unter die Fetten Assurs die Darre senden, und seine Herrlichkeit wird er anzünden, daß sie brennen wird wie ein Feuer.«[144] Die Darre, die nicht nur, wie an der Jesaja-Stelle, Vernichtung durch ›Auszehrung‹, sondern

[138] Jes. I, 27.
[139] Jes. I, 31.
[140] V. 1497.
[141] Jes. I, 13.
[142] V. 1426 – 27.
[143] Jes. I, 13.
[144] Jes. 10, 16.

nach Kluges Etymologischem Wörterbuch auch eine »Hürde zum Trocknen von Obst usw.« bedeutet, kündigt in ihrer Wiederholung in Adams Lügengespinsten, in denen Adam solchermaßen gleichsam in fortlaufenden (freilich in unserem Sinne zu verstehenden) Freudschen Fehlleistungen unwissentlich die Wahrheit sagt, auch seinen Untergang an: Die Darre wird ihm zum »Strauch«,[145] über den er angeblich »gestrauchelt« ist, jenes »Strauchwerk für Seidenwürmer, das man trocknend / Mir an dem Ofenwinkel aufgesetzt.«[146]

Sicher ist nicht zu verkennen, daß das Verführungsmotiv damals schon – und seit der Antike – zum Standardrepertoire des europäischen Dramas gehörte. Kleist, der dieses Motiv auch im ›Amphitryon‹ behandelte, konnte es ebenso in Lessings bürgerlichem Trauerspiel finden wie in den Komödien Corneilles oder Goldonis und überhaupt in der unübersehbaren Literatur, die in immer neuen, unerschöpflichen Variationen den Don Juan-Stoff zum Thema hatte. Gerade der Vergleich mit Corneilles ›Menteur‹[147] und hernach mit Mozarts ›Don Giovanni‹ gibt aber Aufschluß über den Sinn des spezifisch Kleistschen Verfahrens, im ›Zerbrochnen Krug‹ seine Motive mit biblischen Motiven gleichsam zu verschränken. Es geht um mehr als ein religiöses Colorit zur Belebung und Auffrischung einer allzu bekannten Theaterfiguration, aber auch nicht nur um die Vertiefung der Problematik, die im ›Menteur‹ – und kaum weniger in Goldonis ›Bugiardo‹ – auf das galante Abenteuer reduziert und im Sinne eines doch letztlich harmlosen Kavaliersdelikts nachsichtig entschuldigt wird. Der Weg, den Da Ponte und Mozart in ihrem ›Don Giovanni‹ gegangen waren, als sie die Oper mit der Höllenfahrt des erfinderischen Lügners, Verführers und Abenteurers enden ließen, hatte sie dramatisch zum Genus des Dramma giocoso geführt, also nicht zur Tragödie, sondern zu einem Drama, das trotz tragischer Elemente ein Lustspiel blieb. Auch Kleist gelang nun zwar in seinem Drama die Vertiefung des gängigen Komödienschemas ohne die Verkehrung in die Tragödie – ich werde weiter unten ausführlich darauf eingehen –, doch liegt der Sinn von Kleists dramaturgisch höchst bedeutsamer Verschränkung der ›Krug‹-Fabel mit der biblischen Geschichte vom Sündenfall diesseits der Kriterien, mit denen zwischen Komödie und Tragödie zu unterscheiden wäre: Es geht darum, daß Kleist, der das Böse nicht entschuldigen wollte, auf der Suche nach einer Möglichkeit der Rechtfertigung sich doch auch – im

---

[145] V. 3 – 4.
[146] V. 1479 – 80.
[147] Lessing nennt ihn im Dreiundachtzigsten Stück seiner ›Hamburgischen Dramaturgie‹.

Gegensatz zu Da Ponte und Mozart – mit der Faktizität des Bösen und seiner gerechten Strafe nicht begnügen konnte, da er darin zwar die Forderung des Guten, nicht aber ihre Erfüllbarkeit bestätigt sah.

b) Die Möglichkeit der Bekehrung

So berücksichtigt Kleist bei der Konstruktion seiner Fabel, daß Geschichte in den Büchern der Propheten zugleich und vor allem eben doch auch Heilsgeschichte in dem direkten Sinne ist, daß die, die sündigten und sich bekehren, Vergebung finden:

> So kommt denn und laßt uns miteinander rechten, spricht der Herr. Wenn eure Sünde gleich blutrot ist, soll sie doch schneeweiß werden. (...)
> Wollt ihr mir gehorchen, so sollt ihr des Landes Gut geniessen.[148]

Wie die Rechtfertigung beim ›Rechten‹ zwischen Gott und den Sündern Israels nach Jesaja möglich wird durch Bekehrung, so ist auch im ›Zerbrochnen Krug‹ die Geschichte Eves – im Gegensatz zu der des verstockten Adam – die Geschichte ihrer Bekehrung. Der zerbrochene Krug, der die beiden Verlobten einander entfremdete und der nach Frau Marthe nicht zu »ersetzen«[149] war, wird dennoch ›ersetzt‹, wenn auch in anderem Sinne, als Veit versprochen hatte[150]: Eve wird – mit diesem Zukunftsbild endet ihre Geschichte – im »kühlen Topf« dem gehorsam diensttuenden Ruprecht »von frisch gekernter Butter«[151] bringen können – die hier mehr bedeutet als das bloße Nahrungsmittel: »denn Butter und Honig wird essen, wer übrig im Lande bleiben wird.«[152]

Solches Übrigbleiben der »Gerechten«, die »die Frucht ihrer Werke essen«,[153] ist schon für Jesaja nicht nur an kasuistische Erfüllung des Gesetzes, sondern – ohne daß hier freilich die Korrelation problematisch würde – an den Glauben gebunden: «Glaubt ihr nicht, so bleibt ihr nicht.«[154] Umgekehrt gilt das ›Bleiben‹, nun im Sinne des Ausharrens und Durchstehens, zugleich als Beweis des Glaubens und also wiederum als Vorbedingung der Errettung: »Wer glaubt, der flieht nicht.«[155] Und: »Wenn ihr umkehrtet und stillebliebet, so würde euch

---

[148] Jes. I, 18 – 19.
[149] V. 424 ff.
[150] V. 423/4.
[151] V. 2384.
[152] Jes. 7, 22.
[153] Jes. 3, 10.
[154] Jes. 7, 9.
[155] Jes. 28, 16.

geholfen; durch Stillesein und Hoffen würdet ihr stark sein.«[156] Konkret hat Kleist diese Alternative im ›Zerbrochnen Krug‹ in das Doppelmotiv der Flucht vor dem Wehrdienst und des Gehorsams gegenüber der einziehenden Obrigkeit transponiert. Eves Bekehrung erweist sich äußerlich darin, daß sie Ruprecht nicht weiter zur Umgehung des Wehrdienstes verhelfen will. Genauso findet sich, mindestens virtuell, der Widerstreit zwischen Flucht und Pflicht auch bei Ruprecht. Wenn er seine Bereitschaft zum Kriegsdienst unmißverständlich und unbedingt deutlich gemacht hätte, wäre Eves Absicht, Ruprecht ein gefälschtes Attest zu besorgen, überhaupt nicht möglich gewesen und der ganze Prozeß hätte, wie seine Vorgeschichte, nicht stattgefunden, ja Eve hätte den Prozeß noch in seinem Verlauf an jeder Stelle beendet, wenn Ruprecht, statt seine »Ehre«[157] nur an den – durch Eves Untreue scheinbar gefährdeten – Besitz Eves zu binden und gebannt auf den zerbrochenen Krug als den Beweis für Eves vorehelichen Ehebruch zu sehen, durch die Erklärung seiner Bereitschaft zum Kriegsdienst Eve das Motiv für ihr Schweigen nähme. Er aber »kümmert sich mehr um den Krug als den Krieg« – dies ein Vers in der Kapuzinerpredigt von Schillers ›Wallenstein‹,[158] ein Vers, der als ›Waise‹ in dieser Predigt aus seiner Umgebung besonders herausgehoben ist. Als Kleist zu dem Bild des Kupferstichs ›Der zerbrochne Krug‹ eine Lustspielfabel ersann, erinnerte er sich möglicherweise nicht nur des Krugmotivs bei den biblischen Propheten, sondern hatte auch diesen ›Wallenstein‹-Vers noch im Ohr. Von ihm her war die Antithese von Krug und Krieg vorgegeben, die sich in dieser Unmittelbarkeit bei Jesaja nicht findet. Da auf dem Kupferstich der Soldat fehlte, interpretierte Kleist den »junge(n) Bauerkerl«[159] als einen Rekruten, der den Einziehungsbefehl zwar schon erhielt, aber noch einrücken muß, was sich gut mit jenem Jesaja-Motiv verbinden ließ, daß ›das Unglück‹ noch nicht herrscht, sondern erst »von ferne droht«. ›Krug und Krieg‹ umschreiben in der Kapuzinerpredigt den Gegensatz von sündiger Eigensucht und gottgefälliger Zucht und Gesetzestreue. Dazu lieferte Jesaja gleichsam die Fortsetzung mit dem Motiv, daß Gott selbst den Krug zerstören muß,

---

[156] Jes. 30, 15.

[157] Ruprechts Haltung ist hier deutliches Pendant zur Haltung Eves, die über dem Wunsch, Ruprecht nicht zu verlieren, ihre ›Ehre‹ zu vergessen droht. Vgl. oben S. 55 – 56.

[158] Im Sommer 1800 erschienen alle drei Teile des ›Wallenstein‹ im Druck. Am 16. Aug. 1800 sandte Kleist ein Exemplar an seine Braut und kündigte an, auch er werde das Drama lesen (II, S. 517). Am 11. Jan. 1801 zitiert er aus ›Wallenstein‹ in einem Brief an die Braut. (II, S. 176).

[159] Vgl. die Vorrede zum ›Zerbrochnen Krug‹ (I, S. 176).

um die Sünder zu ihrer Pflicht zurückzuführen. Ruprecht gehört zu denen, die »verstockt« sind, da sie von Gott »einen Geist des Schlafs (haben), Augen, daß sie nicht sehen, und Ohren, daß sie nicht hören (...)«[160] Er ist wirklich »blind«, wenngleich in anderem Sinne, als er selbst seine Augen »für blind« schilt, da sie ihm bestätigen, »von wo die Ohren / Mir Kundschaft brachten«.[161] Sein Spruch: »So sag ich zu mir: blind ist auch nicht übel«,[162] bekräftigt, so sehr er damit seine Blindheit leugnet und an seine Sehfähigkeit und Einsicht glaubt, doch gerade seine tatsächliche Verblendung, die entsprechend dem Doppelcharakter dieses Begriffs die Bedeutung des zerbrochenen Kruges nicht sehen kann und nicht sehen will, weil er nur darauf aus ist, »seine eigene Gerechtigkeit aufzurichten«.[163]

c) Glaube und Erkenntnis

In den letzten Zitaten war schon der Hinweis darauf enthalten, daß Kleist von Jesaja aus dann auch den durch ›Krug und Krieg‹ angesprochenen Gegensatz von Gehorsam und Sünde um die Dimension von Glauben und Erkennen bereichern und so zu dem Problem vorstoßen könnte, das seit der Kant-Krise sein ureigenstes gewesen war: Der Geist der »Furcht des Herrn« muß nach Jesaja zugleich der »Geist der Erkenntnis«[164] sein, der zwischen einer Gottesfurcht nach Gottesgeboten und »nach Menschengeboten«[165] zu unterscheiden vermag, so daß Kleist hier die ihm problematisch gewordene wechselseitige Abhängigkeit von Glauben und Erkennen wiederfand – obendrein ohne daß bei Jesaja, im Gegensatz zur Genesis, mit dem Genuß der Frucht vom Baum der Erkenntnis nun jegliche Erkenntnis verboten schien. Wenn indessen Jesaja vor den falschen Propheten und Volksverführern warnte, so wurde doch bei ihm ihre Erkenntnis als solche nicht problematisch, sondern aus dem Glauben an Gott folgte unmittelbar die rechte Erkenntnis der wahren Propheten, wie umgekehrt der Gehorsam gegenüber diesen die Treue zu Gott bewies. Wenn »der Verstand seiner (sc. Israels) Klugen verblendet« wurde, so war dies für Jesaja nicht so sehr Folge falscher statt richtiger Denkoperationen, son-

---

[160] Röm. 11, 7 – 8: von Paulus zitiert nach Jes. 29, 10.
[161] V. 905 – 907.
[162] V. 1031.
[163] Röm. 10,3.
[164] Jes. 11, 2.
[165] Jes. 29, 13.

dern eben die Strafe für den Abfall von Gott, unabhängig von der Art rationaler Begründung oder Anfechtbarkeit dieses Abfalls.[166]

Was derart bei Jesaja nur als Identität von Erkenntnis und Glauben konstatiert wurde, hat Kleist in seinem Stück als Erkenntnisprozeß analysiert; er hat also die Zugehörigkeit von Abfall und Strafe nicht nur durch den faktischen Verlauf der Fabel demonstrierend ›bewiesen‹, sondern an den Möglichkeiten des Denkens selbst, auf die sich die jeweiligen Handlungsmomente der Fabel zurückführen lassen, aufgezeigt, daß ein Regreß (›von Gott‹) zum bloßen rationalen Denken notwendig entweder in verblendeter Ausweglosigkeit enden muß oder in der Bereitschaft der Bekehrung zum Glauben.

3. Biblische Heilsgeschichte und dramatische Psychologie

a) Psychologie und Metapsychologie

Es ist nun freilich einzuräumen, daß meine Auslegung an vielen Stellen in einem entscheidenden Punkt fragwürdig erscheinen muß: Kleist hat offenbar weder von den Akteuren seines Stückes, noch von seinen Zuschauern eine derart detaillierte Kenntnis des Jesaja voraussetzen können, wie sie meine Deutung scheinbar unterstellt. Von hier aus ist es also zugegebenermaßen oft genug streng psychologisch nicht zu rechtfertigen, wenn ich etwa formuliere, Adam – oder auch die anderen Personen des Stückes – hätten (im Sinne Freuds) ›unbewußt‹ die Forderungen und Prophezeiungen der von mir angeführten Bibelstellen ›verdrängt‹ und meinten in der so geleisteten ›Verschiebung‹ jeweils letztlich nicht die unmittelbar Angesprochenen, sondern Gott. Das bedeutet aber keineswegs einen grundsätzlichen Einwand, sondern bestätigt gerade mein Deutungsverfahren, wofern ich nur von vornherein deutlich mache, daß das Verfahren – mit Kleist – die Kategorien des Psychologischen übersteigt. Hätte Kleist sich mit psychologischen Motivationen begnügt, so wäre er wieder jener Subjektivität verhaftet geblieben, die er überwinden wollte. Eben daraus erklärt sich sein Weg, die Objektivierung durch nicht nur subjektiv im Unbewußten der Akteure, sondern noch unabhängig selbst von diesem Unbewußten sich herstellende Beziehungen zu bestimmten heilsgeschichtlichen Sätzen der Bibel vorwegzunehmen. Gerade weil Akteure und Zuschauer im Verlauf des Stückes der Einsicht in diese Beziehungen nicht bedürfen,

---

[166] Vgl. Jes. 29, 13 – 14.

verweist solche Objektivierung, wenn man sie mit der Auflösung der Fabel zusammenhält, so insgeheim wie objektiv auf den von Kleist gemeinten Skopus seiner Komödie.

Natürlich ist die derart im Stück von Anfang an erreichte Sinngebung des Subjektiven durch das Objektive, die jeden Einzelnen, ob er will oder nicht, zum Gegenstand der Heilsgeschichte werden läßt, zunächst ohne nähere Begründung allein dem subjektiven Willensakt des Autors zu verdanken. Dennoch widerspricht im ›Zerbrochnen Krug‹ solche Setzung nicht Kleists ›Streben nach der Wahrheit‹, weil sie jenes neue Vertrauen in eine objektive Gerechtigkeit, das nach meiner Deutung den Skopus der Komödie ausmacht, nur vorausspiegelt, ohne daß es aus solcher vorwegnehmenden Objektivierung gleichsam manipulativ abgeleitet würde: Ich werde zu zeigen haben, daß Kleist in den subjektiven Motivierungen seiner Komödienpersonen und ihrer Handlungen die Gesetze der Psychologie durchaus wahrt. Dabei führt er aber doch – und das ist für die ›Wahrheit‹ wichtiger – die Handlung inhaltlich zu einem Ziel, das auch die zuvor aus der Psychologie der Akteure im einzelnen nicht ableitbare heilsgeschichtliche Objektivierung bestätigt. Weil Heilsgeschichte so am Ende mehr bedeutet als eine psychologisch-subjektive Größe, wird umgekehrt auch der Verstoß gegen ihre Forderungen gleichsam von Anfang an zum Objektivum, und zwar unabhängig von der faktisch je vorhandenen Kenntnis dieser Forderungen: Nicht mehr zählt, ob jemand sie gekannt, sondern allein, daß er sie nicht befolgt hat, obwohl er sie hätte kennen müssen. So hat er sie – in einem gleichsam metapsychologischen Sinne – letztlich auch dann noch ›verdrängt‹, wenn er sie – nach den Gesetzen reiner Psychologie – gar nicht verdrängen konnte, weil er sie nicht kannte.

Ich werde diesen letzten Satz gleich modifizieren. Zunächst aber wird deutlich, daß ich mit ›Metapsychologie‹ etwas anderes meine als Freud, der in dem Kapitel ›Determinismus, Zufalls- und Aberglauben‹ seiner Untersuchungen ›Zur Psychopathologie des Alltagslebens‹ schreibt:

> Weil der Abergläubische von der Motivierung der eigenen zufälligen Handlungen nichts weiß, und weil die Tatsache dieser Motivierung nach einem Platze in seiner Anerkennung drängt, ist er genötigt, sie durch Verschiebung in der Außenwelt unterzubringen. (...) Ich glaube in der Tat, daß ein großes Stück der mythologischen Weltauffassung, die weit bis in die modernsten Religionen hineinreicht, nichts anderes ist als in die Außenwelt projizierte Psychologie. Die dunkle Erkenntnis (sozusagen endopsychische Wahrnehmung) psychischer Faktoren und Verhältnisse des Unbewußten spiegelt sich (...) in der Konstruktion einer übersinnlichen Realität, welche von der Wissenschaft in Psychologie des Unbewußten zurückverwandelt werden

soll. Man könnte sich getrauen, die Mythen vom Paradies und Sündenfall, von Gott, vom Guten und Bösen, von der Unsterblichkeit u. dgl. in solcher Weise aufzulösen, die Metaphysik in Metapsychologie umzusetzen.[167]

Es bedarf keines Hinweises, daß ich nicht nach Freuds Zielsetzung Kleists »endopsychische Wahrnehmung psychischer Faktoren und Verhältnisse des Unbewußten« erhellen will. Mir geht es hier um die Psychologie der Komödienfiguren, die solcherart gerade nicht aus ihrem Unbewußten, sondern nur aus der Kleistschen Remythologisierung zu erklären ist. Wichtiger ist aber die Feststellung, daß Freud in den zitierten Sätzen den Begriff Metapsychologie natürlich nur insoweit als Analogiebegriff zur ›Metaphysik‹ verwendet, als seine psychologische Methode Metaphysik als Metaphysik auflösen und an ihre Stelle treten, dabei aber eben auch als Metapsychologie weiter die Anforderungen rationaler Wissenschaftlichkeit erfüllen soll, auf die Freud seine Methode von Anfang an verpflichtete. Demgegenüber sind Kleists Komödienfiguren, wenn man nach den Forderungen des Dramas nur sie selbst und nicht durch sie als das Produkt Kleistscher Remythologisierung wieder nur Kleist verstehen will, gerade nicht zureichend durch eine Metapsychologie erklärbar, die die Metaphysik ihres metaphysischen Anspruchs zu entkleiden sucht. Vielmehr leitet die zugleich psychologische und mehr als psychologische Motivierung dieser Figuren den, der sie allein aus den immanenten Bedingungen des Dramas zu analysieren sucht, zu eben jener «mystische(n) Erklärung«,[168] gegen die Freud seine Wissenschaft abhebt.

Dabei wird im ›Zerbrochnen Krug‹ nicht der Wissenschaftsglaube schlechthin geleugnet, sondern nur in seiner Voraussetzung, daß in einem konkurrierenden Gegeneinander von Wisschenschaft und Metaphysik zugunsten der Wissenschaft Partei zu ergreifen sei. Kleists Stück vermag Metaphysik als notwendige Vollendung (und neue Voraussetzung) von Wissenschaft aus dieser selbst abzuleiten, indem es die Selbstüberschreitung von Wissenschaft[169] als ihr gleichsam von ihrer Entelechie her vorgegeben erweist. Daß dies im Stück direkt thematisiert und nicht nur aus seiner Verschmelzung von Psychologie und ›Mystik‹ abzuleiten ist, wird im einzelnen nachzuweisen sein, doch ist

---

[167] Sigmund Freud: Gesammelte Werke. Bd. IV. 3. Aufl. 1955. S. 287/8.
[168] Ebd. S. 287. Anm. 1.
[169] Voraussetzung dafür ist, wie noch einmal betont sei, daß Wissenschaft für Kleist letztlich immer im Dienste des Handelns steht, genauer: daß sie eine Ethik des Handelns zu ermöglichen hat. Vgl. Heinz Ide: Der junge Kleist. 1961. S. 264. – Elsbeth Leber: Das Bild des Menschen in Schillers und Kleists Dramen. 1969. S. 8.

schon hier festzuhalten, daß K l e i s t s Metapsychologie unter den genannten Voraussetzungen, von s e i n e m Wissenschaftsverständnis her, wissenschaftlich bleibt, wo Freud sie, seinerseits a priori gegen jede Selbstüberschreitung von Wissenschaft entschieden, wiederum als unwissenschaftlichen Mystizismus ›auflösen‹ müßte. Die ›poetische Wahrheit‹ von Kleists Komödie könnte solchermaßen als Verstellung der Wahrheit nur zu Unrecht von einer Wissenschaft entlarvt werden, deren Selbstbeschränkung auf rationale Analyse per definitionem die Kleistsche Problematik gar nicht erst zu der ihren machen darf, geschweige daß sie sie zu lösen vermöchte: Die bloße Leugnung der Problematik wäre nicht mehr Ergebnis dieser Wissenschaft, sondern nur ihr Prinzip.

Es gilt also zunächst weiter nachzuweisen, daß Kleist nicht vereinzelte biblische Motive in sein Stück transponiert hat, wie er sie genauso aus beliebigen anderen Vorlagen hätte entlehnen können, sondern daß es ihm wirklich zentral um den heilsgeschichtlichen Aspekt zu tun war. Nur so werde ich plausibel machen können, daß ich mit meiner Analyse nicht etwa nur ein allzu philologisches Interesse befriedigen will, also ein Interesse an eher zufälligen, für die eigentliche Deutung des Dramas aber belanglosen und vielleicht an sich sogar fragwürdigen Bedingungen der historischen Genese dieser Komödie. Dabei wird sich freilich inhaltlich – dies die angekündigte Modifizierung des obigen Satzes – mehr und mehr ergeben, daß die biblischen ›Forderungen‹, von denen ich sprach, zuletzt nur auf die e i n e verweisen, welche nach Kleist im Gegensatz zu allen kasuistischen Geboten, ja zu allen anderen Geboten der Bibel überhaupt, sich als objektiv erkennbar und befolgbar erweisen läßt. Und es wird sich weiter zeigen, daß entsprechend auch die heilsgeschichtlichen Momente der Komödie verweisenden Charakter haben und nicht etwa als Ausdruck einer dem Buchstaben verhafteten, blinden Bibelgläubigkeit Kleists mißverstanden werden dürfen.

b) Verdrängung und Verschiebung: Die dramatische Funktion des Witzes

Zum Beleg der Richtigkeit des Interpretationsverfahrens mag indessen der obige Hinweis doch noch nicht zureichend scheinen, daß der Skopus der Kleistschen Komödie durch die heilsgeschichtlichen Parallelen so insgeheim wie objektiv schon angekündigt sei. So sehr nämlich von Anfang an im Stück deutlich wird, daß das ganze Volk der am Prozeß Beteiligten mit den vielen Anrufungen Gottes, Jesu, Josefs und Marias und in den vielen frommen Reden nur »mit den Lippen (Gott) ehrt«, daß aber »ihr Herz fern von (ihm) ist«,[170] so wenig folgt daraus und aus impliziter Zitierung heilsgeschichtlicher Motive schon notwendig die zentrale Absicht der Fabel, dem Unglauben selbstverhafteten Wissens eine Glaubenserneuerung entgegenzustellen. Wo fast überall in dem Prozeß Bibelzitate und Gottesanrufungen nur als offensichtliche Mittel der Verschleierung dienen, könnte die Verschiebung der Frage nach irdischer Gerechtigkeit auf eine Glaubensproblematik bewußt von Kleist nicht als Lösung, sondern gerade wieder nur als irrationale Verschleierung handfest irdischer Interessen entlarvt sein. Einer solchen Interpretation hat Kleist jedoch eben dadurch vorgebaut, daß er in seinem Stück – und ich werde diese Aussage weiter differenzieren müssen – logisch-rationale Selbstbestimmung überhaupt an ihre Grenze führt. Wenn Eve am Ende zugesteht, daß Ruprecht dem Befehl der Obrigkeit auf Wehrdienst Folge leisten müsse, so erwuchs dieses neue Vertrauen gegenüber der Obrigkeit zwar nicht dem rationalen Abwägen ihrer Glaubwürdigkeit, wohl aber dem Scheitern solcher Erkenntnisbemühung. Ein Verstoß gegen die Ratio, die doch vor ihrer Frage versagen muß, ist Eve bei solchem Übersteigen der Ratio nicht vorzuwerfen. Weil Kleist durch die Behandlung seiner Fabel Schritt für Schritt zeigt, daß die rationale Erkenntnisfähigkeit der Akteure nicht nur auf Grund ihres bösen Willens, sondern als solche sich notwendig als unzureichende Bedingung des geforderten Handelns entlarven muß, kann das eigentliche Prozeßziel nicht im Ausspielen rationaler gegen irrationale Erkenntniskriterien liegen.

Daraus folgt freilich immer noch nicht die Umkehrung des letzten Satzes, sondern sie ist endgültig erst aus der Auflösung der Fabel am Schluß des Stückes zu gewinnen. Gerade dies lag in der Absicht Kleists, der offenbar darauf aus war, daß der religiöse Glaube gegenüber der Ratiogläubigkeit nicht zu früh, sondern erst im Nachhinein als eigentlich gemeinte Alternative zu erkennen war, weil er den Glauben nicht unmittelbar als solche Alternative voraussetzen, sondern erst aus dem Prozeß der Selbstvernichtung einer Ratio ableiten wollte, die die Forderungen des Glaubens verdrängte.

›Verdrängung‹ und ›Verschiebung‹ sind im ›Zerbrochnen Krug‹ nicht zu trennen vom Witz in seiner ursprünglichen Beziehung zu Verstand und Klugheit, also von dem Witz, der von derselben Wurzel ist wie das Verb ›wissen‹. Stets geht es um die Diskrepanz zwischen vorgeblichem,

---

[170] Jes. 29, 13.

äußerem und tatsächlichem, eigentlichem Wissen, bezogen jeweils auf ein Faktum, das als Objekt der einen wie der anderen dieser beiden Arten des Wissens erscheint. Doch Kleist hat darauf geachtet, daß Witz und Komik in seinem Stück, um als solche auf den Zuschauer zu wirken, nicht der Erhellung der jeweils (im angegebenen Sinne) ›unbewußt‹ von den Akteuren geleisteten bzw. ›verdrängten‹ religiösen Auseinandersetzung bedürfen. Etwa Adams Ausruf über Ruprecht: »Steht nicht der Esel, wie ein Ochse, da?«[171] enthält auch ohne Berücksichtigung der hier vorliegenden Anspielung auf eine Bibelstelle die unfreiwillige Komik Adams, der in seiner Bedrängnis auf eine sich gleichsam überschlagende Metaphorik verfällt und Ruprecht in einem Atemzug einen Esel und einen Ochsen nennt. Die Reduktion,[172] die nicht nach dem Witz als Witz, sondern nur danach fragt, was Adam mit seinem Satz hat ausdrücken wollen, ehe er ihm zu einem Witz geriet, wird sich mit der Auflösung zufrieden geben können: »Ruprecht ist nicht nur dumm und störrisch wie ein Esel, sondern auch dumm und halsstarrig wie ein Ochse.« Nach Freuds Terminologie handelt es sich also zunächst um einen gegen Ruprecht gerichteten aggressiven Witz, der nur Adams Wut darüber ausdrücken will, daß sich Ruprechts ›Dummheit‹ seinen Wünschen nicht fügen will. Als zugleich und vor allem b l a s - phemischen Witz – so wieder die Terminologie Freuds –, also als einen Witz, der sich nicht so sehr gegen Ruprecht als gegen den Gott wendet, der ihm, Adam, den Ruprecht nicht gefügig macht, versteht man den Satz erst, wenn man ihn mit Jesaja 1, 3 konfrontiert: »Ein Ochse kennt seinen Herrn und ein Esel die Krippe seines Herrn; aber Israel kennt's nicht, und mein Volk vernimmt's nicht.«

In dem angeführten Beispiel bleibt also der Witz ein Witz, auch ohne daß seine Blasphemie erkannt wird, ja es gilt gerade umgekehrt, daß der Witz schon mit der ersten Reduktion aufgehoben wird. Im folgenden Beispiel bedarf es dagegen scheinbar keinerlei Reduktion, um die Blasphemie zu erkennen. Als Eve in der 9. Szene mit der Frage, wer den Krug zerschlug, in die Enge getrieben ist, stöhnt sie: »O Jesus!«, Darauf Frau Marthe: »O Jesus! Als ob sie eine Hure wäre. Wars der Herr Jesus?«[173] Die eindeutige Blasphemie ist durch das Rhetorische

---

[171] V. 866. Auch Reinhart Spörri (Dramatische Rhythmik in Kleists Komödien. Diss. Zürich 1954. S. 59) verweist in Bezug auf diesen Vers auf Jesaja 1, 3. Spörri führt noch viele weitere Bibel-Bezüge des ›Zerbrochnen Krugs‹ an, die hier nicht behandelt sind. Dagegen ist ihm das alttestamentliche Bild des zerbrochenen Kruges offenbar entgangen.

[172] Zu Begriff und Methode der Reduktion vgl. Sigmund Freud: Ges. Werke. Bd. VI (Der Witz und seine Beziehung zum Unbewußten). 1948. S. 22.

[173] V. 1131 und 1132 – 33.

der Frage scheinbar wieder aufgehoben, und nur deshalb verträgt die Komik hier die direkte Äußerung der Blasphemie. Wenn wir uns aber an die Krug-Symbolik etwa von Jerem. 19, 10 - 11[174] zurückerinnern, so finden wir plötzlich, daß die rhetorische Frageform, die die Blasphemie zugleich ausspricht und wieder zurücknimmt, im Grunde gerade mit der Zurücknahme sich der eigentlichen Blasphemie schuldig macht; denn die rhetorische Frage stellt als unmöglich und absurd hin, was doch am Ende tatsächlich die Anklage der Frau Marthe gegen sie selbst kehrt: daß nämlich Eve den zerbrochenen Krug wirklich als Warnung Gottes versteht und, indem sie sich in ihrem Tun von nun an bewußt auf Jesus berufen kann, weiterer Anklage des Ehebruchs den Boden entzieht.[175]

Ich werde später[176] diese Deutung von Eves neuerlichem »O Jesus!« im Varianten am Text belegen können. Hier soll es zunächst nur um die Rechtfertigung meiner Methode gehen, das Stück von der späteren Auflösung des dramatischen Gesamtkonflikts her mit Hilfe des Reduktionsverfahrens zu interpretieren. War in dem ersten Beispiel Adams Witz schon durch die erste Reduktion aufgehoben, so verliert auch das zweite Beispiel durch die Enthüllung seines wahren blasphemischen Inhalts seine Komik, weil die so aufgezeigte religiöse Forderung, gegen die Frau Marthe sich unbewußt auflehnt, die blasphemische Vorstellung von Jesus als dem Verführer, der ein Mädchen zur Hure macht, nicht mehr enthält. Während man aber aus dem isolierten ersten Beispiel noch hätte folgern können, daß also alle derartige Erklärung den Witz zerstöre und also unangemessen sei, widerlegt Frau Marthes blasphemisches Wort durch seine eindeutige Bezogenheit auf die Auflösung der Fabel derartige Einwände.[177] Das Stück selbst zwar darf in der Tat die eigentlichen Gründe (die in der Fabel zu suchenden Entstehungsursachen) solcher Komik für die Akteure nicht sogleich auflösen und durchsichtig machen, weil ja gerade aus den unaufgelösten

---

[174] Vgl. oben S. 52.

[175] Das Ehebruchs-Motiv findet im ›Zerbrochnen Krug‹ also eine ganz analoge Auflösung wie im ›Amphitryon‹, wenn auch dort, entsprechend den Möglichkeiten des griechischen Mythos, nicht nur auf geistiger Ebene.

[176] Vgl. unten Abschnitt B II, 3.

[177] Karl Ludwig Schneider (Heinrich von Kleists Lustspiel ›Der zerbrochne Krug‹. In: H. Steffen (Hrsg.): Das deutsche Lustspiel I. 1968. S. 179) hält es für »ein erfreuliches Zeichen, daß man in der letzten Zeit (...) sich nun auch ausdrücklich gegen die Überlastung dieses Lustspiels mit ernstem Gehalt verwahrte.« Schneider verweist auf Fritz Martini: Kleists ›Der zerbrochne Krug‹. Bauformen des Lustspiels. In: Jahrbuch der dt. Schillergesellschaft. 9. Jg. (1965). S. 373 - 419.

Widersprüchen immer wieder neue Komik entsteht. Am Ende bedarf es aber doch einer Auflösung der Handlungsproblematik, auf die hin das ganze Drama angelegt wurde und die nun umgekehrt im Nachhinein die Komik auch der voraufliegenden Stationen erklärend auflöst. Dies gilt freilich nur, wenn das Stück – wie ich bis zu dieser Stelle hoffe wenigstens w a h r s c h e i n l i c h gemacht zu haben – auch in seinen komischen Elementen als Drama konzipiert wurde, die Komik also der dramatischen Fabel nicht äußerlich bleibt, sondern mit dem jeweiligen dramatischen Konflikt, aus dem sie auf nicht nur vordergründiger Ebene sich ableitete, auch die Elemente zur Lösung der dramatischen Gesamtproblematik in nuce schon enthält und insgeheim vorausdeutend auf diese Lösung verweist. Erst die Komik von Frau Marthes Forderung am Schluß des Stückes, daß »dem Krug sein Recht« geschehen müsse, hat dramaturgisch eine neue Funktion; sie ist nicht mehr Ausdruck des dramatischen Konflikts, sondern entläßt den Zuschauer gerade dadurch um so sicherer mit der Vergegenwärtigung der zuvor erreichten Lösung, daß sie sie zu leugnen sucht.

c) Die äußere Gerichtsverhandlung und der innere Gewissensprozeß

Wenn ich also im folgenden den Weg vom Sündenfall zur Rechtfertigung im ›Zerbrochnen Krug‹ als den von Kleist dramatisch gestalteten Weg der Erkenntnis aufzuzeigen suche, werde ich mich weiterhin mit den d i r e k t e n Aussagen der witzigen Rede nicht begnügen dürfen, die den eigentlichen, unbewußten Gedanken zu verbergen, zu ›verdrängen‹ suchen. Zumeist wird das indessen heissen, daß ich nicht nach der Aussage h i n t e r der Aussage zu forschen, sondern umgekehrt die vordergründig scherzhafte Aussage wider die Absicht des Scherzenden ernstzunehmen habe. Damit übersehe ich im ›Zerbrochnen Krug‹ nicht die Tatsache des Witzes, sondern berücksichtige – unter dem Leitaspekt des Sündenfalls – überhaupt erst seine im eigentlichen Sinne dramaturgische Funktion. Der Verdrängungswitz ist eben deshalb für die Sünder des ›Zerbrochnen Krugs‹ die adäquate Ausdrucksform, weil sie in ihm unbewußt den Sündenfall zu begehen vermögen, den zu wünschen sie sich oder den anderen nicht eingestehen dürfen. Erst wenn der Wunsch ins Bewußtsein gehoben wird, besteht die Möglichkeit, wenn auch freilich nicht die Notwendigkeit, der Bekehrung.

Dabei will indessen auch bedacht sein, daß der Verdrängungswitz in Kleists Lustspiel nicht nur die Funktion unbewußter Befriedigung verbotener Wünsche erfüllt, sondern mit dem Problem der Selbstverteidigung gekoppelt ist. Hier kommt durch den besonderen Prozeßcharakter des Stückes eine weitere Komponente hinzu, die den Akteuren weitgehend verwehrt, sich d i r e k t zu v e r t e i d i g e n. Der offizielle Prozeß fragt jeweils nur nach einem *quis, quid, quo modo, an* usw., nicht aber danach, wie der Prozeßteilnehmer seine Antwort darauf und also seine Rolle rechtfertigt. Auf diese Rechtfertigung aber kommt es jedem an, und er versucht, sie in die vom Verhör vorgeschriebene Antwort mit einzubringen, wobei dann subjektive Rechtfertigungsabsicht und objektive Rechtfertigungsberechtigung miteinander im Streit liegen. Damit zielen die eigentlichen Rechtfertigungsversuche im ganzen Stück immer wieder auf die *ratio* im Sinne der antiken Gerichtsrhetorik:[178] auf den Verteidigungsgrund für die zugestandene Tat. Wieder also müssen wir das eigentliche Schema von Sündenfall und Rechtfertigung hinter der offiziellen Rede suchen. Das gilt schon für die Rechtfertigungsversuche Adams gegenüber dem Schreiber Licht in der ersten Szene, bevor die offizielle Gerichtsverhandlung begonnen hat – Rechtfertigungsversuche, die unbewußt über die Fragen Lichts hinausschießen. Und das gleiche gilt selbst für Frau Marthes Krug-Beschreibung, mit der sie unaufgefordert ihre Anklage rechtfertigen will.

So enthüllt sich der Prozeß der Rechtfertigung auch von hier aus von Anfang an als ein Prozeß j e n s e i t s des juristischen Prozesses und – da es jedem um s e i n e n Begriff von Rechtfertigung zu tun ist – als ein Prozeß, den jeder einzelne nicht erst und nicht so sehr vor dem Huisumer Gericht, sondern vor sich selbst und ›vor Gott‹ zu führen hat und dessen Ergebnisse zwar durch das jeweilige äußere Verhör, aber gerade gegen dessen ausdrückliche Intention, also gegen die bewußte Absicht des Verhörers wie des Verhörten, zu Tage gefördert werden. Dies ändert sich erst im Verhör Eves durch Walter, in dem nicht mehr der Täter und die Tat, sondern das Warum der Tat in Frage steht. Nun erst fallen der äußere und der innere Prozeß zusammen und gelingt der Schritt von der ausweglosen, nur scheinhaft objektiven Rechtfertigung zu jener subjektiven, die sich als wahrhaft und einzig möglich objektive erweist.

---

[178] Vgl. Cicero de inventione I. 13. 18 oder die anonyme Rhetorik an Herennius I. 16. 26. Dem Juristen Kleist, der Cicero sicher auch in seinen philologischen Studien kennenlernte, dürfte diese Bedeutung von *ratio* mindestens aus juristischen Lehrbüchern geläufig gewesen sein. – Übrigens bittet Richter Adam im Lustspiel den Schreiber Licht, der selbst Richter werden will, er möge ihn vor dem Revisor nicht verraten und seine Kenntnisse des Cicero für diesmal nicht unter Beweis stellen. (V. 136).

Nur also indem ich die verborgene *ratio* (der Rechtfertigung einge-
standener Tat), in deren Gestalt Kleist die Ratio überhaupt an ihre
Grenze führt, aus diesem eigentlichen, inneren Lustspielprozeß heraus-
destilliere, werde ich nachweisen können, daß in diesem Stück die Verschiebung der Krug-Problematik auf die Ebene des Glaubens jene ausschließliche Verhandlung vor irdischem Gericht widerlegt. Nur an dem
inneren Prozeß ist abzulesen, daß Frau Marthe, schon in ihrer langen
Krug-Beschreibung zur Rechtfertigung ihrer Klage, den Krug in seiner
Existenz als Menschenwerk grotesk überbewertet und ihn doch damit
zugleich entscheidender unterschätzt, weil sie so die Funktion des
Kruges als – so die Vulgata[179] in ihrer Überschrift zum Krug-Kapitel
Jerem. 19 – *symbolum futurae populi sortis*, also seine heilsgeschichtliche Symbolik verkennt.

---

[179] Daß Kleist vielleicht nicht nur die Lutherübersetzung benutzt, sondern auch
die Vulgata gekannt hat, könnte man daraus schließen, daß er (V. 1497) nicht
wie Luther »Gomorra«, sondern, wie die aus der griechischen Septuaginta
übersetzte Vulgata, »Gomorrha« schreibt. Diese Schreibweise findet sich
zwar auch in der Zürcher Bibel, doch übersetzt diese z. B. das Wort φύραμα
(Röm. 9, 21) nicht wie Luther mit »Klumpen«, sondern mit »Masse«. Es wäre
sicher eine reizvolle philologische Aufgabe herauszufinden, welche verschiedenen Bibelausgaben Kleist im Laufe seiner Arbeit am ›Zerbrochnen Krug‹
zu Rate zog. Da ich selbst darin bisher zu keinem endgültigen Ergebnis gekommen bin, wurde hier nur die Luther-Bibel berücksichtigt, die Kleist mit
Sicherheit benutzte. Wenn ich dabei aus einer neu durchgesehenen Ausgabe
der Württembergischen Bibelanstalt Stuttgart von 1939 zitiere, so mögen mir
zwar weitere Belegstellen auf Grund ihrer sprachlichen Modernisierung entgangen sein, doch hätten sie die von mir vorgetragenen Thesen in ihrem Inhalt keinesfalls nennenswert verändert.

II

MACHT UND GNADE. DER DRAMATISCHE PROZESS DER ERKENNTNIS VON DER VERNUNFTERKENNTNIS ZUR GLAUBENSERKENNTNIS

1. Die Adam-Handlung: Die Substitution der Moral durch das Machtprinzip

a) Unfreier Wille und moralische Wilikür

Des Dorfrichters Reden und Handeln enthüllt, wie schon deutlich wurde, nicht nur seinen vorigen Adamsfall, sondern ist zugleich Ausdruck dessen, daß er sich auch während des Prozesses unbewußt immer wieder neu gegen Gott auflehnt. In dieser Auflehnung besteht sein eigentlicher, permanenter Sündenfall und sein tiefer liegendes ›Gebrechen‹, von dem der Zuschauer gleichsam nicht mehr als ein Symptom wahrnimmt, solange er Adams ›Fall‹ nur auf den zurückliegenden Verführungsversuch beschränkt sieht. Schon der Sündenfall der Genesis bestand nur äußerlich-materiell in der Verführung und dem Genuß der Frucht, zuerst aber und substantiell in dem Versuch, jene Erkenntnis des Guten und Bösen zu gewinnen, die Gott sich selbst vorbehalten hatte. So sind Adams Aussprüche im ›Zerbrochnen Krug‹ ebenso die **Folge** dieser angemaßten Erkenntnis, wie sie diese Erkenntnis selbst **enthalten.**

Alles, was sich der in die Enge getriebene Richter wider seinen Willen an Ausflüchten und »allgemeine(n) Redensart(en)«[180] einfallen lassen muß, ist deshalb keineswegs so disparat, zufällig und widersprüchlich, wie es auf den ersten Blick scheint. Vielmehr erhält dies alles, wiewohl verdeckt durch den scheinbar allein in Frage stehenden ›besonderen‹ Fall, von seinem eigentlichen Adamsfall her deutlich genug doch seine Mitte und sein Ziel: Es hat ›System‹. Daß dies Adam selbst nicht bewußt wird, ändert nichts daran, daß es ihm bewußt werden

---

[180] Hans Joachim Schrimpf: Kleist. Der zerbrochne Krug. In: Das deutsche Drama. Vom Barock bis zur Gegenwart. Interpretationen. Hrsg. von Benno von Wiese. Bd. I. 1964. S. 358.

müßte und daß dem ›richtenden‹ Zuschauer aufgegeben ist, von hier aus sein Urteil zu fällen. Auch wenn Adam sich entschuldigt, daß er doch »nicht studiert« habe,[181] ist daraus kein Einwand gegen die Pflicht des Zuschauers abzuleiten, Adams ›System‹ als solches zu durchschauen. An anderer Stelle, als er – so die Feststellung Walters – mit seinem Urteil eingreift »wie eine Hand in einen Sack voll Erbsen«,[182] beruft er sich nämlich keineswegs nur unzulässig-unsinnig dann doch sogar selbst auf »Philosophie«:

ADAM   Mein Seel!
         Wenn ich, da das Gesetz im Stich mich läßt,
         Philosophie zu Hülfe nehmen soll,
         So wars – der Leberecht –
WALTER.   Wer?
ADAM.   Oder Ruprecht –
WALTER   Wer?
ADAM.   Oder Lebrecht, der den Krug zerschlug.[183]

Natürlich wollte Kleist die Zuschauer seines Stückes nicht glauben machen, daß sein Adam den mechanistischen Naturalismus des englischen Philosophen Hobbes gekannt oder gar »studiert« haben könnte. Das hindert jedoch nicht die tatsächliche Übereinstimmung von Adams ›philosophischer‹ Praxis mit Hobbes' philosophischer Theorie. So kann der im folgenden geführte Nachweis, daß Kleist Adams »Philosophie« nach derjenigen von Hobbes ausgerichtet hat, zu einer prägnanteren begrifflichen Erfassung jenes Systems scheinbarer Systemlosigkeit verhelfen, das als theoretische Grundlage des Willkürprinzips grundsätzlich auch schon aus Adams Praxis abzuleiten wäre. Wofern jede Praxis sich nach Prinzipien richtet, seien sie nun theoretisch formuliert oder nicht, enthält Hobbes' Philosophie gleichsam nur die s y s t e m a t i s c h a u s f o r m u l i e r t e theoretische Grundlegung zu Adams Praxis.

Zunächst und vor allem leugnet Adam, daß der Mensch für sein Tun verantwortlich sei. Zwar gibt er zu: »jeder trägt / Den leidgen Stein zum Anstoß in sich selbst«,[184] doch zielt er damit keineswegs auf Verantwortung. Die sucht er zunächst in den Umständen, in die der Mensch ohne eigenes Zutun gerät:

Ja, seht. Zum Straucheln brauchts doch nichts, als Füße.
Auf diesem glatten Boden, ist ein Strauch hier?[185]

---

[181] V. 1122.
[182] V. 1087.
[183] V. 1080–1084.
[184] V. 5–6.
[185] V. 3–4.

So »stolpert« der Mensch, nichtsahnend und besten Willens, ohne eigenes Verschulden, ja bevor er überhaupt Zeit und Gelegenheit hätte finden können, sich etwas Böses auszudenken:

> Ich hatte noch das Morgenlied
> Im Mund, da stolpr' ich in den Morgen schon,
> Und eh ich noch den Lauf des Tags beginne,
> Renkt unser Herrgott mir den Fuß schon aus.[186]

Alles Tun ist also letztlich Folge einer Ursache, für die nicht der Mensch, sondern Gott selbst verantwortlich ist: Adam, der ›Teufel‹ mit dem Klumpfuß, ist mit diesem Klumpfuß geboren, und das bedeutet für ihn:

> Ein Fuß ist, wie der andere, ein Klumpen.
> (...) Wo sich der eine hinwagt, folgt der andre.[187]

Zugleich rechtfertigt Adam sein verantwortungsloses Handeln gerade, indem er den Gedanken an Gott ausklammert und so eine Rechtfertigung, eine ›Begründung‹ für unnötig erklärt:

> Mein Seel! Es ist kein Grund, warum ein Richter,
> Wenn er nicht auf dem Richtstuhl sitzt,
> Soll gravitätisch, wie ein Eisbär, sein.[188]

Für ihn gibt es keine absolute, sondern nur eine relative Wahrheit, für ihn als Richter kein natürliches, sondern nur ein positives Recht, das jederzeit willkürlich neu gesetzt werden kann. Da die Justiz nicht absolute Gültigkeit hat, sondern in seinen Augen Ausfluß persönlicher Willkür ist, fließt sie ihm je mit der Person, die sie vertritt, zusammen:

> Klärt die Justiz in Huisum gütigst auf,
> Und überzeugt Euch, gnädger Herr, Ihr habt
> Ihr noch sobald den Rücken nicht gekehrt,
> Als sie auch völlig Euch befriedgen wird;
> Doch fändet Ihr sie heut im Amte schon,
> Wie Ihr sie wünscht, mein Seel, so wärs ein Wunder,
> Da sie nur dunkel weiß noch, was Ihr wollt.[189]

Er ist zwar bereit, die eigene Auffassung und Praxis der Justiz dem Wunsch des Gerichtsrats anzupassen, aber sein Satz: »Auf Ehr! Ich nehme gute Lehre an«,[190] bezeugt blanken Opportunismus, nicht den Glau-

---

[186] V. 18–21.
[187] V. 26; 30.
[188] V. 156–58.
[189] V. 316–22.
[190] V. 832.

74

ben an die Notwendigkeit einer Verbesserung seiner Rechtsprechung. Dem Fortschrittsoptimismus der Aufklärung (»Die Welt, sagt unser Sprichwort, wird stets klüger, / Und alles liest, ich weiß, den Puffendorf«[191]) bringt er keineswegs, wie er glauben zu machen sucht, nur die von der Aufklärung selbst formulierte Reserve entgegen, daß dem Menschen in bestimmten Bereichen in alle Zukunft nur »dunkles Wissen«,[192] nur Teilwissen möglich sei. Zwar sagt er:

(...) Huisum ist ein kleiner Teil der Welt,
Auf den nicht mehr, nicht minder, als sein Teil nur
Kann von der allgemeinen Klugheit kommen.[193]

In Wahrheit vertritt er aber die fertige, aller Teleologie der Rechtsprechung hohnsprechende Überzeugung:

Ich kann Recht so jetzt, jetzo so erteilen.[194]

Der Glaube an seine Freiheit zur Willkür korrespondiert also paradox mit der von Adam behaupteten absoluten Determiniertheit des Menschen. Diese beiden Anschauungen sind indessen nicht ohne ›Logik‹ verknüpft: Da der Mensch in seinen Handlungen durch die absolute physische Notwendigkeit der Abfolge von Ursache und Wirkung determiniert ist, wäre der Glaube an eine Möglichkeit der Freiheit, nämlich der Entscheidung zu einer moralischen Notwendigkeit, illusorisch; also folgt umgekehrt aus der Bindung an die physische Notwendigkeit die Freiheit zu moralischer Willkür.

b) Absolute und hypothetische Notwendigkeit. Hobbes' Gleichsetzung der moralischen Freiheit mit der Macht des Interesses und Leibnizens Begriff der moralischen Notwendigkeit

Der Fehler solcher Logik, die Leibniz schon bei Hobbes bemängeln möchte, liegt in der falschen Voraussetzung der absoluten physischen Notwendigkeit, die in Wahrheit nach Leibniz nur eine hypothetische ist.[195] Keineswegs haben alle Ereignisse ihre notwendigen, sondern »sie

[191] V. 311–12.
[192] Vgl. V. 322.
[193] V. 313–15.
[194] V. 635.
[195] Leibniz: Die Theodizee. S. 428. – Dieses wie die folgenden Leibniz-Zitate stammen wieder aus Leibnizens ›Betrachtungen über das von Herrn Hobbes veröffentlichte englische Werk über Freiheit, Notwendigkeit und Zufall‹. In dieser Rezension (Theodizee. S. 439) polemisiert Leibniz auch gegen den von Adam V. 312 genannten Samuel Freiherrn von Pufendorf, der sich Hobbes'

haben ihre bestimmenden Ursachen, durch die sie begründet werden können«, denn: »Das Gegenteil kann ohne Widerspruch eintreten.«[196] Adams Prämisse der absoluten Notwendigkeit versteht sich durchaus, wie ich zeigte, auch zu dieser Bedingung, wertet sie allerdings so stark auf, daß der Begriff der Notwendigkeit dadurch geradezu und mehr, als Leibniz ausdrücken wollte, aufgehoben wird. Hobbes hatte gleichfalls – so das Resümee bei Leibniz – unbeschadet seines Begriffs der absoluten Notwendigkeit erklärt, daß »die Dinge ohne Notwendigkeit auf dem Wege des Zufalls geschehen«, und Leibniz widerspricht dieser Aussage mit den Worten: »was ohne Notwendigkeit geschieht, geschieht darum noch nicht zufällig, d.h. ohne Gründe und Ursachen.«[197] So gründet die von Adam vertretene Determiniertheit analog zu der von Leibniz bei Hobbes monierten in der Voraussetzung der absoluten und blinden Notwendigkeit, statt in dem von Leibniz benutzten Begriff einer »hypothetischen« Notwendigkeit, auf Grund derer das »Geschehende nur infolge der Voraussetzung eintritt, daß dieses oder jenes vorhergesehen oder beschlossen war oder von vornherein getan worden ist.«[198]

Solange diese Aussagen nur Feststellungen ex post betreffen, scheint der Unterschied zwischen Hobbes' absoluter und Leibnizens hypothetischer Notwendigkeit nur gleichsam akademischer Natur, denn dann reduziert sich Leibnizens hypothetische in praxi weitgehend auf Hobbes' blind-absolute Notwendigkeit: in bezug auf die Vergangenheit erklärt auch Leibniz, »daß alles aus zureichenden Gründen geschieht, aus deren Erkenntnis wir, wenn wir sie besäßen,[199] gleichzeitig erkennen würden, warum die Sache eingetreten und warum sie nicht anders ausgelaufen ist.«[200] Anders verhält es sich mit der Frage menschlicher Freiheit, wenn sie nicht ex post, sondern als Problem von Gegenwart und Zukunft gestellt wird. Leibniz und Hobbes geben beide eine bejahende, aber dennoch entscheidend divergierende Antwort, und hier nun gewinnt die Unterscheidung von absolut und hypothetisch nicht

---

falscher Auffassung angeschlossen habe, daß für Gott »Gerechtigkeit nicht dasselbe (bedeutet) wie für einen Menschen, der nur gerecht ist, wenn er die durch seinen Herrn gegebenen Gesetze einhält.« Gerade weil Adam sich an jenes menschliche Rechtsprinzip des Rechtsgelehrten Pufendorf hält, kann es ihm allein nicht genügen und muß er von Walter präzise Auskunft darüber verlangen, »was Ihr wollt«. (V. 322).

[196] Ebd. S. 431.
[197] Ebd. S. 432.
[198] Ebd. S. 429.
[199] Hervorhebung von mir.
[200] Leibniz: Theodizee. S. 428.

nur für ein Meinen, sondern für das Handeln Relevanz. Hobbes sagt nach Leibniz, »daß wir tun, was wir wollen, wenn wir es können und uns nichts daran hindert« – zugleich aber gelte, »daß sogar unsere Willensakte nicht in unserer Gewalt stehen, so daß wir uns nicht ohne Schwierigkeiten und nach unserem Belieben Neigungen und Willensentschlüsse unseren Wünschen entsprechend geben können.«[201] Damit wird das Problem der Freiheit eindeutig auf das Problem der Macht reduziert und die Notwendigkeit moralischen Handelns schon mit seiner Möglichkeit geleugnet. Zwar wird man auch nach Hobbes weiter »von Erwägungen, Ermahnungen, Tadel und Lob, Strafen und Belohnungen Gebrauch (...) machen«, aber nur, »da sie die Menschen dazu nötigen, Handlungen zu vollziehen oder davon Abstand zu nehmen«,[202] also aus rein subjektiv-machtbezogenen Motiven.

Daß Adams »Erwägungen, Ermahnungen, Tadel und Lob, Strafen und Belohnungen« im ›Zerbrochnen Krug‹ von eben dieser Art sind, dafür ist die von ihm geführte Gerichtsverhandlung ein einziger Beweis, und es bedarf dafür an dieser Stelle keiner Belege. Adam vertritt theoretisch die Freiheit der absoluten Amoral, die bei ihm solchermaßen praktisch zur absoluten Unmoral wird. So wird bei ihm Recht zu Unrecht selbst dort, wo er, unbefangen betrachtet, recht hat, etwa wo er den Gerichtsrat auf die juristische Einrichtung des Gewohnheitsrechts verweist[203] oder auf die Bedeutung der ungeschriebenen Gesetze.[204] Während die Sophokleische Antigone gerade nicht aus Selbstsucht, sondern aus gewissengetriebener Opferbereitschaft solche ἄγραπτα νόμιμα als absolutes, natürlich-gottgewolltes Recht dem in ihren Augen nur willkürlich-positiven Recht Kreons entgegenhält, ist Adam auf subjektiv-egoistisches Un-Recht aus, wo er sein Einstehen für absolutes Recht vortäuscht. Leibniz bekämpft solches Prinzip nicht nur als Unmoral, sondern er legt den Finger auf die falsche Prämisse der solcherart geleugneten Willensfreiheit: »In Wahrheit haben wir auch über unsere Willensentschlüsse noch einige Gewalt, aber auf indirekte, nicht auf absolut indifferente Weise.«[205] Leibniz erläutert das an einem Beispiel folgendermaßen: »Im Augenblick hängt es nicht von meinem Willen ab, zu essen oder nicht zu essen: in der Zukunft indessen hängt es von mir ab, zu einer bestimmten Stunde am Tage Hunger zu verspüren oder nicht, indem ich vorher esse. So ist man also oft in der

[201] Ebd. S. 429.
[202] Ebd.
[203] V. 307.
[204] V. 628.
[205] Leibniz: Theodizee. S. 429.

Lage schlechte Willensakte zu vermeiden (...)«[206] Und allgemeiner:
»(...) die Menschen wählen die Gegenstände durch den Willen, sie wählen jedoch nicht ihren augenblicklichen Willen selbst; der stammt aus
Gründen und Anlagen. Man kann ja allerdings neue Gründe suchen und
sich mit der Zeit neue Anlagen geben; hierdurch vermag man sich einen Willen zu verschaffen, den man vorher nicht besaß und der sich
auf einmal nicht geben ließ.«[207] Mit diesen Argumenten kämpft Leibniz
gegen die Rechtfertigung der absolutgesetzten Triebhaftigkeit, die konkret den Hauptwesenszug eines Adam angibt (und beispielhaft für das
steht, was ich oben als Verherrlichung des Machtgedankens formuliert habe):

> (...) und wenn Herr Hobbes auch (...) behauptet, der Stil der Gesetze sei:
> dieses oder jenes sollst du tun oder lassen, es gäbe jedoch kein Gesetz, wel-
> ches sage, du sollst es wollen oder nicht wollen; so täuscht er sich doch au-
> genscheinlich hinsichtlich des göttlichen Gesetzes, das da besagt *non concu-*
> *pisces*; du sollst nicht begehren: allerdings hat dieses Verbot keine Be-
> ziehung auf die ersten, unwillkürlichen, Beweggründe.[208]

»Man kann sich neue Gründe suchen«: hier zeitigt die von Leibniz
vertretene hypothetische Notwendigkeit ihre Folgen, wie sie auch von
Leibniz erst aus der menschlichen Willensfreiheit (projektiert auf einen
göttlichen Willen) abzuleiten war. Zwar ist das Gesetz der notwendigen Abfolge von Ursache und Wirkung nicht aufzuheben, aber der
Mensch hat die Freiheit, Ursachen selbst zu setzen.

Leibniz spricht freilich bewußt nicht nur von Ursachen, sondern von
Beweggründen. Hypothetische Notwendigkeit zielt nicht nur auf
die derart durch Antizipation bestimmbare Notwendigkeit, sondern ist
zugleich und vor allem verknüpft mit Leibniz' Begriff der moralischen Notwendigkeit.[209] Ohne ihn bedeutete in praxi die hypothetische Notwendigkeit bei Leibniz – wie die blinde Notwendigkeit bei
Hobbes – eine Einschränkung der Freiheit des Menschen nur durch die
Macht anderer Menschen und allgemeiner der Umstände. Hypothetische Notwendigkeit meint aber bei Leibniz gerade, daß der Mensch
der moralischen Verpflichtung zum göttlich-natürlichen Gesetz der
Vernunft unterworfen sei, da er – im Gegensatz zu Gott – auch die

---

[206] Ebd. S. 430/1.
[207] Ebd. S. 30. – Ich sehe hier Kleists Artikel ›Von der Überlegung. Eine Para-
doxe‹ keimhaft vorgeformt und erinnere an dessen zentralen Satz: »Die
Überlegung, wisse, findet ihren Zeitpunkt weit schicklicher nach, als vor
der Tat.« (II, S. 337).
[208] Ebd. S. 431.
[209] Ebd. S. 428.

Möglichkeit zur Unvernunft habe, wenn er nicht, was unmöglich sei, als ein Weiser Gott gleichkomme:

> Bayle (...) wähnt (...) die Sache Gottes zu verteidigen und ihn von einer eingebildeten Notwendigkeit zu befreien, indem er ihm die Freiheit ließ, von mehreren Gütern das geringere zu wählen. (...) Wer sie (sc. diese Ansicht) verficht, bedenkt nicht, daß er damit Gott eine falsche Freiheit erhalten oder besser ihm eine falsche Freiheit zusprechen will, die Freiheit unvernünftig zu handeln.[210]

Und:

> Man hat jedoch allen Grund, einen großen Unterschied zu machen zwischen der Notwendigkeit, die den Weisen zwingt, gut zu handeln, der sogenannten moralischen, die sogar für Gott Gültigkeit hat, und zwischen jener blinden Notwendigkeit (...); die moralische Notwendigkeit führt nur einen Zwang aus Vernunftgründen mit sich, der bei dem Weisen niemals wirkungslos ist.[211]

c) Der Verstoß gegen das fremde Interesse als Verstoß der Macht gegen sich selbst. Die Wiederherstellung des Machtprinzips durch die Volksjustiz

Die letztliche Unzulänglichkeit menschlicher Verwirklichung des Guten und der Vernunft[212] hebt also die, wenngleich unvollkommene, Unterscheidungsfähigkeit von Vernunft und Unvernunft, Gut und Böse für den Menschen nicht auf, vielmehr widerlegt gerade diese Unterscheidungsfähigkeit, die ihn Gut und Böse zwar nicht absolut, aber doch je relativ gegenüber dem Schlechteren und Besseren erkennen läßt, die alleinige Anbetung der Macht jenseits von Recht und Pflicht. So findet sich denn in diesem Zusammenhang bei Leibniz die eigentümlich Kleistsche Version des biblischen Sündenfalls und zugleich, nur wenig allgemeiner, fast die gesamte ›moralische‹ Fabel der Komödie, soweit ich beides bisher nachgezeichnet habe, in nuce schon formuliert:

> Daß diese Meinung, welche Gott jeder wahren Güte und Gerechtigkeit beraubt, welche ihn als einen Tyrannen hinstellt, der da eine absolute, von allem Recht und aller Billigkeit unabhängige Macht anwendet und Millionen von

---

[210] Ebd. S. 353.
[211] Ebd. S. 428/9.
[212] »Das Menschengeschlecht kann sogar im Laufe der Zeit an Vollkommenheit mehr zunehmen, als wir es uns gegenwärtig vorzustellen vermögen. (...) aber die Stelle in Raum und Zeit, die dem Menschen von Gott angewiesen ist, beschränkt die Vollkommenheiten, die er in sich hätte aufnehmen können.« (Ebd. S. 355).

Kreaturen erschafft, um sie für alle Ewigkeit unglücklich zu machen, und dies aus keinem anderen Grunde als um seine Macht zu beweisen; daß diese Meinung, sage ich, die Menschen sehr schlecht zu machen imstande ist, und daß sie, wenn sie anerkannt würde, jeden anderen Teufel in der Welt entbehrlich machte, um die Menschen untereinander und mit Gott zu entzweien, wie es die Schlange tat, als sie Eva zu dem Glauben brachte, Gott habe nicht ihr Wohl vor Augen gehabt, als er ihr die Frucht des Baumes verbot.[213]

In der Tat: diese seine Meinung war imstande, den Adam »sehr schlecht zu machen«, so daß dieser Teufel mit dem Klumpfuß Eva mit ihrem Verlobten Ruprecht und ihrer Mutter, der Frau Marthe, entzweien konnte, Ruprecht mit Eve, Frau Marthe und seinem Vater, Frau Marthe schließlich mit den drei anderen, alle zusammen aber mit dem Gesetz und letztlich mit Gott, den sie so oft, scheinbar nur formelhaft-unverbindlich, im Munde führen.

Doch ich will zunächst bei Richter Adam bleiben und zeigen, wie seine Selbstverteidigung, in die der Revisor so lange scheinbar ungerecht nicht eingreift, zwar folgerichtig aus seinen Prinzipien sich ergibt, diese Prinzipien aber zugleich, zunächst nur in den Augen der Zuschauer, schließlich aber auch der Teilnehmer des Prozesses, ad absurdum führt. Er rechtfertigt die Tat nicht, sondern sucht sie zu leugnen, indem er sie willkürlich verändert; sie ist zwar geschehen, wie sie geschah, hätte aber genauso gut anders geschehen können und ist damit – dies seine Auslegung und Ausbeutung der ›blinden‹ Notwendigkeit – für ihn so gut wie nicht geschehen. Nicht nur nimmt er sich das Recht heraus, willkürlich über Gegenwart und Zukunft, sondern auch über Vergangenheit zu verfügen, wie er es gerade braucht. Die Perücke kann er nicht benutzen, einmal, weil angeblich die Katze hinein»gejungt« hat, dann weil sie ihm »wie Sodom und Gomorrha« »im Feuer aufgegangen ist«; seine Wunden bekam er, weil er mit dem Kopf gegen den Ofen schlug, und zwar »von vorn und hinten«, da er ja vorn und hinten Wunden hat usw. In beiden aufgeführten Fällen wie in vielen anderen verstößt er durch die einmal logisch sich selbst und zum anderen den Naturgesetzen widersprechenden Angaben gegen die Einsicht, daß nur Mögliches, nicht aber Unmögliches wirklich werden, also auch wirklich geworden sein kann. Dies sind die Stellen, an denen der Zuschauer am lautesten lachen wird, weil Adams willkürliches Verfügen über Wirklichkeit hier scheinbar aus falschen Zwängen nicht nur unzulässig-unmoralisch, sondern auch unzulässig-töricht mit dem von Hobbes und Leibniz gleichermaßen vertretenen Satz verfährt, »daß alles aus zureichenden Gründen geschieht, aus deren Erkenntnis wir,

---

[213] Ebd. S. 438.

wenn wir sie besäßen, gleichzeitig erkennen würden, warum die Sache eingetreten und warum sie nicht anders ausgelaufen ist.« Der immanenten Logik des Stückes zufolge aber erweist sich Adams ›Torheit‹ fast bis zum Schluß immer wieder als erfolgreich. Der Aberglaube der Frau Brigitte, die nach Eve und Ruprecht als erste unbeteiligte Augenzeugin vernommen wird, hält das persönliche Eingreifen des Teufels selbst, mit Pferdefuß und Schwefelgestank, für durchaus möglich,[214] und damit eine von Menschen in keiner Weise mehr verantwortbare Verwirrung von Gesetz und Ordnung, welcher Art auch immer. Wie zur letzten Entschuldigung im biblischen Sündenfall die Schlange herhalten muß (»Die Schlange betrog mich also«), macht Kleists Adam sich Brigittes Hilfe freudig zunutze:

> Der Kerl (sc. der Teufel), paßt auf, hat den Gesetzen hier
> Was angehängt. Ich will nicht ehrlich sein,
> Wenn es nicht stinkt in der Registratur.
> Wenn meine Rechnungen, wie ich nicht zweifle,
> Verwirrt befunden werden sollten,
> Auf meine Ehr, ich stehe für nichts ein.[215]

Kein noch so eindeutiger Indizienbeweis und kein noch so haarsträubender Widerspruch in seiner Verteidigung vermag also Adam von seinem Richterstuhl zu vertreiben: Dies gelingt erst seinem Verstoß gegen den Vorteil Eves,[216] die Ruprecht zur Selbstjustiz aufruft, als ihr Verschweigen von Adams Schuld statt zur Rettung zur Verurteilung ihres Verlobten führt. Hier erst wird Adams bedingungslose Maxime von der Berechtigung willkürlichen Handelns um des eigenen Vorteils willen gezwungenermaßen selbstzerstörerisch, da auch das Gaunertum, will es sich nicht selbst vernichten, einer immanenten Gesetzestreue bedarf: Er kann sich der Gefolgschaft Eves unter der Formel, daß der Zweck die Mittel heilige, nur so lange versichern, als er Eve nicht um ihren Zweck betrügt. Da er aber eben dies tut, kommt es zur Volksjustiz, die ihn aus seinem Richteramt vertreibt.

---

[214] V. 1682 ff.
[215] V. 1795–1800.
[216] Vgl. die Verse 1853–54:
»Solang die Jungfer schweigt, begreif ich nicht,
Mit welchem Recht ihr mich beschuldiget.«

2. Die Problematisierung des Machtprinzips

a) Walters Einspruch gegen die Volksjustiz

Der Verlauf der Fabel bis zu dieser Stelle, aber nur bis zu dieser Stelle, entspricht als komödienhafte Umkehrung deutlich der Fabel des Sophokleischen ›König Ödipus‹. Der tragischen Gestalt des Ödipus, der mit dem ganzen Ernst seiner Person und seines Amtes die Wahrheit ans Licht bringen wollte und freiwillig die Konsequenz der Verbannung auf sich nahm, als die Wahrheit sich gegen ihn selbst kehrte, korrespondiert die komische Figur Adams, der die Wahrheit verbergen will und durch Volksjustiz aus seinem Amt gejagt werden muß, als die Wahrheit trotz aller seiner Verbergungskünste als sein Verbrechen enthüllt wird. In beiden Stücken ist das Böse die eigene Ursache seiner gerechten Strafe.

Indessen mündet die Fabel der Kleistschen Komödie ja gerade nicht in den Akt der fraglos hingenommenen Volksjustiz. Während sich die Frage, ob die Strafe gerecht sei, im Sophokleischen Stück überhaupt nicht stellt, weil es sich mit dem Faktum der objektiven Schuld abfindet, problematisiert die Person Walters nicht nur, wie es die Umkehrung der Tragödie in ein Komödiengeschehen fordert, die Rechtsprechung des gefallenen Richters, sondern auch die Volksjustiz, die das verletzte Recht durch Bestrafung des Übeltäters wiederherzustellen vorgibt. Solches Problematisieren bleibt freilich zunächst noch im Bereich dessen, worauf die Leibnizsche Theodizee eine Antwort zu geben vermag. Ich werde im folgenden zu zeigen haben, wie weit Kleist solcher Antwort zu folgen vermochte und wo sie, angesichts der Rigorosität des Kleistschen Fragens, ihre Grenze fand.

Georg Lukács sieht im ›Zerbrochnen Krug‹ als eigentlich tragende Elemente nur die »Willkür der patriarchalischen Gerichtsbarkeit auf dem Lande« einerseits und auf der anderen Seite das Mißtrauen der Bauern, vor allem Eves, »allem gegenüber, was von ›oben‹ kommt, ihr Gefühl, daß man sich vor der Behörde nur durch Bestechung und Betrug schützen kann, einerlei, ob diese Bestechung durch Geld, Geschenke oder durch sexuelle Nachgiebigkeit geschieht.«[217] Der »optimistische Schluß« sei Kleist nur deshalb nicht anzulasten, weil er wegen der Forderungen der Lustspielgattung darauf nicht habe verzichten können. Lukács' Kriterien sind also wie die des Paktes zwischen Adam und

---

[217] Georg Lukács: Die Tragödie Heinrich von Kleists. In: Ders.: Deutsche Literatur in zwei Jahrhunderten. 1964. S. 225.

Eve diejenigen von Macht und Gerechtigkeit, wobei die Gewichte der Macht gerechterweise nur gleichsam von ›oben‹ nach ›unten‹ zu verschieben sind. Entscheidend für den Ausgang des Stückes ist aber gerade, daß der »gute« Revisor (die Anführungszeichen setzt Lukács), indem er »den Dorfrichter entlarvt und am Ende alles in Ordnung bringt«,[218] dies keineswegs so tut, daß er die Selbstjustiz des Volkes im Nachhinein oder begleitweise bestätigt. Der Entlarvung Adams folgt im Stück, und noch ausführlicher im ›Varianten‹, die Widerlegung Eves. Relativ ist Eve gegenüber Adam im Recht, das Recht selbst aber, um das er sie betrogen hat, war Unrecht: die Auflehnung gegen den Staat und sein Recht auf Konskription aus Mißtrauen gegen seine Glaubwürdigkeit und Rechtsfähigkeit. Den Sündenfall taten schon in der Genesis Adam und Eva, und zwar ohne daß der eine die Schuld auf den anderen schieben konnte, weil er von ihm verführt worden sei. Um dieser eigentlichen Schuld willen endet das Stück nicht optimistisch mit dem Akt der Selbstjustiz, sondern dieser findet durch das Eingreifen Walters seine Korrektur, die auch Eve ihre Schuld vor Augen führt.

b) ›Vorläufige‹ und ›schließliche‹ Gerechtigkeit

Angesichts der Volksjustiz, die auch vor einem Mord nicht zurückgeschreckt wäre,[219] sorgt der Revisor für eine Wahrung der Rechtsprechungsordnung, die dem ›Volk‹ zunächst völlig unverständlich bleibt. Adam (der die Schlußsentenz fällt):

> Die Sache jetzt konstiert,
> Und Ruprecht dort, der Racker, ist der Täter.
> WALTER. Auch gut das. Weiter.
> ADAM.   Den Hals erkenn ich
> Ins Eisen ihm, und weil er ungebührlich
> Sich gegen seinen Richter hat betragen,
> Schmeiß ich ihn ins vergitterte Gefängnis.
> (...)
> WALTER. Gut denn. Geschlossen ist die Session.
> Und Ruprecht appelliert an die Instanz zu Utrecht.
> (...)
> RUPRECHT.   In das Gefängnis gehn?
> EVE.   Den Hals ins Eisen stecken? Seid Ihr auch Richter?
> Er dort, der Unverschämte, der dort sitzt,
> Er selber wars –
> WALTER. Du hörsts, zum Teufel! Schweig!

[218] G. Lukács ebd.
[219] Vgl. V. 1544–46.

Ihm bis dahin krümmt sich kein Haar –[220]

Der Einwand Eves: »Seid Ihr auch Richter?« ist gleichsam die Kurz-
formel für den von Leibniz am Ende der ›Theodizee‹ referierten ›IV.
Einwand‹ seiner Gegner gegen seine Rechtfertigung Gottes angesichts
des Bösen:

> Wer die Sünde eines anderen verhindern kann und es nicht tut, sondern ihr
> vielmehr Vorschub leistet, obgleich er gut darüber unterrichtet ist, der ist dar-
> an mitschuldig.
> Gott kann die Sünde der vernunftbegabten Kreaturen verhindern; aber er
> tut es nicht, er leistet ihr vielmehr durch seine Mitwirkung und durch die von
> ihm hervorgebrachten Gelegenheiten Vorschub, obgleich er ein vollkomme-
> nes Wissen von ihr besitzt.[221]

In der Tat weiß Walter, daß Adam ein Fehlurteil gefällt hat, dennoch
bestätigt er es – allerdings, und das ist entscheidend, nur vorläufig. Seine Entscheidung ist nicht nur die des schlechten Mittels zum guten
Zweck (etwa Nachsicht mit menschlicher Schwäche), sondern ist in
sich selbst richtig und notwendig. Da Adam in einer Sache zu Gericht
sitzt, an der er beteiligt war und also befangen ist, kann und darf er
den Prozeß nicht führen, da seine Parteilichkeit unter solchen Voraussetzungen zwar nicht entschuldbar, aber doch allzu natürlich ist. Sein
Fall gehört vor das Revisions-, hier also vor das Oberlandesgericht in
Utrecht. Adam hat als Richter nicht absolute und endgültige Entschei-
dungsfreiheit, sondern das Recht des Angeklagten gegen den Richter
selbst ist einklagbar. Wie solchermaßen in Kleists Stück das Verhalten
Walters zwar auf den ersten Blick und für das ›gesunde‹ Volksempfin-
den unerklärlich und verbrecherisch, bei genauerem Hinsehen dann
aber doch durch die Vernunft der Sache gerechtfertigt und geradezu
gefordert ist, das findet wiederum seine Entsprechung schon in der
Antwort, die Leibniz auf den zitierten ›IV. Einwand‹ gab:

> (...) man kann wohl die Sünde verhindern, darf es aber nicht tun, weil man
> es nicht tun könnte, ohne selbst eine Sünde zu begehen, oder (wenn es sich
> um Gott handelt) ohne eine unvernünftige Handlung auszuführen. (...) Man
> kann auch dem Übel Vorschub leisten und ihm sogar gelegentlich freien Weg
> lassen, indem man etwas tut, was man zu tun gezwungen ist. Und wenn man
> seine Pflicht tut, oder (ist die Rede von Gott), wenn man, alles wohl erwogen,
> tut was die Vernunft erheischt, so ist man für die Ereignisse, selbst wenn man
> sie voraussieht, nicht verantwortlich. Man will diese Übel nicht; man will sie
> jedoch zur Erreichung eines größeren Gutes zulassen, welches man vernünf-
> tigerweise anderen Erwägungen vorzuziehen sich nicht entschlagen kann.
> Dies ist ein nachfolgender Wille, das Resultat antizipierender Wil-

---

[220] V. 1874–92.
[221] Leibniz: Theodizee. S. 418/9.

lensakte, durch die man das Gute will. (...) Man darf allgemein behaupten, daß der antizipierende göttliche Wille auf die Erzeugung des Guten und die Verhinderung des Bösen gerichtet ist, beides an sich genommen und gleichsam losgelöst (*particulariter et secundum quid*, Thom. 1, qu. 19, art. 6), entsprechend dem Grade eines jeden Gutes oder Übels; daß jedoch der nachfolgende göttliche Wille, der zielstrebende und vollständige, auf die Erzeugung so vieler Güter geht, wie man davon zusammenfassen kann. Dadurch wird ihre Zusammenfügung bestimmt und erstreckt sich auch auf die Zulassung einiger Übel sowie die Ausschließung einiger Güter, ganz wie es der bestmögliche Plan des Universums erheischt. (...) Will man indessen diesen Wortgebrauch durchaus nicht akzeptieren, dann setze man statt antizipierenden Willen ›vorläufigen‹ und statt nachfolgenden Willen s c h l i e ß l i c h e n oder beschlußkräftigen.[222]

Walters Beharren auf der ›Ordnung‹ des Instanzenweges ist also nicht Beweis abstrakter Willkür, sondern juristischen[223] Pflichtbewußtseins, mit dem er genauso dem Richter Adam gerecht wird, wie er mit ihm die voreiligen Bürger in die Schranken weist:

Geschwind, Herr Schreiber, fort! Holt ihn zurück!
Daß er nicht Übel rettend ärger mache.
Von seinem Amt zwar ist er suspendiert (...)[224]

So ist die ›schließliche‹ Gerechtigkeit auf die Zukunft verschoben. Verbürgt wird sie durch die bloße Existenz des Guten; denn während, wie der Fall Adams lehrte, nicht einmal das Böse möglich ist ohne die Existenz des Guten und sich deshalb, als Böses, immer wieder selbst vernichtet, existiert das Gute nur durch sich selbst und niemals durch das Böse. Deshalb ist das Böse dem Guten niemals im prägnanten Sinne Mittel zum Zweck, weil sich das Gute sonst selbst vernichten würde, sondern »conditio sine qua non«, die, statt das nachfolgende Gute zu verursachen, nur nicht vermieden werden kann:

Die Sünde oder das moralische Übel ist, obgleich auch sie sehr oft als Mittel für ein Gut dienen oder ein anderes Übel verhindern kann, dennoch niemals ein ordentlicher Gegenstand des göttlichen oder ein zulässiger Gegenstand eines erschaffenen Willens, sie ist nur insofern zugelassen oder e r l a u b t, als sie eine Folgeerscheinung einer unbedingten Pflicht ist (...) Die Regel, ›non

---

[222] Ebd. S. 419/20.
[223] Die Möglichkeit des Einspruchs gegen die Kompetenz und Zuständigkeit der Richter kennt schon die antike Gerichtsrhetorik, die sie ausdrücklich als eine Möglichkeit der *constitutio translativa* aufführt. Vgl. z.B. Cicero de inventione I.8.10: »At cum causa ex eo pendet, quia non aut is agere videtur, quem oportet, aut non cum eo, quicum oportet, aut non *apud quos*, quo tempore, qua lege, quo crimine, qua poena oportet, translativa dicitur constitutio (...)« (Hervorhebung von mir).
[224] V. 1960–62.

esse facienda mala, ut eveniant bona‹, nach der es sogar unerlaubt ist, etwas moralisch Böses zur Erreichung eines physischen Gutes zu tun, wird hierdurch nicht etwa verletzt, sondern bekräftigt und erhält damit erst Ursprung und Sinn. (...) in Beziehung auf Gott ist nichts zweifelhaft und kann nichts der R e g e l v o m B e s t e n entgegengesetzt sein; sie erleidet keine Ausnahme oder Aufhebung. In diesem Sinn erlaubt Gott die Sünde; er würde gegen das, was er sich seiner Weisheit, Güte und Vollkommenheit schuldig ist, verstoßen, wenn er nicht dem großen Ergebnis all seiner zum Guten tendierenden Kräfte folgte und nicht das unbedingt Beste auswählte; ungeachtet des Übels der Schuld, welche durch die höchste Notwendigkeit der ewigen Wahrheiten hinein verwoben ist. Daraus muß man schließen, Gott will das Gute an sich a n t i z i p i e r e n d, er will das Beste n a c h f o l g e n d als A b s i c h t und er will das Indifferente und das physische Übel zuweilen als M i t t e l; aber er will das moralische Übel nur als conditio sine qua non oder als hypothetische Notwendigkeit, da er an die Wahl des Besten gebunden ist. Daher ist der n a c h f o l g e n d e W i l l e Gottes, dessen Gegenstand die Sünde ist, nur ein z u l a s s e n d e r. [225]

c) Die Frage nach der Möglichkeit des Glaubens an die ›schließliche‹ Gerechtigkeit

Es legt also noch das Böse selbst Zeugnis ab für die Überlegenheit des Guten, da das Böse, in den leibnizisch[226] gefärbten Worten von Goethes ›Faust‹, die Kraft ist, die »stets das Böse will und stets das Gute schafft«. Aber nicht schafft das Böse als Böses das Gute, sondern kraft des ihm immanenten Guten, ohne das es nicht existieren könnte. Der Glaube an die progressive Herrschaft des Guten ist nicht blinder Glaube, sondern Wissen der Vernunft aus Erfahrung.

Was derart mit Hilfe der Zitate aus Leibnizens ›Theodizee‹ ermittelt wurde, war jedoch nur das von Adam und Eve und allen übrigen Huisumern g e f o r d e r t e Wissen, von ihnen bis zu dem Moment der versuchten Selbstjustiz aber in keiner Weise wirklich als solches erfahren worden, so daß sie es also auch nicht anerkennen und g l a u b e n konnten. Sonst hätte weder Adam sein Heil in der Flucht gesucht, noch hätte Eve ihren Ruprecht zur Selbstjustiz aufgerufen und damit ihrerseits gegen die biblische Mahnung verstoßen:

Haltet euch nicht selbst für klug. Vergeltet niemand Böses mit Bösem. Fleißiget euch der Ehrbarkeit gegen jedermann. (...)
Rächet euch selber nicht, meine Liebsten, sondern gebet Raum dem Zorn

[225] Leibniz: Theodizee. S. 112/3.
[226] Auf Leibniz verweist zum Problem der Theodizee in Goethes ›Faust‹ Max Kommerell: Geist und Buchstabe der Dichtung. 1944. S. 24 f.

(Gottes); denn es steht geschrieben: ›Die Rache ist mein; ich will vergelten, spricht der Herr.‹[227]

Indessen war der Aufruf zur Selbstjustiz nur Ausdruck von Eves Enttäuschung darüber, daß Adam sein Versprechen nicht gehalten hatte. Ihr eigentliches Problem betraf ihre Furcht vor jener anderen Obrigkeit, die Ruprecht zum Kriegsdienst einziehen wollte. Diese Furcht konnte ihr durch die Bestrafung Adams nicht genommen werden, sondern mußte sie nach der Enttäuschung über das ›Versagen‹ Adams mit umso größerer Grausamkeit von neuem befallen. Sollte ihr diese Furcht genommen werden, so bedurfte es für sie einer neuen Hoffnung, also eines neuen Hoffnungsgrundes für ihren von Zweifeln gequälten Glauben, daß sich die Gerechtigkeit schließlich trotz allem durchsetzen und ihr ihren Ruprecht erhalten werde.

Daß sie dies tatsächlich erfuhr und daß ihre neue Erfahrung den religiösen Glauben an jene ›schließliche‹ Gerechtigkeit zum Inhalt hatte, wie er oben durch die Zitate aus Leibnizens ›Theodizee‹ schon angedeutet wurde, werde ich im folgenden durch eine Analyse des ›Varianten‹ nachweisen.[228] Weil es in der Eve-Handlung mit der ›schließlichen‹ Gerechtigkeit um das Thema ging, in das auch die Adam-Handlung mündete, enthält der ›Variant‹ nicht in einem abschweifenden Exkurs eine zusätzliche Parallelhandlung, sondern er bleibt beim Thema, das er weiterführt. Die Analyse wird bestätigen, daß Kleist mit seiner Komödie ursprünglich mehr und wesentlich anderes zu schreiben beabsichtigte als ein Lustspiel über und gegen menschliche Schwachheit. Gerade an der Bedeutung des ›Varianten‹ wird zu prüfen sein, bis zu welchem Punkt sich die Interpretation des ›Zerbrochnen Krugs‹ als eines Lehrstücks der Aufklärung rechtfertigen läßt. Dabei wird Zielpunkt der Analyse sein müssen, worauf alle bisherigen Ergebnisse der Untersuchung hindeuteten: die Wiederherstellung der Moral auf dem Wege der *restitutio* im juristischen Sinne

---

[227] Röm. 12, 17–19.

[228] Den ›Varianten‹ hat Kleist in seiner Buchausgabe von 1811 dem ›Zerbrochnen Krug‹ als Anhang beigegeben. Er enthält in einer um vieles ausführlicheren Fassung des 12. Auftritts den ursprünglichen Schluß, der auch der Weimarer Aufführung von 1808 in der Goetheschen Inszenierung zugrunde lag. (Vgl. Sembdners Anmerkungsteil zum ›Varianten‹ im 1. Band seiner Kleist-Ausgabe, S. 858/59.) In der Buchausgabe ist allerdings der ›Variant‹ nur fragmentarisch (nämlich nur bis V. 2381) und mit einzelnen Veränderungen abgedruckt (z.B. »O Himmel!« für »O Jesus!« in Vers 2376). Sembdner konnte den ursprünglichen Text des ›Varianten‹ jedoch mit Hilfe der Kleistschen Folio-Handschrift wiederherstellen. In der Folio-Handschrift fehlen wiederum die Verse 1908–2290.

Wiederaufnahme des Verfahrens wegen schwerwiegender
mängel und gerichtliche Aufhebung einer zum Nachteil des
n erfolgten Entscheidung) und im Sinne der Glaubenserneue-
erseits.

3. Die Eve-Handlung. Die Restitution der Moral durch den Glauben

a) Die Ungesichertheit des moralischen Zwecks als Grund für die Unsicherheit in der Wahl der Mittel

Eves Schuld, sagten wir, war die gleiche wie Adams. Sie zeigt sich
zunächst indirekt an ihrer Rechtfertigung der von Adam übernomme-
nen Voraussetzung, daß der »Machtanspruch«[229] derjenigen, die als die
Mächtigen die Möglichkeit hätten zum Guten, zur »Menschlichkeit«,[230]
die Untertanen nicht nach Recht und Gerechtigkeit, sondern willkürlich und unmenschlich treffe. Gerecht wäre nach Eves Meinung, wenn
Ruprecht im Kriegsdienst die Niederlande gegen den »Hispanier« ver-
teidigte, der sich wieder »die Tyrannenrute (...), die zerbrochene, zusammenbinden (will).«[231] Egoistisch, willkürlich, unmoralisch wäre es dagegen von der Regierung, wenn sie Ruprecht nur dem Scheine nach
zur Landesverteidigung, in Wahrheit aber, »zum Heil der Haager Krämer«[232], für den Dienst in den Kolonien einzöge. Eve glaubte Adam das
letztere, und sie entschuldigt sich damit, daß sie die Wahrheit nicht
habe nachprüfen können: »Wenn er log, ihr Herrn, konnt ichs nicht prüfen. / Ich mußte seinem Wort vertraun.«[233]

Diese Entschuldigung ist, nur als solche genommen, alles andere als
logisch. Wenn sie seine Aussagen nicht prüfen konnte, warum mußte
sie seinen Worten dann dennoch vertrauen und nicht der einziehenden
Behörde in Den Haag? Eve sah sich jedoch in ihrer Verpflichtung gegenüber der Obrigkeit nicht mit der einfachen Frage konfrontiert, ob
sie der Obrigkeit gehorchen sollte, sondern vor die kompliziertere –
und darin gleichsam Kleistischere – Entscheidung gestellt, welcher
Obrigkeit sie folgen sollte, da diese doch – in Gestalt des Richters einerseits und der Einziehungsorgane andererseits – offenbar mit sich selbst
uneins geworden war. Es war dies eine Situation, die in der berühmten

---

[229] V. 1979.
[230] V. 1954.
[231] V. 1962–65.
[232] V. 2061.
[233] V. 2151/2.

Mahnung des Paulus zum Gehorsam gegen die Obrigkeit im 13. Kapitel des Römerbriefs nicht berücksichtigt scheint. Und doch enthält gerade diese Stelle – bei entsprechender Auslegung – Argumente, in deren Gefolge Eve ihr Vertrauen gegenüber dem Wort Adams für zwingend notwendig und geboten halten konnte.

Röm. 13, 1–2 heißt es zunächst lapidar:

> Jedermann sei untertan der Obrigkeit, die Gewalt über ihn hat. Denn es ist keine Obrigkeit ohne von Gott; wo aber Obrigkeit ist, die ist von Gott verordnet.
> Wer sich nun der Obrigkeit widersetzt, der widerstrebt Gottes Ordnung; die aber widerstreben, werden über sich ein Urteil empfangen.

Dann aber kommt Paulus auf die F u r c h t vor der Obrigkeit zu sprechen, die dem G e h o r s a m gegenüber der Obrigkeit nicht im Wege stehen dürfe:

> Denn die Gewaltigen sind nicht den guten Werken, sondern den bösen zu fürchten. Willst du dich aber nicht fürchten vor der Obrigkeit, so tue Gutes, so wirst du Lob von ihr haben.
> Denn sie ist Gottes Dienerin dir zugut. Tust du aber Böses, so fürchte dich; denn sie trägt das Schwert nicht umsonst; sie ist Gottes Dienerin, eine Rächerin zur Strafe über den, der Böses tut.
> Darum ist's not, untertan zu sein, nicht allein um der Strafe willen, sondern auch um des Gewissens willen.[234]

Damit war aber vom Christen ein doppelter Gehorsam gefordert. Zum einen gilt:

> Derhalben müßt ihr auch Schoß (sc. Steuern) geben; denn sie sind Gottes Diener, die solchen Schutz sollen handhaben.
> So gebet nun jedermann, was ihr schuldig seid: Schoß, dem der Schoß gebührt; Zoll, dem der Zoll gebührt; Furcht, dem die Furcht gebührt; Ehre, dem die Ehre gebührt.[235]

Und zum anderen gilt:

> Seid niemand nichts schuldig, als daß ihr euch untereinander liebet; denn wer den andern liebt, der hat das Gesetz erfüllt.
> Denn was da gesagt ist: ›Du sollst nicht ehebrechen; du sollst nicht töten, du sollst nicht stehlen; du sollst nicht falsch Zeugnis geben; dich soll nichts gelüsten‹, und so ein anderes Wort mehr ist, das wird in diesem Wort zusammengefaßt: ›Du sollst deinen Nächsten lieben wie dich selbst.‹
> Die Liebe tut dem Nächsten nichts Böses. So ist nun die Liebe des Gesetzes Erfüllung.[236]

---

[234] Röm. 13, 3–5.
[235] Röm. 13, 6–7.
[236] Röm. 13, 8–10.

Entsprechend kann man Eves Verhalten geradezu als Folge einer freilich sehr eigenwilligen Auslegung dieser Mahnungen des Römerbriefs verstehen. Denn Eve war bereit, in ihrer Liebe zu Ruprecht, den sie liebte »wie sich selbst«, ihr höchstes Gebot und »des Gesetzes Erfüllung« zu sehen. Um mit Sicherheit das Böse von ihm fernzuhalten, wollte sie ihm das Attest besorgen. Von hier aus relativierte sich ihr ebenso das Gebot, »Schoß« zu geben, »dem der Schoß gebührt«, wie die anderen Gebote: »Du sollst nicht ehebrechen; du sollst nicht töten, du sollst nicht falsch Zeugnis geben.« Daher also nun ihre Entschuldigung: »Wenn er log, ihr Herrn, konnt ichs nicht prüfen. Ich mußte seinem Wort vertraun.«

Walters Antwort ist, wie seine Meinung zu Adams Sentenz, wieder nur ›vorläufig‹: »Ganz recht. Du konntest es nicht prüfen. Weiter nur.«[237] ›Schließlich‹ will und muß er sie vom Gegenteil überzeugen, und er versucht es, gleichsam pädagogisch Schritt für Schritt vorgehend, zunächst mit Hilfe des Geldes, mit dem sie ihren Ruprecht freikaufen könnte, falls die Truppen wirklich in die Kolonien geschickt würden. Wenn die Truppen in den Kolonien nur Geld für die Haager Krämer verdienen sollen, so werden die Krämer sich mit Walters Geld genauso zufrieden geben wie mit Ruprechts Kriegsdienst. Die Sicherheit, die Eve und Ruprecht hierdurch gewönnen, wäre aber immer noch durchaus ungewiß, denn sie müßten sich einlassen auf die Unberechenbarkeit und Willkür des Bösen, für die Adam gerade erst ein eindrückliches Beispiel gegeben hatte. Folgerichtig bleibt Ruprecht bei seinem Mißtrauen: »Pfui! 's ist nicht wahr! Es ist kein wahres Wort!«, und Eve bittet Walter, den Beutel mit den Geldstücken zurückzunehmen.[238] Nun erst führt Walter das Argument an, das Eve und Ruprecht endgültig überzeugt:

> Das Geld? Warum das?
> Vollwichtig, neugeprägte Gulden sinds,
> Sieh her, das Antlitz hier des Spanierkönigs:
> Meinst du, daß dich der König wird betrügen?
> EVE. O lieber, guter, edler Herr, verzeiht mir.[239]

Man hat bisher nur schwer verstanden, warum Eve sich durch das »Antlitz des Spanierkönigs« nun so plötzlich zur Ansicht Walters bekehren konnte, ja man hat sogar gemeint, Eve gebe Walter hier nur um des lieben Friedens willen recht, sei aber im tiefsten Herzen weiter

---

[237] V. 2152/3.
[238] V. 2365/66.
[239] V. 2368–72.

von Betrug und Arglist der ›Regierenden‹ und deren Repräsentanten Walter überzeugt. In der Tat: Der Spanierkönig, also »der Hispanier«, der »sich mit dem Niederländer nicht (versöhnt)« und »die Tyrannenrute (...) wieder sich, die zerbrochene, zusammenbinden (will)«, garantiert durch seinen Willen zu Tyrannei und Unfrieden noch keineswegs unbedingter und notwendiger als die Habsucht der Haager Kaufleute, daß Ruprecht daheim gegen ihn für die Freiheit der Niederlande und nicht in den Kolonien für die Habsucht der Haager Krämer wird kämpfen müssen. Und dennoch hat Eve mit dem auf die Münzen geprägten Bild des Spanierkönigs die Wahrheit in viel umfassenderem Sinne erkannt, als sie erwartete: »Ob Ihr mir Wahrheit gabt? O scharfgeprägte, / Und Gottes leuchtend Antlitz drauf. O Jesus! / Daß ich nicht solche Münze mehr erkannte!«[240]

Welche Wahrheit hat Eve hier erkannt? – Ich will eine letzte Anstrengung unternehmen, Eves neue Erkenntnis im Sinne der Aufklärung zu interpretieren; dann wird sich zeigen, daß ihre Erkenntnis sinnvoll gerade nur als Überwindung solchen Denkens verstanden werden kann.

Gleich zu Anfang des Verhörs durch Walter hatte sie erklärt:

> Wohl uns, daß wir was Heilges, jeglicher,
> Wir freien Niederländer, in der Brust,
> Des Streites wert bewahren: so gebe jeder denn
> Die Brust auch her, es zu verteidigen.[241]

Sie bezog das zwar auf die Verteidigung der Landesfreiheit, aber, so könnte man folgern, sie setzte den Kampf um das »Heilige« doch nicht so absolut, wie sie meinte: Dieser Kampf bedeutet eben nicht nur äußerlich die Bereitschaft, »dem Feind im Treffen selbst (zu) begegnen«[242] und so »die Brust herzugeben«,[243] sondern auch jenes Risiko der Verschiffung in die Kolonien einzugehen. Das Bild des Spanierkönigs auf den Gulden, eben jenen Gulden, um die es auch der Habsucht der Haager Kaufleute zu tun ist, führte ihr nun das Böse in seiner Gestalt des Spanierkönigs, von ihr am augenfälligsten repräsentiert und verbürgt, als eine Macht vor, die sie nicht »betrügen«[244] wird, vielmehr wirklich existiert und deshalb das unbedingte Risiko, den absoluten Einsatz fordert: die unbedingte Pflichterfüllung. Wie das Böse nur als Verstoß gegen das Gute, so ist das Gute nur als Überwin-

[240] V. 2375–77.
[241] V. 1986–89.
[242] V. 1990.
[243] V. 1888/9.
[244] V. 2371 (Walter: »Meinst du, daß dich der König wird betrügen?«).

dung des Bösen denkbar, nicht als angstvolles Ausweichen vor der willkürlichen Macht des Bösen. Solches Ausweichen läuft Gefahr, das Gute zu verspielen, und wo Möglichkeit zum einen wie zum anderen besteht, hat die Möglichkeit zur Pflicht den Vorrang. Das heißt konkret im Falle Ruprechts: Die Gefahr, den eventuell geforderten, berechtigt gerechten Verteidigungskampf gegen die Spanier zu versäumen, wiegt schwerer als die Gefahr, zum Dienst in den Kolonien mißbraucht zu werden. Die Sorge um das letztere verbleibt in den relativen Kategorien von Macht und Willkür, und allein die Sorge um das erste entspringt der absoluten Kategorie des Guten. Eine derartige Deutung müßte indessen unterstellen, daß Kleist sich solchermaßen schließlich doch entgegen seinem früheren Kant-Verdikt dazu verstanden hat, die Bedingung der Leibnizschen Theodizee, die Bestimmbarkeit von Gut und Böse, auf Kants kategorischen Imperativ und seinen formalen Begriff des menschlich-allgemeingültig-Objektiven zu reduzieren. Kleist benutzt aber seine Geschichte vom Sündenfall doch offenbar keineswegs nur als Parabel für selbstverschuldete Unmündigkeit, aus der, bei genügend gutem Willen zu Selbstaufklärung und kategorischem Imperativ, der Ausweg in die Idee der Freiheit zu garantieren ist. Eve hatte erfahren müssen, daß sie den formalen Begriff der Pflicht nicht angemessen verwirklichen konnte, weil sie nicht zu unterscheiden vermochte, ob der nun einzuschlagende Weg der Sache nach objektiv falsch oder richtig war, ob also Ruprecht durch Ableistung seines Kriegsdienstes dem Bösen Vorschub leisten und sein Opfer werden würde oder nicht. Auf diese Weise hatte sie, um es Kantisch auszudrükken, mit dem Begriff zugleich die Idee der Freiheit verloren, jene Idee, von der Kant[245] sagt, daß sich »durch keine menschliche Vernunft jemals einsehen« lasse, »wie diese Voraussetzung selbst (sc. des Kategorischen Imperativs) möglich sei.«

b) die Kategorie der Hoffnung. Hoffnungsangst und Glaubensgewißheit

Kleists Komödie scheint indessen zuletzt, in der neuen Erkenntnis Eves, gerade dies vorzuführen, »wie diese Voraussetzung möglich sei.« Diese Möglichkeit kann formal zunächst folgendermaßen erläutert werden: Das subjektiv begründete Tun, das objektiv richtig sein mag oder nicht, vermag die Gewißheit objektiv richtigen Tuns zu enthalten, wenn

---

[245] Grundlegung zur Metaphysik der Sitten. S. 461.

es seine Qualität nicht aus der Sicherheit des Beweises, sondern aus – freilich spezifischer – H o f f n u n g richtigen Handelns gewinnt. Um welche Hoffnung es sich dabei handelt – und wie sie sich von Kants Bestimmung der Hoffnung unterscheidet – ist nun im einzelnen, und zwar durch eine Analyse der verschiedenen Erscheinungsweisen der Hoffnung im Stück, zu untersuchen.

Auch ein Adam lebt aus der Hoffnung, aber aus einer solchen, die bei all' ihrem besinnungslosen Rechnen doch ängstlich ungewiß bleiben muß, weil Zukunft nie mit Gewißheit berechenbar ist. Adams Angst, die man immer wieder zu Unrecht beschönigend als Ausdruck eines schlechten Gewissens interpretiert, für das ihm jeder Sinn gänzlich abgeht, macht sich freilich zugleich noch scheinbar vermeidbarer Rechenfehler schuldig, während Lichts Hoffnung sich an die Wirklichkeit hält und nirgends gegen den Grundsatz der hypothetischen Notwendigkeit verstößt. Gleichwohl wird zu Recht in der Literatur Lichts niedrig ängstliche Unterwürfigkeit betont; trotz seiner größeren Geschicklichkeit, Verhältnisse zu berechnen und sich ihnen ohne innere logische Widersprüche anzupassen, ist seine Hoffnung so ängstlich-sklavisch wie die Hoffnung Adams an die faktische Erfüllung ihrer einzelnen Inhalte gebunden.

Eve hingegen findet zu einer wesentlich anderen Hoffnung. Wie hier Hoffnung in Gewißheit, eben in die Gewißheit der Hoffnung, umschlägt, läßt sich noch bis in die Syntax hinein aufweisen. Am Beginn steht der besinnungslose Hilferuf einer nur angst- und verzweiflungsvollen Hoffnung: »Herr, wenn Ihr jetzt nicht helft, sind wir verloren!«[246] Es ist dies die – strukturell mit Adams und Lichts identische – blinde Hoffnung, die ihre Angst erst verlöre, wenn sie aufhörte, Hoffnung zu sein, und in bewiesene Sicherheit überginge:

Nicht eher, Herr, als bis Ihr Eure Züge,
Die menschlichen, die Euch vom Antlitz strahlen,
Wahr macht durch eine Tat der Menschlichkeit.[247]

Am Ende von Eves Bekehrung steht aber gerade nicht die Gewißheit, in der der Sieg des Bösen durchs Faktum widerlegt wäre, und doch ist Eve in so hohem Grade überzeugt, daß sie der Zukunft nicht mehr in ängstlichem Fordern oder Fragen gegenübersteht, sondern in aller Gewißheit von ihr im Indikativ der realen Gegenwart spricht:

Und ich geh einen Sonntag um den andern,
Und such ihn auf den Wällen auf, und bring ihm

[246] V. 1950.
[247] V. 1952–54.

Im kühlen Topf von frischgekernter Butter:
Bis ich ihn einst mit mir zurückenehme.[248]

Auf die blinde Angst ihres Hilferufes, mit dem sie direktes Eingreifen Walters forderte, hatte Walter geantwortet:

Mein liebenswertes Kind! Wenn du mir deine
Unschuldigen (sc. Gesichtszüge) bewährst, wie ich nicht zweifle,
Bewähr ich auch dir meine menschlichen.[249]

Nun hat sie die Bewährungsprobe bestanden, denn jetzt glaubt sie, daß Walter «(ihr) Wahrheit gab«[250] – eben nicht bewiesene und beweisbare, sondern eine geglaubte und glaubbare Wahrheit, und zwar derart, daß der Glaube, an den solche Wahrheit gebunden ist, nicht von Einzelhoffnungen lebt. Vielmehr geht es hier um eine Hoffnung, die umfassender auch da noch auf Geborgenheit und Sicherheit hofft, wo die Erfüllung einzelner Inhalte ungewiß bleibt. Gleichwohl ist solcher Glaube zugleich von entscheidender Bedeutung für die konkreten, einzelnen Hoffnungen, da er sie strukturell verwandelt in freie Hoffnungen angstbefreiter Gewißheit. Weder von der Möglichkeit der Verschickung in die Kolonien, noch auch nur von der Möglichkeit, daß Ruprecht bei der Landesverteidigung fallen könnte, ist bei ihm wie bei Eve am Ende mehr die Rede, sondern einzig davon, daß er seine Militärzeit von jedem Sonntag zum nächsten »brav« durchstehen und daß sie ihn schließlich zurücknehmen werde – nicht etwa wolle oder möglicherweise könne.

Mit dieser – wie sich zeigen wird – G l a u b e n s gewißheit[251] kontrastiert – komisch genug – die Gewißheit des Unglaubens der Frau Marthe, eines Unglaubens, der – berechnend wie derjenige Adams und Lichts - die Hoffnungslosigkeit zum Inhalt hat. Sie wendet sich an das Gericht nicht aus Vertrauen in seine gerechte Rechtsprechung, sondern gerade aus der Sicherheit seiner Ohnmacht, die ihr die scheinbare Berechtigung zu selbstgerechter, selbstbewußt-wortreicher Klage gibt. Frau Marthe selbst, die Klägerin, macht sich eben des gleichen Verge-

---

[248] V. 2382–85.
[249] V. 1955–57.
[250] V. 2374.
[251] Von Eves »Glaubenskriese« spricht auch Ilse Graham: Der zerbrochene Krug – Titelheld von Kleists Komödie. In: Heinrich von Kleist. Aufsätze und Essays. Hrsg. von W.Müller-Seidel. 1967. S.290. (Zuerst in englischer Sprache in: Modern Language Quarterly XVI. 1955). Ilse Graham interpretiert jedoch das Ende des Stücks folgendermaßen: »Eve erkennt die gängige Münze der Wahrheit, sobald sie sie erblickt. Aber nirgends wandelt sich ihr Wissen in einen reinen, von äußeren Zeichen und Indizien ungestützten Glauben an eine letzte Wahrheit des Gefühles.«

hens schuldig, wie der den Krug zerschlug, und wie alle Huisumer, die im Verlangen nach Selbstjustiz sich mit dem Gericht auf eine Stufe stellen und, mit der Genesis gesprochen, sein wollen »wie Gott«. Hatte sie doch schon vor der Huisumer Verhandlung erklärt:

Hier wird entschieden werden, daß geschieden
Der Krug mir bleiben soll. Für so'n Schiedsurteil
Geb ich noch die geschiednen Scherben nicht.[252]

c) Das Licht der Vernunft und das Licht des Glaubens: Das Gleichnis vom Zinsgroschen

An dieser Stelle ist nun an eine Passage aus Leibnizens ›Theodizee‹ zu denken, die indirekt Kleists Motiv des auf die Gulden geprägten Herrscher-Porträts evoziert haben könnte und zeigt, wie sehr auch die Schlußszene der Frau Marthe noch sich auf die eigentliche Problematik des Stückes, eben die von Glauben und Unglauben, bezieht. Leibniz stellt gleich zu Anfang seines Werkes aus den Argumenten seiner Gegner einen Katalog von Vorwürfen gegen die vorgeblich willkürliche Macht Gottes zusammen und leitet dann seine Widerlegung mit den Sätzen ein:

Wenden wir jetzt die Medaille um und führen wir uns auch das vor Augen, was sich auf diese Einwände antworten läßt (...) Unsere Absicht ist es, die Menschen von ihren falschen Vorstellungen abzubringen, als ob Gott ein absoluter Fürst sei, nach Willkür verfährt und wenig geeignet und würdig ist, geliebt zu werden. Diese Ansichten über Gott sind um so schlimmer, als das Wesen der Frömmigkeit nicht darin besteht, ihn zu fürchten, sondern ihn über alles zu lieben.[253]

Es könnte sein, daß Kleist durch diese Stelle an das Gleichnis vom Zinsgroschen erinnert wurde, jenes Obrigkeitsgleichnis, mit dem nicht Paulus, sondern J e s u s den Pharisäern auf ihre Frage antwortete, ob man dem Kaiser Zins geben müsse. Ob nun durch die genannte Stelle daran erinnert oder nicht – jedenfalls konnte Kleist, wenn er dieses Gleichnis mit solchen Leibnizschen Sätzen wie den eben zitierten interpretierte,[254] zwischen diesem Gleichnis und der Paulinischen Rechtfertigungslehre von Röm. 13 einen Gegensatz konstatieren, der ihm in

---

[252] V. 421/2.
[253] Leibniz: Theodizee. S. 99.
[254] Ähnliche Sätze finden sich in der Theodizee noch häufiger, so vor allem auch in der Hobbes-Rezension.

einem zentralen Punkt den Gegensatz zwischen Leibniz und Kant vorwegzunehmen schien. Eve hatte sich bisher – der Sache nach – nach dem (gleichsam Kantischen) Paulus-Wort zu richten versucht: »Willst du dich aber nicht fürchten vor der Obrigkeit, so tue Gutes.« Erst als sie aus dem Gleichnis vom Zinsgroschen zu ihrem Problem die sozusagen Leibnizsche, gegenüber dem Paulus-Wort in den Augen Kleists authentischere Antwort Jesu erfährt, vermag sie ihre vorige Haltung zu ändern.

Das Gleichnis vom Zinsgroschen lautet bei Matthäus:

> Weiset mir die Zinsmünze! Und sie reichten ihm einen Groschen dar.
> Und er sprach zu ihnen: Wes ist das Bild und die Unterschrift?
> Sie sprachen zu ihm: Des Kaisers. Da sprach er zu ihnen: So gebet dem Kaiser, was des Kaisers ist, und Gott, was Gottes ist![255]

Erst als der Revisor sie auf das Bild des Spanierkönigs aufmerksam machte, wurde entsprechend auch Eve an Jesu Gleichnis erinnert: »Ob Ihr mir Wahrheit gabt? O scharf geprägte, / Und Gottes leuchtend Antlitz drauf. O Jesus! Daß ich nicht solche Münze mehr erkannte!« Offenbar hat sie das Gleichnis gedeutet, wie es in den Augen Kleists nach Leibniz ausgelegt werden mußte: als Hinweis auf die notwendige Berichtigung und ›Revision‹ jener Rechtfertigungslehre, die Paulus in seiner Mahnung zum Gehorsam gegenüber der Obrigkeit zu vertreten schien, als er sie mit den Worten begründete: »Willst du dich aber nicht fürchten vor der Obrigkeit, so tue Gutes, so wirst du Lob von ihnen haben.« Dabei ist für den ›richtenden‹ Zuschauer wiederum ohne Bedeutung, ob Eve sich dessen bewußt war, daß sie bisher einem Rechtfertigungsprinzip gefolgt war, welches – immer bei entsprechender Auslegung – auch von Paulus vertreten wurde. Dagegen ist unabdingbare Voraussetzung für die Entwicklung des dramatischen Erkenntnisprozesses, daß Eve das Gleichnis vom Zinsgroschen nunmehr wirklich als solches vor Augen geführt wird. So allein vermag sie zu erkennen, daß die Frage nach der Verpflichtung gegenüber weltlicher Obrigkeit, auf die die Gestalt des Spanierkönigs sie als auf Gottes zugehörigen und wesensgleichen Gegenpart fixiert hatte, ihre Schärfe verliert und allein adäquat zu beantworten ist, wenn sie nicht absolut gestellt, sondern in den ihr angemessenen, nachgeordneten Rang verwiesen wird. Eve interpretiert also mit Kleist: »So gebet dem Kaiser, was des Kaisers ist, aber zuerst Gott, was Gottes ist!« Vor lauter angstvollem Fragen, ob es recht sei, der Obrigkeit – mit dem Wehrdienst Ruprechts – »Zins zu geben« oder nicht, hatte sie versäumt, Gott zu

---

[255] Matth. 22, 19–22. (Parallelstellen sind Mark. 12, 13–17 und Luk. 20, 20–26).

geben, »was Gottes ist«: die furchtlose Liebe, die erst befähigt, auch dem Kaiser zu geben, was des Kaisers ist. Entsprechend hieß es bei Leibniz weiter:

> Dies (sc. die furchtlose Liebe zu Gott) ist nicht möglich ohne Kenntnis der Vollkommenheiten, aus welchen die Liebe, die er verdient und die Glückseligkeit aller derer, die ihn lieben, entspringt. Und weil wir uns von einem Eifer beseelt fühlen, der ihm gefallen muß, so dürfen wir hoffen, daß er uns erleuchten und uns bei einer Untersuchung beistehen wird, die zu seinem Ruhme und zu der Menschen Wohl unternommen ist.[256]

So fand auch Eve Gottes »leuchtend« Antlitz, weil sie die »Vollkommenheiten« erkannt hatte, »aus welchen die Liebe, die er verdient und die Glückseligkeit aller derer, die ihn lieben, entspringt«, genauer: jene eine Vollkommenheit, die nach Leibniz darin bestand, »daß Gott die Kreaturen von den Gesetzen, welche er ihnen vorgeschrieben, entbinden und in ihnen etwas erzeugen kann, was ihrer Natur nicht entspricht, indem er ein Wunder tut. Sobald die Kreaturen zu Vollkommenheiten und zu Fähigkeiten, die weit wertvoller sind als diejenigen, welche sie vermöge ihrer Natur erlangen können, erhoben werden, nennen die Scholastiker diese Fähigkeit ein aus Gehorsam stammendes Vermögen, welches besagt, daß dieses Vermögen durch Gehorsam gegen den Befehl dessen erworben wird, der dem Geschöpf geben kann, was es nicht besitzt (...)«[257] Diese letzten Sätze stehen in der die ›Theodizee‹ ›Einleitende(n) Abhandlung über die Übereinstimmung des Glaubens mit der Vernunft‹, in der es gleich im ersten Absatz heißt:

> Ich nehme an, daß zwei Wahrheiten sich nicht widersprechen können, daß der Gegenstand des Glaubens die Wahrheit ist, welche Gott auf außergewöhnliche Weise offenbart hat und daß die Vernunft die Verkettung der Wahrheiten ist, besonders jedoch (verglichen mit dem Glauben) derjenigen, zu denen der menschliche Geist auf natürliche Weise gelangen kann, ohne vom Licht des Glaubens erleuchtet zu werden.[258]

Ganz im Sinne dieser Unterscheidung vertritt in Kleists Komödie der Schreiber Licht in der Tat das unzulängliche, glaubenslose Licht der Vernunft, Eve jedoch, zunächst durch »jene vorgebliche ›Vernunft‹« in Bann geschlagen, »die bestochen und durch falschen Schein[259] verführt ist«,[260] findet ihr »Licht des Glaubens« in »Gottes leuchtend Ant-

---

[256] Leibniz: Theodizee. S. 99/100.
[257] Ebd. S. 35.
[258] Ebd. S. 33.
[259] In der Komödie verkörpert durch den ›Schein‹ des Attests und schon den des Briefes mit der angeblichen geheimen Instruktion.
[260] Leibniz: Theodizee. S. 36.

litz«, und ihre Glaubens-Erkenntnis spricht sich – als erster Glaubensakt – deutlich und überreich in der Anrede an den aus, dessen Erinnern sie diese Erkenntnis zu danken hat: »O lieber, guter, edler Herr, verzeiht mir.«[261]

Die Interpretation, daß Walter ›stellvertretend‹ für Gott das Gute verbürge, ist also durchaus unzulänglich. Wie Eve nach der ›Bekehrung‹ den Gegenstand ihrer Hoffnung als Gewißheit, als Faktum formulieren und vorwegnehmen kann, so überträgt sie ihr Vertrauen und ihre neu gewonnene Liebe zur Ursache ihrer Hoffnung auf deren Vermittler, auf Walter, ohne daß ihr neuer Glaube wirklich in ihm sich begründete und an seine Person gebunden wäre. Ihr Vertrauen in »Gottes leuchtend Antlitz« tritt an die Stelle der vorigen Fixierung an Walters »Züge, / Die menschlichen, die (ihm) vom Antlitz strahlen.« Und genauso verhält es sich mit Frau Marthes Stellung zur Institution des Gerichtes: es ist nicht Ursache ihres Unglaubens, sondern nur Gegenstand seiner Äußerung. Genauso schließlich ist (mit Ausnahme Walters) die Beziehung aller Personen des Stückes zum Gericht Ausdruck ihres umfassenderen Unglaubens, der die Notwendigkeit und Möglichkeit des Glaubens durch vorgängiges Wissen widerlegt zu haben meint; dabei spielt es keine Rolle, ob dieser Unglaube auf scheinbar rationaler Analyse oder dem krassen Aberglauben einer Frau Brigitte beruht. Im übrigen findet Eves eben zitierte Anrede an Walter (»O lieber, guter, edler Herr, verzeiht mir«) schon Vers 1253 ff. ihre Vorausdeutung. Dort verspielte Eve noch die Möglichkeit der Bekehrung, da sie »des Himmels wunderbare Fügung« (V. 1258) auf ihre eigenen Zwecke meinte festlegen zu dürfen: also Gottes »Fügungen« im einzelnen erkennen zu können, wo ihr nur der Glaube an die »Liebe« und »Güte« des nicht verfügbar zu machenden Gottes erlaubt und geboten war.

---

[261] V. 2372 (Hervorhebung von mir).

C.
›DER ZERBROCHNE KRUG‹ ALS ›GRIECHISCHE‹ KOMÖDIE

I
›DER ZERBROCHNE KRUG‹ ALS ›GRIECHISCHES‹ DRAMA

1. Der Glaube als Inhalt der Moral

a) Die Untrennbarkeit von ›Tat‹-Ethik und ›Gesinnungs‹-Ethik: Die Paulinisch-Lutherische Formel des ›sola fide‹

Wir verstehen nun aus der Funktion des Gleichnisses vom Zinsgroschen im ›Zerbrochnen Krug‹, warum Kleist seinen lösenden ›Gedanken‹ nicht »ohne weitere Zutat«, also begrifflich, vermitteln konnte. Die Lösung seines religiösen Problems bestand in einem Glaubensakt, dessen Inhalt von seinem Vollzug nicht zu trennen ist. Wie er nicht Produkt abstrahierenden Beweisens ist, so kann er auch nicht durch theologische Beweise vollgültig vermittelt, sondern nur durch den Glaubensakt selbst und seine den Menschen verändernde Kraft bezeugt werden. Da die Qualität solchen Glaubensvollzugs diejenige »unbewußter Freiheit und Lieblichkeit«[262] ist – wobei »unbewußt« hier nichts anderes heißt als logisch-wissenschaftlich nicht begründbar –, hat solches Zeugnis durch die Tat, also für den Dichter Kleist durch das Werk, gleichwohl eine Überzeugungskraft, die die Einwände und Bedenklichkeiten der Logik zu überwinden vermag. Und doch ist auch das Lösungsmittel solchen Glaubens selbst wiederum nicht nur das selbstverständliche und notwendige Ergebnis passiven Erfahrens und Durchleidens von Wirklichkeit, sondern Folge und Ausdruck jener tätigen »Eigentümlichkeit des Geistes, der es hervorbrachte«:[263] nämlich das Werk wie vor allem den Glauben, den das Werk vermittelt, das umgekehrt erst durch solche Vermittlung zu seiner Existenz und zu seinem Wesen gelangt. Solche Rechtfertigung Gottes wie des Menschen durch den Glaubensakt selbst enthält mit der entgegen aller wissenschaftlich begründbaren Sicherheit vom Glauben antizipierten Lösung

---

[262] Vgl. oben S. 42.
[263] Ebd.

die Voraussetzung zwar nicht für die tatsächliche und objektiv gültige Bewältigung individueller und gesellschaftlicher Probleme, wohl aber für die Fähigkeit, sich ihnen nach dem ›Sündenfall‹ überhaupt neu zu stellen und eine Entscheidung auf sich zu nehmen.

Insofern der Glaubensakt qualitativ alles aus ihm sich ableitende Tun bestimmt, vertritt Kleist also nicht eine reine ›Gesinnungs‹-, sondern zugleich eine ›Tat‹-Ethik. Die Qualität des Tuns als eines Tuns der »Freiheit und Lieblichkeit« wird indessen doch im eigentlichen Sinne schon durch den Glaubensakt selbst erreicht und bedarf des Tuns nur, um an ihm sichtbar zu werden: sie ist nicht Bestandteil des Tuns, sondern wird zu seinem begleitenden, inhaltlich nicht veränderungs- und verbesserungsfähigen Attribut. Sobald der Mensch seine Glaubensfreiheit nur als eine vorläufige versteht, die auf eine eigentliche, zukünftige der Erkenntnis, des ›Bewußtseins‹ verweist, die es anzustreben gelte, macht sich der Mensch der Sünde schuldig.

Man hat bisher wohl übersehen, daß in Kleists Aufsatz ›Über das Marionettentheater‹ die Geschichte vom Sündenfall nicht nur Gegenstand der Unterhaltung zwischen dem berichtenden Ich und »dem ersten Tänzer der Oper«, Herrn C., ist, sondern auch gerade durch das, was zwischen den Beiden sich abspielt, wiederholt wird. Herr C. tritt auf als die Schlange, die den Berichterstatter dazu verführen will, »wieder von dem Baum der Erkenntnis (zu) essen«, denn wenn »die Erkenntnis gleichsam durch ein Unendliches gegangen« sei, »so findet sich auch (...) die Grazie wieder ein; so, daß sie, zu gleicher Zeit, in demjenigen menschlichen Körperbau am reinsten erscheint, der entweder gar keins, oder ein unendliches Bewußtsein hat, d.h. in dem Gliedermann, oder in dem Gott.«[264] Wir erkennen Herrn C. als Chiffre nicht nur für den Kant-Nachfolger Schiller, sondern vor allem für Kant selbst, der damals gleichfalls, wie es im Gespräch ›Über das Marionettentheater‹ von Herrn C., dem ersten Tänzer der Oper, heißt, »bei dem Publiko außerordentliches Glück machte«[265] und, obwohl er Teleologie als nur regulativ und heuristisch denunzierte, dennoch den Menschen aus Gründen praktischer Vernunft neu auf sie als konstitutiv verwies: gleichsam – den ersten Sündenfall theoretischer Vernunft bekämpfend – zu dem zweiten praktischer Vernunft aufrufend. Und vor allem: all dies unter der stillschweigenden Voraussetzung, daß allein die Erreichung des von der praktischen Vernunft angestrebten Telos, also die Erfüllung der Gebote der praktischen Vernunft selbst, wenn sie er-

---

[264] II, S. 345.
[265] II, S. 338.

reicht wäre, »das letzte Kapitel von der Geschichte der Welt«[266] bedeuten könnte. Für Kant reicht der unbeirrbare Versuch der inhaltlichen Ausfüllung des moralischen Gesetzes nach dem Prinzip der Allgemeingültigkeit und der Versuch der teleologischen Annäherung an solches Gesetz aus, um zu tun, »was meines Tuns ist«.[267] Kleist hat offenbar aus der ›Kritik der Urteilskraft‹ herausgelesen, daß Kant die Forderungen des moralischen Gesetzes als gegeben voraussetzt und so den Glauben auf die Bedingung der Möglichkeit ihrer Anerkennung reduziert, wie es ihn etwa der folgende Satz Kants folgern lassen mochte:

> Der Glaube (schlechthin so genannt) ist ein Vertrauen zu der Erreichung einer Absicht, deren Beförderung Pflicht, die Möglichkeit der Ausführung derselben aber für uns nicht einzusehen ist (folglich auch nicht die der einzigen für uns denkbaren Bedingungen).[268]

Und Kleist entschied sich gleichsam kantischer als Kant, als er davon ausging, daß allein der Glaube selbst als Forderung eines wahrhaft objektiv erkennbaren moralischen Gesetzes verstanden und so in seinem Vollzug – statt zum bloßen Mittel der Anerkennung und Befolgung letztlich nur je subjektiv für allgemeingültig gehaltener Gesetze – zur Erfüllung des alleinigen objektiv allgemeingültigen und transzendenten Gesetzes werden könne. Aus dem Grund der Möglichkeit einer Anerkennung des kategorischen Imperativs erhob Kleist den Glauben zu dessen eigentlichem Inhalt und bewahrte sich so Leibnizisch positives Wissen von der Transzendenz. Statt wie Kant die Forderungen vorgeblich transzendenter Gebote tendenziell beizubehalten und nur in neuer Wertung mit dem ernüchternden und doch für ihn, Kleist, lebensbedrohenden Etikett bloß menschlich-subjektiven Meinens zu versehen, reduzierte er die Leibnizsche Unterscheidung des (vor Gott und Menschen) objektiv Guten und Bösen auf die Unterscheidung von Glauben und Unglauben und definierte dabei den Glauben als das Vertrauen in die göttliche Sinngebung dessen, was dem Menschen letztlich in seinem Sinn unbegreifbar bleiben muß.

---

[266] II, S. 345.
[267] Kant: Kritik der Urteilskraft. S. 461.
[268] Ebd. S. 463.

b) Kleists Theologie des ›deus absconditus‹: Die Paulinisch-Lutherische Formel des ›sola gratia‹

Der letzte Satz bedarf genauerer Erläuterung, damit zusammen mit dem gegenüber Kant und Leibniz verschobenen Geltungsbereich dieses Glaubens nun auch sein neuer Inhalt deutlich wird. Margrit Schoch hat versucht, Kleists Komödie vor dem Hintergrund von Hegels ›Phänomenologie des Geistes‹ und seiner ›Ästhetik‹ zu interpretieren. Ich glaube indessen, gerade den Unterschied zu Hegels Denken hervorheben zu müssen. Sie verweist auf den Satz Hegels: »Der Sündenfall ist der ewige Mythus des Menschen, wodurch er Mensch wird.« Und sie erläutert: »Durch die Fähigkeit, Gut und Böse zu erkennen, wird der Mensch sich selbst bewußt, wird er Geist. Dies Bewußtsein ist aber zugleich die Trennung von dem allgemeinen göttlichen Geist. Ist aber diese Trennung einmal vollständig vollzogen, das Subjekt ganz nur auf sich selbst gestellt, dann ist auch der Weg zur Versöhnung offen.«[269]
Margrit Schoch bestätigt aber im Grunde am Ende ihrer Arbeit selbst, daß ein Versuch, Kleist mit Hegel zu erklären, von der Sache her unzulänglich bleiben muß: «(Kleist) mußte sich das Vertrauen, daß die in der Idee vollzogene Vereinigung des Endlichen und Unendlichen ›nicht zufällig, sondern das Absolute, die ewige Idee selbst sei‹, immer wieder neu erringen. Darin unterscheidet er sich von vielen seiner Zeitgenossen und auch von Hegel, der seine Überzeugung, ›daß die christliche Welt die Welt der Vollendung sei, daß das Prinzip erfüllt und damit das Ende der Tage vollgeworden sei‹, mehr und mehr dogmatisierte.«[270] In der Tat: Kleists Frage war, wie aus der verzweifelt umkämpften Möglichkeit, sich aus der Zweideutigkeit und Vieldeutigkeit zu befreien, Wirklichkeit werden könne, und richtig liest Margrit Schoch an Eve das Resultat seines Kampfes ab: »Aus dem geheimen Wissen um die gebrechliche Einrichtung der Welt ersteht das Vertrauen in sie in neuem strahlenden Glanze.«[271] So mag man immerhin mit M. Schoch im Hinblick auf die Gestalt Eves formulieren: «(...) die ›Menschwerdung des göttlichen Wesens, oder daß es wesentlich die Gestalt des Selbstbewußtseins hat, ist der einfache Inhalt der absoluten Religion‹, oder, so würde Hegel wohl auch sagen, des Christentums, der Moderne.«[272] Darüber aber, wie im Denken Kleists aus dem Wissen um die

---

[269] Margrit Schoch: Kleist und Sophokles. Diss. Zürich 1952. S. 84.
[270] Ebd. S. 88.
[271] Ebd. S. 78.
[272] Ebd. S. 79.

Gebrechlichkeit der Welt das Vertrauen in sie ersteht, können solche Verweise auf Hegel keine zureichende Auskunft geben, weil es sich bei Kleist eben erst sekundär um ein Vertrauen in die Welt, primär und eigentlich aber um das Vertrauen in einen Sinn jenseits aller scheinbaren Sinnlosigkeit, ein Unzerbrechliches jenseits weltlicher Zerbrechlichkeit handelt. Solchermaßen beschreibt Kleists Anthropologie nicht einen Weg des Menschen zu sich selbst, der in seiner Theologie – wie noch bei Hegel – mit der »Menschwerdung des göttlichen Wesens« zusammenfiele, sondern Kleist handelt umgekehrt von der Versöhnung des Menschen mit dem Gott der Nichtidentität, der Außerweltlichkeit. Wenn ich bei der Interpretation von Eves Bekehrung etwa im Hinblick auf 1. Kor. 13, 13 und vor allem Röm. 3, 28, auf das Neue Testament verwies, so ist doch Kleists Glaube gerade insofern kein christlicher, als er ein Glaube ohne Christus, ohne den Mensch gewordenen Gott der Hegelschen Theologie ist.(Für Kleist ist Jesus nur der große vorbildhafte menschliche Wegweiser zu Gott). Nur von Hegel kommend konnte M. Schoch meinen, daß Kleist »durch seinen Tod (...) sein Vermächtnis in Frage gestellt« habe.[273] Zwar ist wirklich für Kleist »jedes gelungene Drama (...) ein Triumph der echten Form«, doch erschöpft sich damit nicht sein Bekenntnis darin, »daß das menschliche Geschöpf dem göttlichen Gedanken urgemäß ist.«[274] Sein Freitod war ihm, wie der Penthesileas, nicht Glaubenswiderruf, sondern höchster Vertrauensbeweis und letzter Glaubensakt. Es hatte sich Kleist nur der begriffene, besser: der scheinbar potentiell begreifbare, Gott entzogen, und als unbegriffen dennoch geglaubten Gott gewann er ihn zurück.[275]

---

[273] Ebd. S. 89.

[274] Ebd. S. 89.

[275] Vgl. auch das zentrale Kapitel mit der Überschrift »Das Rätsel Gottes« in Walter Müller-Seidels Kleist-Studie: Versehen und Erkennen. 1961. S. 93–97. W. Müller-Seidel (S. 95. Anm. 14) verweist darauf, daß schon von Emil Staiger (Grundbegriffe der Poetik. 1. Auflage 1946. S. 148) der Gott der ›Familie Schroffenstein‹ als »ein rätselhafter Gott, ein deus absconditus« interpretiert wird, und Müller-Seidel (a.a.O. S. 95) entfaltet diese ›Theologie‹ in seiner Deutung von Kleists ›Zweikampf‹: »Wo ist der Sterbliche, und wäre die Weisheit aller Zeiten sein, der es wagen darf, den geheimnisvollen Spruch, den Gott in diesem Zweikampf getan hat, auszulegen!‹ entgegnet Trota der Mutter, die dem alten Glauben verhaftet ist. Auslegung des göttlichen Waltens wie hier bedeutet wohl Lösung, aber nicht Auflösung. Die neue ›Theologie‹, wie sie sich in der veränderten Auffassung des Gottesurteils bezeugt, rückt gerade von der Eindeutigkeit eines Urteils ab, das unverändert in Gesetzen und Institutionen sich fixieren läßt. Die neue ›Theologie‹ in der Optik der Erzählung meint den deus absconditus.« – Hans Mayer (Heinrich von Kleist. Der geschichtliche Augenblick. 1962. S. 14) betont mit Recht: »Kleist war weder ein adlig gläubiger Protestant wie der Freiherr de la Motte-Fouqué (...), noch

Damit muß nun aber auch endgültig deutlich werden, in welcher Weise Kleists Theologie zwischen dem von Kant für das moralische Gewissen vorausgesetzten »dunklen« Bewußtsein der Verantwortung vor Gott und der von Leibniz geforderten Vernunft zu vermitteln suchte. Es sei deshalb zunächst noch einmal Leibnizens Einwand gegen Hobbes' Gleichsetzung Gottes mit einem willkürlich herrschenden absoluten Fürsten zitiert: »Es ist dies also jene die Frömmigkeit zerstörende Doktrin von der blinden Allmacht oder von dem Vermögen, willkürlich zu handeln: die eine zerstört das intelligente Prinzip oder die göttliche Vorsehung, die andere schreibt ihm Handlungen zu, die nur mit einem bösen Prinzip verträglich sind.«[276] Natürlich hatte Kant nirgends die These der blinden Allmacht und Willkür Gottes vertreten, wohl aber Gott als ein »über alles machthabende(s) moralische(s) Wesen« mit der Begründung vorgestellt, daß der höchste Richter »sonst nicht (was doch zum Richteramt notwendig gehört) seinen Gesetzen den ihnen angemessenen Effekt verschaffen könnte.«[277] Wofern es aber nach Kants Erkenntniskritik unmöglich war, diese Gesetze Gottes wirklich objektiv zu erkennen, schien nach Kant, mochte der das auch nicht selbst gefolgert haben, die Willkür und Ungerechtigkeit Gottes eben darin zu bestehen, daß Gott nach Gesetzen richtete, die der Mensch von sich aus überhaupt nicht befolgen konnte, weil er sie nicht kannte. Nach Kant sollte die Moraltheologie dazu dienen, »unsere Bestimmung hier in der Welt zu finden.«[278] Als Kleist erkannt zu haben glaubte, daß Kant damit das darin gegebene Problem nicht einmal angesprochen, geschweige denn gelöst hatte, sah er in dem Gott der Kantischen Theologie, also in dem vorgeblich »weisen Urheber und Regierer« der »intelligiblen Welt«, nur noch ein Zerrbild: einen Gott unmenschlicher «Verheißungen und Drohungen«, da er »moralische Gesetze als Gebote« formulierte,[279] ohne zugleich zu sagen, wie sie zu erfüllen wären. In solcher Interpretation war in der Tat das von Kant beschriebene »dunkle« Bewußtsein der Verantwortung vor Gott nicht mit einer »Vernunft« zu vereinbaren, die nach Leibniz gerade in der Voraussetzung der göttlichen »Weisheit und Güte«[280] mit dem »Licht des Glaubens« übereinstimmen mußte.

---

ein gläubiger Katholik wie der Freiherr von Eichendorff.« Mochten diese aber auch in Kleist den ›unchristlichen Selbstmörder‹ sehen, so ist doch über dem ›Unchristlichen‹ seiner Position nicht zu vergessen, daß Kleist vor sich selbst sogar noch seinen Selbstmord als Konsequenz vertrauenden Glaubens zu rechtfertigen vermochte.

[276] Leibniz: Theodizee. S. 439. Vgl. oben S. 48.
[277] Vgl. oben S. 15. (Hervorhebung von mir).
[278] Kritik der reinen Vernunft. S. B 847.
[279] Ebd. S. B 839.
[280] Leibniz: Theodizee. S. 439.

Wie nun Kant versucht hatte, die Unmöglichkeit objektiver Erkenntnis der Gesetze Gottes zu beweisen, so hatte nach Leibnizschem Referat schon »Herr Hobbes (behauptet), die Gott zugeschriebene Weisheit bestehe nicht in einer logischen Untersuchung der zum Ziele führenden Wege, sondern in einem unbegreiflichen Attribut, das einer unbegreiflichen Natur zugeschrieben wird, um sie zu ehren.«[281] Und diese von Hobbes vertretene Lehre vom ›deus absconditus‹ hatte Leibniz mit den Worten kommentiert: »Er (sc. Hobbes) will allem Anschein nach sagen, sie (sc. die Natur Gottes) sei etwas Unbestimmtes, das man einem bestimmten Träger zuerteilt, und sogar eine chimärische Beschaffenheit, die einer chimärischen Substanz gegeben wird, um das Volk durch den Kult, den es ihm zuteil werden läßt, einzuschüchtern und an der Nase herumzuführen. Denn eigentlich kann Herr Hobbes schwerlich eine andere Meinung von Gott und seiner Weisheit haben, da er nur materielle Substanzen gelten läßt.«[282] Mochte also Kant mit Hobbes' mechanistischem Naturalismus auch sonst nicht viel gemein haben, so hätte Leibniz doch, wie Kleist folgern konnte, Kant an dieser Stelle genauso behandeln müssen wie Hobbes. Dies galt, obgleich Kant in seinem Satz, daß »alles Hoffen(. .)auf Glückseligkeit« gehe,[283] sich sogar ausdrücklich auf Leibniz berief: »*Leibniz* nannte die Welt, sofern man darin nur auf die vernünftigen Wesen und ihren Zusammenhang nach moralischen Gesetzen unter der Regierung des höchsten Guts (sc. Gottes) achthat, das R e i c h   d e r   G n a d e n(. .)« Die Philosophie hatte den Menschen in Kleists Augen aus dem glückseligkeitsverheißenden »Reich der Gnaden« in gnadenlose Angst und »innerlichen Ekel« geführt, seitdem Kant in seiner Fragestellung die Hoffnung vom Tun, statt das Tun von der Hoffnung abhängig machte; der Satz, daß alles Hoffen auf Glückseligkeit gehe, war bei Kant die Antwort auf die vorher von ihm, Kant, gestellte Frage: »(. . .)wenn ich nun tue, was ich soll, was darf ich alsdann hoffen?«[284] So anerkannte Kleist mit Hobbes und Kant, daß die Gerechtigkeit Gottes ihrem Wesen nach unbegreiflich sei, definierte sie aber zugleich als eine Gerechtigkeit, die eine notwendig unzulängliche menschliche Gerechtigkeit zugunsten des Menschen zu revidieren vermag. In diesem einen, entscheidenden Punkt handelte seine Theologie also nicht nur negativ von dem ›deus absconditus‹, sondern positiv von dem Gott, der sich als Gott der Gerechtigkeit dem Glauben gerade da offenbart, wo das Wie solcher Ge-

[281] Ebd. (Hervorhebungen von mir).
[282] Ebd.
[283] Kant: Kritik der reinen Vernunft. S. B 833.
[284] Ebd.

rechtigkeit menschlichem Wissen verborgen bleiben muß. Nicht daß Gott sein Recht g e g e n die U n g e r e c h t i g k e i t des Menschen durchsetze, sondern daß Gottes Gerechtigkeit der U n z u l ä n g l i c h k e i t menschlicher Gerechtigkeit z u H i l f e komme, wurde so für Kleist in seiner Auseinandersetzung mit Kants Ethikotheologie zum Skopus seines eigenen neuen Glaubens. Gegenüber der Kantischen Beschwörung von Gottes strafender und rächender Gerechtigkeit stützte er sich also deutlich auch in diesem Punkt zuletzt auf die Paulinische Rechtfertigungslehre, wofern man nur berücksichtigt, daß er dabei die Paulinische C h r i s t o l o g i e wiederum im Sinne aufklärerischer Theologie auflöste:

> Denn es ist hier kein Unterschied: sie sind allzumal Sünder und mangeln des Ruhmes, den sie bei Gott haben sollten,
> und werden o h n e V e r d i e n s t g e r e c h t a u s s e i n e r G n a d e durch die Erlösung, so durch Christum Jesum geschehen ist,
> welchen Gott hat vorgestellt zu einem Gnadenstuhl durch den Glauben in seinem Blut, damit er die Gerechtigkeit, die vor ihm gilt, darbiete in dem, daß er Sünde vergibt, welche bisher geblieben war unter göttlicher Geduld; auf daß er zu diesen Zeiten darböte die Gerechtigkeit, die vor ihm gilt; auf daß er allein gerecht sei und gerecht mache den, der da ist des Glaubens an Jesum.[285]

Wieder ist an den Aufsatz ›Über das Marionettentheater‹ zu erinnern. In dem Gespräch hatte der Versucher, Herr C., in Überspitzung des idealistischen Kantischen und Schillerschen Vorbilds, aus der Ästhetik einen widerreligiösen Religionsersatz zu machen versucht, als er es unternahm, den Erzähler schrittweise von der Notwendigkeit eines neuerlichen Sündenfalls menschlicher Selbstvergottung im Dienste der Ästhetik zu überzeugen. In Wahrheit diente ihm bei diesem Vorgehen die Ästhetik zum bloßen Werkzeug der Verführung, denn der Sache nach war das von ihm aufgestellte Ziel der Ästhetik, die menschliche »Grazie«, die er mit dem »Stand der Unschuld« gleichsetzte, nichts anderes als eine nur scheinbar wörtlichnehmende, tatsächlich aber ins Gegenteil verkehrende Übersetzung des Paulinischen Begriffs der Gnade: »per gratiam ipsius (sc. Dei)« heißt es in der Vulgata. Der Versucher will die »gratia Dei« durch die »Grazie des Menschen« ersetzen. Die eben in der Funktion des Gleichnisses vom Zinsgroschen im ›Zerbrochnen Krug‹ aufgezeigte Beziehung zur Paulinischen Rechtfertigungslehre ist also deutlich nicht nur für den ›Zerbrochnen Krug‹, sondern für Kleists Ästhetik überhaupt von zentraler Bedeutung.

---

[285] Röm. 3, 23–26. (Hervorhebung von mir).

c) Die Aufwertung geschichtlichen Vollzugs gegenüber dem geschichtlichen Telos

Kleists »frommer Glaube an das Heilige im Menschen«[286] besagt demnach, daß erst das Hineinreichen in die Sphäre der Durchgöttlichung dem Menschen ermöglicht, mit seinem Schicksal eins zu werden, nicht umgekehrt; denn nach Kleist findet der Mensch zu seinem Schicksal erst im Glauben daran, daß er seinen Grund und seine Geborgenheit nicht in sich selbst, sondern außer sich habe. Insofern bedarf es gerade nicht, wie Benno von Wiese meint, »nur der Menschen und der sich zwischen ihnen vollziehenden Vorgänge«, sondern auch und zuerst »der transzendierenden Mächte«, denn nicht «(verwirklicht) sich für Kleist alles Göttliche immer nur im Ich und in der Begegnung mit dem Du«,[287] sondern in der Begegnung mit der transzendenten Macht, die das Ich transzendierend erst in die Sphäre des Göttlichen erhebt. Solchermaßen wird nicht nur das Ich, sondern auch Geschichte transzendiert und – wie das Ich in einer höheren Ordnung aufgehoben – wenngleich nicht von ihrer Geschichtlichkeit, so doch von ihrem Verwiesensein allein auf sich selbst befreit. Kleist kennt nicht »neben dem Weg des einsamen Ich noch einen zweiten, den in die Wirklichkeit der Geschichte«,[288] sondern stets geht es ihm um den Weg in die Wirklichkeit der Geschichte, schon im ›Zerbrochnen Krug‹ – freilich ohne daß er die Forderungen und Ergebnisse der Geschichte

---

[286] Benno von Wiese: Die deutsche Tragödie von Lessing bis Hebbel. 7. Aufl. 1967. S. 344.

[287] Ebd. S. 340/1. In seinem Vortrag ›Heinrich von Kleist. Tragik und Utopie‹ (in: W. Müller-Seidel (Hrsg.): Heinrich von Kleist. Vier Reden zu seinem Gedächtnis. 2. Aufl. 1965. S. 67) heißt es dagegen richtig »Wenn so zwei Rätsel, das Rätsel der Welt und das Rätsel des Ich aufeinanderprallen, öffnet sich nicht nur der heillose Abgrund des Tragischen, sondern ist zugleich die Chance gegeben, daß etwas vom Walten des unbegriffenen Gottes, der nach Kleists Glauben an der Spitze der Welt steht, für uns vernehmbar wird.« An diese Voraussetzung des Kleistschen Glaubens ist zu erinnern, wenn W. Emrich in seinem Vortrag ›Kleist und die moderne Literatur‹ (in: Heinrich von Kleist. Vier Reden (...) S. 19) die »in Kleists Leben und Werk erreichte Bewußtseinsstufe« als ein »übergreifendes Bewußtsein« charakterisiert, »das in unbedingter Selbstgewißheit und Einsicht in die Struktur der gebrechlichen Welt fähig ist, das Richteramt, die Gesetzgebung über die empirische und intelligible, die menschliche und göttliche Sphäre zu übernehmen (...) Alles göttliche und alles irdische Gesetz gelangt erst zur eigenen Rechtfertigung angesichts der Autonomie des im Menschen selbst liegenden höchsten Gesetzesbewußtseins, das die Antinomien zwischen göttlicher und irdischer Forderung durchschaut, durchkämpft und voll bewältigt hat.«

[288] B. von Wiese: Die deutsche Tragödie von Lessing bis Hebbel. S. 344.

als letztes Ziel betrachtete. Der eigentliche Sinn von Geschichte liegt, ohne ihre Teleologie aufzuheben, nicht mehr in ihrem Telos, sondern in ihrem Vollzug. Das »letzte Kapitel von der Geschichte der Welt« ist so weder ein grundsätzlich unerreichbares − so Kleists Interpretation dessen, was Kant, wie er meinte, folgerichtiger hätte vertreten müssen −, noch ist es durch einen beharrlichen Prozeß des Bemühens wider alle Erwartungen »plötzlich«[289] doch erreichbar − wie Kant, in den Augen Kleists: entgegen Kants eigenen Voraussetzungen, als ein Versucher dann doch zu versprechen schien und wie man es etwa als Goethes Theologie aus der Auflösung von ›Faust II‹ herauslesen könnte. Vielmehr ist der Zeitraum der größten Nähe zu Gott der Zeitraum des jeweiligen geschichtlichen Moments. Mag auch die Verwirklichung der »irdischen Bestimmung« des Menschen nur im Sinne einer prozeßhaft zu verwirklichenden Aufgabe zu denken sein, so ist dieser Prozeß doch nicht mit einem einer Annäherung an Gott gleichzusetzen, ja die Möglichkeit der Rechtfertigung vor Gott wird gerade durch jeden Versuch der Annäherung an ihn mit dem letzten, sei es auch unerreichbar gedachten Ziel, zu werden wie Gott, verspielt: Jeder Anschein einer Annäherung an ein irdisch-geschichtlich zu forderndes Telos kann so weder mehr noch weniger zum Beweis der Rechtfertigung dienen als das scheinbar objektive und handgreifliche Verfehlen geschichtlicher Forderungen.

2. Der Glaube als Vorwurf und Ziel des Dramas

a) Die dramaturgische Funktion des ›Varianten‹ im dramatischen Gesamtprozeß des ›Zerbrochnen Krugs‹

Da im folgenden vom Komödienschluß her die spezifische Geschlossenheit des ›Zerbrochnen Krugs‹ nachgewiesen werden soll, der Komödienschluß aber diese spezifische Auslegung erst unter Berücksichtigung des ›Varianten‹ erfährt, muß hier zunächst noch einmal im Zusammenhang die Stellung des ›Varianten‹ im dramatischen Gesamtprozeß des ›Zerbrochnen Krugs‹ dargestellt werden.

---

[289] Vgl. aus der Schlußpassage des ›Marionetten‹-Aufsatzes: »Doch so, wie sich der Durchschnitt zweier Linien, auf der einen Seite eines Punkts, nach dem Durchgang durch das Unendliche plötzlich wieder, auf der andern Seite einfindet, oder das Bild des Hohlspiegels, nachdem es sich in das Unendliche entfernt hat, plötzlich wieder dicht vor uns tritt: so (...)« (Hervorhebungen von mir).

Kleist schrieb in dem bekannten Brief, mit dem er Goethe »auf den ›Knien (seines) Herzens‹ das erste Heft des ›Phoebus‹ übersandte, im Jahre 1808 die folgenden Sätze: »(Das Trauerspiel Penthesilea) ist übrigens ebenso wenig für die Bühne geschrieben, als jenes frühere Drama: der Zerbrochne Krug, und ich kann es nur Ew. Exzellenz gutem Willen zuschreiben, mich aufzumuntern, wenn dies letztere gleichwohl in Weimar gegeben wird. Unsere übrigen Bühnen sind weder vor noch hinter dem Vorhang so beschaffen, daß ich auf diese Auszeichnung rechnen dürfte, und so sehr ich auch sonst in jedem Sinne gern dem Augenblick angehörte, so muß ich doch in diesem Fall auf die Zukunft hinaussehen, weil die Rücksichten gar zu niederschlagend wären.«[290] Wie recht Kleist damit hatte, zeigte sich bei der von Goethe inszenierten Aufführung, über die F.W. Riemer berichtete: »Abends (...) der ›Zerbrochene Krug‹, der anfangs gefiel, nachher langweilte und zuletzt von einigen wenigen ausgetrommelt wurde, während andere zum Schluß klatschten.«[291]

Es war also ›nur‹ der Variant, doch mit ihm das eigentliche Ziel des Stückes, wofür »weder unsere übrigen Bühnen«, noch die Bühne in Weimar Verständnis aufbringen konnten – und sie konnten es deshalb nicht, weil damals weder Kleists spezifisch gestellte Glaubensfrage nach dem, »was Gott von Dir fordern kann«, noch seine Antwort auf diese Frage »bei dem Publiko außerordentliches Glück machte«, sondern eben jene Bescheidung mit einer Erkenntnis, für die der Inhalt des »moralischen Gesetzes« im Grunde gesichert schien und nur noch das Wie seiner Nichtbefolgung zum interessanten Gegenstand einer – von Goethe in Kleists Stück vermißten – »rasch durchgeführten Handlung«[292] werden konnte. Kleist hat bekanntlich die Konsequenz gezogen und in seiner Buchausgabe des ›Zerbrochnen Krugs‹ im Jahre 1811 den ›Varianten‹ mit der Walter-Eve-Handlung aus dem Lustspiel herausgelöst und nur im Anhang beigefügt. Er lieferte so ein Stück, das gleichsam ohne Rest Kantisch zufriedenstellend interpretierbar war, so daß auch Goethes Lob für den »übrigens geistreichen und humoristischen Stoff«[293] keiner aufs Dramaturgische bezogenen Einschränkung mehr bedurft hätte. Ähnlich läßt ja auch der Schluß des Dialogs ›Über das Marionettentheater‹ scheinbar offen, ob der Berichterstatter seine »ein wenig zerstreut(e)« Frage (»Mithin müßten wir wieder von dem Baum

---

[290] II, S. 805/6.
[291] Zitiert nach einer Anmerkung H. Sembdners zum ›Zerbrochnen Krug‹ (I, S. 926).
[292] I, S. 926.
[293] I, S. 926.

der Erkenntnis essen, um in den Stand der Unschuld zurückzufallen?«[294]) am Ende selbst bejahen oder verneinen wird.[295] Der Hinweis indessen, daß im ›Varianten‹ das epische Element durch den Bericht Eves das Dramatische überwiege und dieser ›Variant‹ so aus außerideologischen, rein gattungspoetischen Gründen mit Recht aus dem Stück entfernt sei, verkennt die dramatische Funktion dieses Berichtes, weil sie seinen ideologischen Stellenwert verkennt. Der Bericht Eves, die nach der von H. Sembdner wiederentdeckten Rezension in der ›Allgemeinen deutschen Theaterzeitung‹ vom 11. 3. 1808 »die eigentliche, plagende Erzählerin«[296] war und so jedenfalls zur Ursache für Riemers oben zitierten Tadel der Langeweile wurde, erhält dramatische Qualität allein für den, der darin, außer den erzählten äußeren Vorgängen, die sich bis ins Unterträgliche und scheinbar Ausweglose steigernde Not Eves vernimmt. Die Schilderung ihrer vergangenen Not bedeutet dramatisch nicht eine bloße Wiederholung, sondern eine Steigerung der Adam-Eve-Handlung. An die Stelle dessen, der entsprechend der traditionellen aufklärerischen Komödientypologie die fraglos gerechten Folgen sündiger *concupiscentia* erfährt, tritt nun nicht etwa nur die – vor Kleist ja gleichfalls schon typologisch eingespielte – durch den bösen Gegenspieler und (oder) die Mißlichkeit der Umstände verführte und noch rechtzeitig durch komödienhafte Selbstentlarvung des Bösen aus solcher Verführung befreite Unschuld. Wenn das der Fall wäre, handelte es sich in der Tat um nichts als einen allzu breiten epischen Nachtrag, und die solchermaßen nachgetragene Not, die dann ihre Komik nur dem Umstand verdankte, daß ihre vorgeblich objektive Grundlage das Phantasieprodukt Adams war, könnte nur ungeduldig machen. Es bedarf aber Eves langer, komisch-beklemmender Schilderung ihrer Nötigung durch Adam, um ihr und uns zu offenbaren, daß sie durch die Vertreibung Adams keineswegs, gleichsam durch Auflösung ihres Paktes mit dem Teufel, zur Unschuld zurückfand. Ihr neues Verhalten ist zunächst wie das frühere schuldhaft, wenn auch freilich nicht in einem gleichermaßen augenfälligen Betracht. Mit ihrem Fußfall vor Walter am Anfang des ›Varianten‹ (»wirft sich Waltern zu

---

[294] II, S. 345.
[295] Vgl. auch den Einwand gegen Emrichs Deutung von Kleists ›Über das Marionettentheater‹ bei Carl Otto Conrady: Das Moralische in Kleists Erzählungen. Ein Kapitel vom Dichter ohne Gesellschaft. In: Literatur und Gesellschaft vom neunzehnten ins zwanzigste Jahrhundert. Hrsg. von H. J. Schrimpf. 1963. S. 68. Anm. 24. (Wieder abgedruckt in: W. Müller-Seidel (Hrsg.): Heinrich von Kleist. 1967. S. 707–735, hier: S. 722).
[296] II, S. 959.

Füßen: Herr, wenn Ihr jetzt nicht helft, sind wir verloren!«) liefert sie sich dem Revisor in derselben Weise aus wie zuvor dem Richter Adam. Um der Parallelität und doch entscheidenden Abweichungen der Eve-Walter-Handlung von der Eve-Adam-Handlung willen bedarf es deshalb der ausführlichen Erzählung der letzteren. Strukturell entspricht Walters Hinweis auf das Bild des Spanierkönigs, über dessen Angriff auf die Niederlande Eve ja deshalb noch keine absolute Gewißheit hat, genau Adams Pochen auf den Brief, der angeblich »die geheime / Instruktion, die Landmiliz betreffend«[297] enthielt und den Eve nicht zu überprüfen vermochte, weil sie nicht lesen konnte.[298] Und schon die Gulden, mit denen Eve nach Walters Vorschlag ihren Ruprecht freikaufen könnte, sind Replik auf die hundert Gulden, die Adam ihr als Ruprechts einziges Andenken und Erbe in Aussicht stellte, wenn er nicht durch sein, Adams, Attest vor dem sicheren Tode in Ostindien bewahrt würde.[299]

Die sachlichen Voraussetzungen sind also jeweils die analog gleichen und stellen sich doch Eve, nach ihrer Erfahrung mit Adam, nun ganz anders dar: An die Stelle ihres vorigen, voreiligen Vertrauens tritt zwar zunächst nur ein verzweifelt ablehnendes Mißtrauen, das nichts anderes ist als eben jenes, das schon dem falschen Vertrauen zu Adam zugrunde lag. Doch wandelt es sich zum wahren Vertrauen, da Eve erfährt, daß sie ihre Hoffnung nicht einfach von Adam auf Walter übertragen darf. In dem für Rühle von Lilienstein verfertigten ›Aufsatz, den sichern Weg des Glücks zu finden und ungestört – auch unter den größten Drangsalen des Lebens – ihn zu genießen‹, konnte Kleist noch ganz konventionell[300] auf die »Tugend« verweisen, die allein das Glück verbürge, und konventionell war noch der Ausruf: »–ach die Unschuld wandelt ja heiter über sinkende Welten.«[301] Die Unschuld, die er damals meinte, hatte Eve zu keiner Zeit verloren – und doch damit ihr Glück nicht eingehandelt. Nicht darauf also verweist sie Walter, daß sie sich mit dem Glück der Bewahrung solcher Unschuld, die sie durch ihren Bericht hatte unter Beweis stellen sollen, begnügen müsse, sondern er stellt ihr in Aussicht: »Du hast mir deines Angesichtes Züge / Bewährt, ich will die meinen dir bewähren, / Müßt ich auf andre Art dir den Be-

---

[297] V. 2069–2070.
[298] V. 2077–78.
[299] V. 2037–48.
[300] Vgl. Leibniz: Theodizee. S. 425: »Ein Wille, dem es naturgemäß ist, gut zu wählen, verdient aufs höchste gelobt zu werden: auch führt er seinen Lohn mit sich, und dieser Lohn ist das höchste Glück.«
[301] II, S. 306.

weis / Auch führen, als du mir.«[302] So wie sie ihm ihre Unschuld, gleichsam materialiter, bewiesen hatte, kann e r ihr seine Hilfsbereitschaft (durch den Beutel mit Gulden) nicht beweisen und ist deshalb wirklich gezwungen, »auf andre Art« vorzugehen: Er leitet sie von der menschlichen, auf Gründe bauenden Hoffnung zur neuen Unschuld der religiösen Hoffnung ›wider alle Hoffnung‹. Darin eben besteht s e i n e »Menschlichkeit«, die sie in Vers 1954 – unter anderen Vorzeichen – von ihm gefordert und die er ihr in Vers 1957 versprochen hatte.

b) ›Der zerbrochne Krug‹ als offenes und als geschlossenes Drama: Gesellschaftsproblematik und Glaubenskonflikt

Wie sehr dem Kleistschen Stück nicht die nur erkenntnistheoretische Unterscheidung von objektivem Wissen und subjektivem Meinen, sondern die religiöse von Glauben und Unglauben zugrunde liegt, die den Glauben an die Möglichkeit objektiven Wissens gleich welchen rationalen oder irrationalen Ursprungs selbst als Irrglauben voraussetzt, läßt sich also am handgreiflichsten am Wandel von Eves Vertrauensbegriff zeigen. Solange sie an Adams Hilfe durch das Attest glaubte, forderte sie von Ruprecht unbedingtes Vertrauen zu ihr:

Pfui, Ruprecht, pfui, o schäme dich, daß du
Mir nicht in meiner Tat vertrauen kannst.[303]

Damit versuchte sie, Ruprecht zu eben jenem Irrglauben an menschliche Autonomie zu verführen, zu dem sie zuvor von Adam verführt worden war, da für solches begrenztes Vertrauen ein umfassenderes Mißtrauen Voraussetzung gewesen wäre. Und doch hat man immer wieder gerade die Vertrauenskrise zwischen Eve und Ruprecht als Beleg für das tendenzielle Umschlagen der Kleistschen Komödie in die Gattung der Tragödie angeführt. Solche Deutung verkennt, daß das Vertrauen Ruprechts in Eve an dieser Stelle nicht Lösung der Schuld bedeutet hätte, vielmehr die so erreichte Harmonie zwischen Ruprecht und Eve auf trügerischem Boden zustande gekommen wäre, während die Beiden allein mit dem neuen, tieferen Vertrauen am Ende des Stückes ein sicheres Fundament für ihre Ehe gewonnen haben.

Noch weiter von Kleists Ansatz entfernt sich entsprechend die Deutung, die den Schluß selbst zwischen Eve und Ruprecht tragisch inter-

---

[302] V. 2346–49.
[303] V. 1164–65.

pretiert, weil Ruprecht die Probe nicht bestanden habe und Eve so mit ihrem absoluten Gefühl, ihrem absoluten Vertrauensanspruch in tragischer Einsamkeit zurückbleibe. Dabei bedeutet es nur eine Modifizierung dieser These, wenn Helmut Arntzen interpretiert: »Und obwohl sie am Schluß wieder als Liebende miteinander sprechen, ja sich küssen, muß Veit sie erst endgültig zueinander führen: ›Küßt und versöhnt und liebt euch‹.«[304] Veits Wort könne freilich, meint Arntzen, »nur den richtigen Komödienschluß einmahnen, herstellen kann es ihn nicht. Denn das Lustspiel schließt mit einer Frage und der Aussicht auf die Fortsetzung des Prozesses um den zerbrochenen Krug, dem ›sein Recht‹ erst noch geschehen muß.«[305]

Sicher hat Arntzen recht mit der These, daß die Komödie »offen« bleibe, weil der Prozeß seine Fortsetzung finden müsse. Diese Feststellung erhebt sich jedoch tendenziell kaum über den Standpunkt einer Frau Marthe, die den Krug als Gegenstand des Prozesses verabsolutierte. Vor der Verhandlung hatte sie zu Eve gesagt: »Dein guter Name lag in diesem Topfe, / Und vor der Welt mit ihm ward er zerstoßen.«[306] An dieser Stelle fügte sie noch hinzu: »Wenn auch vor Gott nicht, und vor mir und dir.«[307] Am Ende aber hat sie vergessen, daß es mit dem Krug eigentlich um die Ehre ihrer Tochter ging: Obwohl diese Ehre wiederhergestellt ist, ja Eve zu wahrer Würde und Freiheit erst gefunden hat, fordert Frau Marthe weiter, daß ihrem Krug »sein Recht« geschehe. Das neue ›Bewußtsein‹ Eves, wenn man es denn so nennen will, besser: ihr neuer bzw. wiedergewonnener Glaube, macht das Stück zu einer geschlossenen Komödie. Dieser Glaube steht nicht im herkömmlichen Sinne tragisch, sondern bejahend zu der Offenheit der gesellschaftlichen Probleme, und deshalb handelt es sich bei dem Stück auch nicht, wie Arntzen formuliert, um eine »Gesellschaftskomödie« derart, daß der Prozeß um den zerbrochenen Krug der Prozeß »einer der desintegrierten, der zerfallenden Gesellschaft«[308] wäre. Die Gesellschaft und die Lösung ihrer Probleme sind nicht das letzte Ziel der Komödienproblematik, sondern das Medium, in dem die Lösung der eigentlichen, religiösen Problematik wirksam wird und sich manifestiert, so wie der gesellschaftliche Konflikt das Medium war, in dem der Glaubenskonflikt sich entzündete. Die Lösung der Glaubensproblematik löst nicht

---

[304] Helmut Arntzen. Die ernste Komödie. Das deutsche Lustspiel von Lessing bis Kleist. 1968. S. 195.
[305] Ebd. S. 200.
[306] V. 490–91.
[307] V. 492.
[308] Arntzen: Die ernste Komödie. S. 198.

die gesellschaftlichen Probleme, sondern verleiht die Kraft, selbst ihre
›Offenheit‹ schon als Lösung zu betrachten, obwohl sich objektiv an
den gesellschaftlichen Verhältnissen nicht das Geringste geändert hat.

3. ›Der zerbrochne Krug‹ als ›griechisches‹ Drama

a) Schillers Beobachtungen zum »Anteil des Orakels« an der »drama-
tischen Analyse« des ›König Ödipus‹

Nicht ein bestimmter Glaubenssatz, sondern der religiöse Glaube
selbst als dramatisches Ziel, von dem aus das ganze Drama sowohl in
der Tiefenstruktur seiner Elemente als auch in seiner dramatischen Entwicklung organisiert ist – das hat es so offenbar vor Kleist zumindest
in der deutschen Komödie nicht gegeben. Man könnte sich deshalb trotz allem vielleicht noch einmal die Frage stellen, ob die bisher
hier durchgeführte Analyse von Kleists ›Zerbrochnem Krug‹ nicht
etwa doch nur ein für das Stück zuletzt nebensächliches Privatinteres-
se des Dichters unberechtigt in den Vordergrund rückt.

Es ist jedoch kein geringerer als Schiller, mit dessen Beobachtungen zum Drama sich solcher Einwand widerlegen läßt. Schiller hat
nämlich die moderne Dichtung nicht nur dadurch gegen die antike abgegrenzt, daß er bei den Griechen jene »Naivität« entdeckte, die er
auch an Goethe rühmen konnte, sondern er wurde, bei der Lektüre des
›König Ödipus‹, ebenso auf die unlösbare Verknüpfung der »dramatischen Analyse« mit dem »Anteil des Orakels« im ›König Ödipus‹ aufmerksam. Er erkannte in dieser Verknüpfung das Definiens der dramatischen Gattung des Stückes und bezeichnete diese eben deshalb für
die Moderne als unwiederholbar. Auf diese letzte Feststellung kam es
ihm an, denn er arbeitete damals gerade am ›Wallenstein‹ mit seinem
nicht-mythologischen, historischen Stoff.

Das erlaubt zunächst die Folgerung: Sicher hätte er seine Behauptung der Unwiederholbarkeit vom Bereich der Tragödie auch auf
die Komödie ausgedehnt, wofern sie gleichfalls einen nicht mythologischen Stoff zu behandeln hätte. Damit ist aber die von Schiller mit
dem Hinweis auf das Orakel der Sophokleischen Tragödie getroffene
Abgrenzung von Antike und Moderne auch bedeutsam für die typolo-
gische Einordnung des ›Zerbrochnen Krugs‹: Von Schillers Beobachtung aus ist es möglich, die nunmehr zu behandelnde Doppelthese zu
erhärten, daß Kleists Komödie erstens (dramentypologisch gesehen!)
nicht eine moderne Abwandlung des griechischen Dramas, son-

116

dern selbst ein ›griechisches‹ Drama ist und daß dies zweitens für Kleists Komödie nur deshalb gilt, weil in ihr auf ganz spezifische Weise die Glaubensproblematik thematisch wurde.

Hier bedarf es indessen einer genaueren Analyse des Schillerschen Gedankengangs. In einem Brief vom 2. Okt. 1797 teilte er Goethe die folgenden, berühmt gewordenen Beobachtungen zur analytischen Handlungsform des ›König Ödipus‹ mit:

> Ich habe mich dieser Tage viel damit beschäftigt, einen Stoff zur Tragödie aufzufinden, der von der Art des ›Oedipus Rex‹ wäre und dem Dichter die nämlichen Vorteile verschaffte. Diese Vorteile sind unermeßlich, wenn ich auch nur des einzigen erwähne, daß man die zusammengesetzteste Handlung, welche der tragischen Form ganz widerstrebt, dabei zum Grunde legen kann, indem diese Handlung ja schon geschehen ist und mithin ganz jenseits der Tragödie fällt. Dazu kommt, daß das Geschehene, als unabänderlich, seiner Natur nach viel fürchterlicher ist, und die Furcht, daß etwas geschehen sein möchte, das Gemüt ganz anders affiziert, als die Furcht, daß etwas geschehen möchte.
> Der ›Oedipus‹ ist gleichsam nur eine tragische Analysis. Alles ist schon da, und es wird nur herausgewickelt. Das kann in der einfachsten Handlung und in einem sehr kleinen Zeitmoment geschehen, wenn die Begebenheiten auch noch so kompliziert und von Umständen abhängig waren. Wie begünstigt das nicht den Poeten![309]

Bekanntlich hat die Forschung aus solchen Beobachtungen gelernt, sie hat sie für eine Vielzahl anderer Dramen bestätigt und so zuletzt dem analytischen Drama einen festen Platz in ihrer Dramentypologie zuerkannt. Entsprechend hat man auch im Falle des ›Zerbrochnen Krugs‹ immer wieder die »analytische Enthüllungstechnik« angemerkt.[310] Ich habe schon darauf hingewiesen, daß Kleist mit dieser Technik nach dem Urteil Goethes nicht erreichte, was Schiller als ihren eigentlichen Vorteil ansah: die (vergangene) »zusammengesetzteste« Handlung in die Form der »einfachsten« (Spiel-)Handlung zu bringen und – wie Schiller sich für seinen ›Wallenstein‹ vorgenommen hatte – »die Handlung gleich vom Anfang in eine solche Präzipitation und Neigung zu bringen, daß sie in stetiger und beschleunigter Bewegung zu ihrem Ende eilt.«[311] Wahrscheinlich hatte Goethe, dem die thematische Beziehung des ›Zerbrochnen Krugs‹ zum ›König Ödipus‹ kaum entgangen war, die eben zitierte Äußerung Schillers noch in Erinnerung, als er an Kleists Stück das Fehlen der »rasch durchgeführten Handlung«

---

[309] Friedrich Schiller: Briefe. Hrsg. von Gerhard Fricke. 1955. S. 475.
[310] Dies gilt selbst für Reclams Schauspielführer. Hrsg. von Otto C. A. zur Nedden und Karl H. Ruppel. 10. Aufl. 1968. S. 351.
[311] Schiller ebd.

117

bemängelte.[312] Schiller hatte jedoch damals an seine Festellungen zur dramatischen Technik eben jene resignierte Bemerkung angeschlossen, die belegt, daß er das Problem der dramatischen Entwicklung des ›König Ödipus‹ mit seiner inhaltlichen, religiösen Problematik unlösbar verknüpft sah:

> Aber ich fürchte, der ›Oedipus‹ ist seine eigene Gattung, und es gibt keine zweite Spezies davon; am allerwenigsten würde man, aus weniger fabelhaften Zeiten, ein Gegenstück dazu auffinden können. Das Orakel hat einen Anteil an der Tragödie, der schlechterdings durch nichts anderes zu ersetzen ist; und wollte man das Wesentliche der Fabel selbst, bei veränderten Personen und Zeiten, beibehalten, so würde lächerlich werden, was jetzt furchtbar ist.[313]

Auch diesen Sätzen Schillers ist Goethe offenbar so sehr gefolgt, daß er keinen Anlaß sah, statt nur Kleists Stück an den Äußerungen Schillers zu messen, nun umgekehrt Schillers These dadurch zu überprüfen, daß er im ›Zerbrochnen Krug‹ nach dem für Schiller »schlechterdings« durch nichts zu ersetzenden Orakel suchte.

Wenn man später auch Kleists dramatische Technik besser zu würdigen lernte, so ist man dabei doch in jenem letzten, für Schiller zentralen Punkt nicht weitergekommen und hat sich zur Rechtfertigung Kleists damit begnügt, als vollwertigen Ersatz auszugeben, was Schiller als solchen gerade nicht akzeptiert hätte. Hans Joachim Schrimpf, der die fragliche Briefstelle gleichfalls zur Interpretation des ›Zerbrochnen Krugs‹ heranzieht, kommt zu dem folgenden Ergebnis: »Kleist ist die perfekte Anwendung dieser (sc. analytischen) Technik gelungen. Er hat die Gefahr des ›Lächerlichen‹ für die Moderne dadurch gebannt, daß er – eine Komödie daraus gemacht hat. Und das wiederum so, daß er den Richter einerseits ›wissen‹ läßt, zum anderen in seinem vorwegnehmenden Angsttraum etwas Orakel-Analoges eingeführt hat.«[314] Mit dem ersten Teil dieser Erklärung ist allein offenbar noch nicht viel gesagt, da nach Schiller, wie oben gezeigt, die Verwendung der spezifischen analytischen Technik des ›König Ödipus‹ für eine moderne Komödie kaum weniger als für eine moderne Tragödie die Gefahr bedeutete, eine nur lächerliche Wirkung zu erzielen. Dabei ist an Hegels Satz zu erinnern, daß »häufig das L ä c h e r l i c h e mit dem eigentlich K o - mischen verwechselt (wird)«.[315] Insofern muß also der Ton in

---

[312] Vgl. oben S. 111.

[313] Schiller ebd.

[314] H. J. Schrimpf: Kleist. Der zerbrochne Krug. S. 347.

[315] Georg Wilhelm Friedrich Hegel: Ästhetik. Bd. 2. Nach der zweiten Ausg. H. G. Hothos (1842) redig. und mit einem ausf. Register vers. von Friedrich Bassenge. 1965. S. 552.

Schrimpfs Erklärung auf dem »Wissen« und auf dem »vorwegnehmenden Angsttraum« liegen. Schrimpf spricht aber von diesem Traum so vorsichtig wie vage nur als von einem »Orakel-Analogen«, ohne damit eine Gemeinsamkeit zwischen dem Traum und dem griechischen Orakel aufzuzeigen, die gegen Schiller die »Ersetzbarkeit« des Orakels beweisen könnte. Hier führt auch Schadewaldt nicht weiter, der einfach konstatiert, daß jener Traum einen »ersten Durchblick« auf »ein geheimes Schicksalswalten« gebe,[316] wobei aber nach Schadewaldt nicht der Traum, sondern konkret die Verfügung des Obertribunals in Utrecht, vertreten durch Walter, das Orakel »verkörpert«.[317]

Daß Kleist mit seiner Komödie derart noch nicht getroffen hätte, was Schiller als das Gattungsbestimmende des ›König Ödipus‹ erkannt hatte, ist aus Schillers eigenem Rettungsversuch im ›Wallenstein‹ zu entnehmen. Schiller schuf nämlich mit seinem ›Wallenstein‹ durch das Motiv der Astrologie wirklich ein Stück »aus weniger fabelhaften Zeiten«; es war dem falschen (Sternen–)Glauben Wallensteins zu verdanken, daß Schiller sich zwar eine tragische Wirkung seines Stückes ähnlich der des ›König Ödipus‹ erhoffen konnte, sich aber dabei zugleich auf die Hoffnung beschränken mußte, die ausschließliche Wirkung der Umstände werde »den tragischen Eindruck sehr erhöhen«: »Da der Hauptcharakter eigentlich retardierend ist, so tun die Umstände eigentlich alles zur Krise.«[318] Wiewohl Schiller also der »Lächerlichkeit« des Orakels dadurch entging, daß er mit dem Motiv des Horoskops eine für aufgeklärtes Denken von vornherein als »fabelhaft«-verfehlt durchschaute Prophetie einführte, erreichte er damit, wie er selbst erkannte, doch nur einen »tragischen Eindruck« im Sinne seines aufgeklärten Weltbildes, nicht aber den tragischen Eindruck des ›König Ödipus‹.

Erst von hier aus ist nun Kleists Komödie in ihrer Stellung zum ›König Ödipus‹ wirklich angemessen zu würdigen. Hätte Kleist den Spruch des Delphischen Orakels nur durch die Verfügung des Obertribunals in Utrecht ersetzt, so hätte er damit ebensowenig einen wirklichen Ersatz für das griechische Orakel geschaffen wie Schiller mit dem Motiv des Horoskops im ›Wallenstein‹. Wie Schiller hätte er durch den Rückgriff auf menschliches Wissen und menschliche Institutionen den Spruch des Orakels nicht als Spruch des Gottes und eben damit auch nicht das »Wesentliche der Fabel selbst, bei veränderten Personen und Zeiten, beibehalten.«[319]

[316] Wolfgang Schadewaldt: Der ›Zerbrochene Krug‹ und ›König Ödipus‹. S. 321.
[317] Schadewaldt a.a.O. S. 319.
[318] Schiller a.a.O. S. 475.
[319] Schiller ebd.

119

b) Die Poetik des ›dramatischen‹ Dramas als Poetik der Tragödie und der Komödie

Man sieht also, wie hier alles darauf ankommt, daß Kleist in seinem Drama tatsächlich gestaltete, was Schadewaldt zwar »ein geheimes Schicksalswalten« nennt, dann aber doch wieder auf menschliches Walten reduziert. Die wirkliche Parallele, das »Gegenstück« zum ›König Ödipus‹, von dem Schiller sprach, läßt sich im ›Zerbrochnen Krug‹ nur deshalb sehen, weil es Kleist darin gelungen war, in der biblischen Prophezeiung ein wirkliches Äquivalent zum griechischen Orakel zu finden: In der Tragödie des Sophokles droht den Thebanern nach dem Spruch des Orakels der Untergang durch die von Apollo geschickte Pest, wenn sie nicht den Mörder des Königs Laios ermitteln und ächten und sich den Gott so wiederum versöhnen; entsprechend droht den Einwohnern Huisums nach dem alttestamentlichen Gottesgleichnis vom zerbrochenen Krug von Gott gesandte Entzweiung und Vernichtung, sprich: schonungsloses »Zerbrechen« und »Zerschmettern«,[320] wenn sie nicht die falschen Propheten ermitteln und bestrafen und sich wieder zu Gott bekehren.

Die Parallelen sind so deutlich und zugleich so naheliegend, daß man sich fragen möchte, warum Schiller im Gegensatz zu Kleist an die Möglichkeit, das griechische Orakel durch biblische Prophetie zu ersetzen, gar nicht erst denken konnte. Die Antwort ist indessen nicht schwer zu finden. Schiller erklärt zwar in einem Brief an Goethe vom 17. August 1795, er sehe »in der christlichen Religion virtualiter die Anlage zu dem Höchsten und Edelsten (...)«, doch beschreibt er dies folgendermaßen:

> Hält man sich an den eigentümlichen Charakterzug des Christentums, der es von allen monotheistischen Religionen unterscheidet, so liegt er in nichts anderem als in der Aufhebung des Gesetzes oder des Kantischen Imperativs, an dessen Stelle das Christentum eine freie Neigung gesetzt haben will. Es ist also in seiner reinen Form Darstellung schöner Sittlichkeit oder der Menschwerdung des Heiligen und in diesem Sinn die einzige ästhetische Religion (...)[321]

Schiller konnte also in seiner Kant-Kritik wie Kleist auf die christliche Religion verweisen, interpretierte jedoch anders als Kleist das Gesetz der »freien Neigung« (»gesetzt haben will«) nicht als Forderung der Bekehrung zu Gott, sondern vertocht weiterhin, nach dem Vorgang der vorkantischen Aufklärung, wenngleich vor allem »ästhe-

[320] Vgl. oben S. 52.
[321] Schiller a.a.O. S. 352.

120

tisch«, auch im Sinne der Säkularisierung, die These eines ›Weges zu Gott‹, der darauf hinauslief, ›zu w e r d e n wie Gott‹ – indem er nämlich aus der ästhetischen Darstellung der »Menschwerdung des Heiligen« nur das ästhetisch-sittliche Beispiel und Vorbild (schließlich »Ideal«) der Heiligung des Menschen ableitete. Es ist davon bereits[322] ausführlich die Rede gewesen; hier kommt es aber darauf an, daß Schiller unter solchen Voraussetzungen notwendig auch »widrig und abgeschmackt«[323] finden mußte, in biblischen Gleichnissen, statt sie in ihrem »ästhetischen« Kontext zu belassen, einen das »eigentliche Bewußtsein« betreffenden »Zweck« zu suchen, auf den analog wie im griechischen Orakel, aber sogar noch über den einmaligen Anlaß hinaus, Prophetie und Gebot hätten zielen können. Am 14. April 1797 schrieb Schiller an Goethe:»Mir ist die Bibel nur wahr, wo sie naiv ist; in allem andern, was mit einem eigentlichen Bewußtsein geschrieben ist, fürchte ich einen Zweck und einen späteren Ursprung.«[324] Das meint zwar zunächst nur die I n h a l t e der Bibel, betrifft aber indirekt doch auch ihre Auslegung und ›Anwendung‹.

Hier kommt es also darauf an, daß Kleist sich in seiner Komödie tatsächlich der Bibel in solchem von Schiller verachteten Sinne bedient hat. Es ist dies zu zeigen, wenn man nach der d r a m a t i s c h e n ›Anwendung‹ der biblischen Gleichnisse fragt. Das Gleichnis vom zerbrochenen Krug wird den Personen des Stückes an keiner Stelle als biblisches Gleichnis bewußt. Dennoch erscheint in der Komödie das heilsgeschichtliche Moment des biblischen Mythos als von den Dramenpersonen in seinem allgemeinen Sinn ebensowohl wie in einzelnen konkreten Splittern jeweils gewußter, wiewohl verdrängt gewußter A n s p r u c h. Wo dieser zuletzt aus der Verdrängung befreit wird, ersetzt Kleist das Gleichnis vom zerbrochenen Krug durch das Gleichnis vom Zinsgroschen und führt dieses – im Bewußtsein Eves – auf die darin enthaltene Paränese zurück – nämlich so, daß im Anerkennen des Anspruchs dieser selbst nunmehr positiv als Z u s p r u c h erfahren wird.

Mit dem Gleichnis vom zerbrochenen Krug ist also seiner dramatischen Funktion nach das Gleichnis vom Zinsgroschen nicht zu vergleichen. Der zerbrochene Krug braucht den Huisumern nicht als Mahnung an das biblische Gleichnis bewußt gemacht zu werden, sondern sie erfahren das von dem biblischen Gleichnis Gemeinte unmittelbar: Ein Krug i s t zerbrochen, und dies setzt einen Prozeß in Gang, in dem

---

[322] Vgl. oben S. 101–110.
[323] Schiller a.a.O. S. 351.
[324] Schiller a.a.O. S. 456.

von den Huisumern sowohl die Einsicht ihres ›Sündenfalls‹ wie ihre ›Bekehrung‹ gefordert wird. Als Eve dagegen von Walter über die Münze an den von Jesus daran exemplifizierten Satz erinnert wird: »Gebet dem Kaiser, was des Kaisers ist, und Gott, was Gottes ist«, da erkennt sie die Worte dieses Satzes als die Worte des Jesus-Gleichnisses. Daß sie sie aber nicht nur erkennt, sondern anerkennt und ›begreift‹, ist weder aus der zeichenhaften Symbolkraft des Zinsgroschens, noch aus dem begrifflichen Inhalt des Gleichnisses und zuletzt des paränetischen Satzes – der im Stück nicht einmal ausformuliert wird – zu erklären. Schon früher hätte sich ja an jeder anderen Stelle schon aus dem Symbol des zerbrochenen Kruges die Forderung nach ›Umkehr‹ begrifflich ableiten lassen, und dennoch wurde deutlich, daß dazu Walters ›Erinnerung‹, wenn sie nur früher erfolgt wäre, keinesfalls ausgereicht hätte. Daß Eve solche Ableitung nunmehr wirklich zu leisten und insofern jenseits ihrer Begrifflichkeit zu ›begreifen‹ vermag, ist also tatsächlich auf keine Weise aus dem Satz selbst zu erklären, sondern nur zu konstatieren: Es z e i g t sich, und d a ß es sich zeigt, ist allein die Leistung des Dramas.

So läßt sich die Aussage des ›Zerbrochnen Krugs‹ so wenig auf das von Eve ›begriffene‹ christliche (bzw. biblische) Glaubensgebot reduzieren wie die Aussage des ›König Ödipus‹ auf die Anerkennung des Delphischen Orakels. Zwar hat Schiller mit der Hervorhebung der Funktion des Orakels im Stück des Sophokles darin das Richtige – und mit dem dramatischen Zentrum des ›Zerbrochnen Krugs‹ wesentlich Übereinstimmende – getroffen, daß hier dem Willen und Wissen des Menschen u n d den »Umständen« eine »göttliche Weltregierung« gegenübergestellt wird, die der Macht der Menschen wie der Umstände nicht nur ihre Schranken zu setzen, sondern beiden ihre Daseinsmöglichkeit und Daseinsberechtigung zu geben vermag. So besteht die Funktion des religiösen Mythos — und insbesondere der religiösen I n s t a n z, die sich in der dramatischen Fabel des ›König Ödipus‹ ebenso wie in der des ›Zerbrochnen Krugs‹ auch inhaltlich greifen läßt — zwar darin, auch zur inhaltlichen Aussage zu objektivieren, was in und mit der dramatischen F o r m dieser beiden Dramen implizit bereits gegeben sein muß. Doch ist die Form angemessen offenbar nur durch einen Inhalt zu verwirklichen, der dem von der Form intendierten Gehalt zumindest nicht widerspricht. Peter Szondi, der in seiner ›Theorie des modernen Dramas‹ gleichfalls auf jene Schillersche Beobachtung zur analytischen Technik des ›König Ödipus‹ zu sprechen kommt, erklärt dazu: »Die analytische Technik wird (...) bei Sophokles vom Stoff selbst gefordert, und zwar nicht im Hinblick auf eine vorgegebene dra-

122

matische Form, sondern damit seine Tragik in höchster Reinheit und Dichte sich zeige.«[325] Der Ausgangspunkt des Schillerschen Denkens sei dagegen »die apriorische Form des Dramas. Die in den Dienst genommene analytische Technik soll ermöglichen, die Exposition der dramatischen Bewegung einzubauen und ihr dadurch ihre episierende Wirkung zu nehmen, oder ›zusammengesetzteste‹ Handlungen, die für die dramatische Form zunächst gar nicht in Frage kommen, dennoch zum Stoff eines Dramas zu wählen.«[326] Es ist Szondi hier entgegenzuhalten, daß Schiller der Gefahr der Episierung nicht nur deshalb glaubte begegnen zu müssen, um so die »apriorische Form« zu bewahren, sondern auch, um trotz des in seinen Augen unvermeidlichen Verzichts auf die »unwiederholbare« griechische Tragik immer noch ein Höchstmaß an Tragik zu erreichen. Die (dennoch nicht zu leugnende) Künstlichkeit der Schillerschen Verknüpfung seines Verständnisses von Tragik mit der ›dramatischen‹ Dramenform erklärt sich offenbar eben aus der Tatsache, daß er die ›dramatische‹ Dramenform trotz seines Verzichts auf die ‹griechische› Tragik zu bewahren suchte.

Einen (natürlich unfreiwilligen) letzten Beleg für diesen Satz, daß die dramatische Form nur dann nicht zur künstlichen wird, wenn sie Folge und Ausdruck einer bestimmten (nach meinem Terminus: ›griechischen‹) Begründung von Tragik und Komik ist, mag man beim jungen Lukács finden. Lukács gelangte nämlich in seiner vormarxistischen Periode anläßlich der Analyse von Paul Ernsts klassizistischer Tragödie ›Brunhild‹ zu einer Deutung der Tragödie, die deren dramatische Formensprache so umdeutete, daß sie ebenso auf ein symbolistisches, episierendes Drama gemünzt sein könnte:

Das Tragische ist nur ein Augenblick: das ist der Sinn, den die Einheit der Zeit ausspricht und die technische Paradoxie, die darin enthalten ist, daß der Augenblick, der seinem Begriff gemäß eine erlebbare Dauer ist, doch keine zeitliche Dauer haben soll, entspricht eben der Unangemessenheit jedes sprachlichen Ausdrucksmittels einem mystischen Erlebnis gegenüber. (...) Zeitlich ist ein solches Drama ein ewig und starr ruhendes; das Auseinander-gezogen-sein seiner Momente ist mehr ein Nebeneinander denn ein Nacheinander; es liegt nicht mehr in der Ebene der zeitlichen Erlebnisse. Einheit der Zeit ist schon an sich etwas Paradoxes: jede Umgrenzung, jedes In-einen-Kreis-Verwandeln der Zeit – das einzige Mittel des Einheitbildens – widerspricht ihrem Wesen. (...) Doch das Drama unterbricht nicht nur an seinem Anfang und seinem Ende ihren ewigen Fluß, die beiden Pole zueinander biegend und miteinander verschmelzend, sondern führt dieses Stilisieren auf

[325] Peter Szondi: Theorie des modernen Dramas (1880–1950). 7. Aufl. 1970. S. 24.
[326] A.a.O. S. 23.

jedem Punkte des Dramas durch; jeder Moment ist ein Sinnbild, ein verkleinertes Abbild des Ganzen, nur an Größe davon unterscheidbar.[327]

---

[327] Georg Lukács: Metaphysik der Tragödie. Paul Ernst. In: Ders.: Die Seele und die Formen. Essays. 1971. S. 340–341. (Ich gebe die Seitenzahlen nach der Erstausgabe von 1911).

II
DER GLAUBE DER KOMÖDIE: KLEISTSCHE KOMÖDIENPRAXIS UND ARISTOTELISCHE KOMÖDIENTHEORIE

1. Wittgensteins religiöser Subjektivismus

a) Wittgensteins Rückführung der »Lebensprobleme« auf die Probleme des Subjekts

Es liegt nahe, nunmehr die Behauptung, daß das ›dramatische‹ Drama organisch nur als ›griechische‹ Komödie oder Tragödie zu verwirklichen sei, mit der Dramentheorie des Aristoteles zu konfrontieren. Deren Auslegung ist freilich bis heute heftig umstritten. Es scheint, dies sei zuletzt deshalb der Fall, weil es bisher nicht zureichend gelang, den genauen Ort seiner Dramentheorie innerhalb seiner Philosophie zu bestimmen. Hier könnte es aber sein – und von diesem heuristischen Ansatz ist im folgenden auszugehen –, daß die Analyse der Kleistschen Komödie den Blick für ein neues, gleichsam Kleistsches Verständnis der Aristotelischen Theorie freigemacht hat.

Während ich im folgenden dieser Frage nachgehe, werde ich mich jedoch nicht auf die Kleistsche Dramenpraxis des ›Zerbrochnen Krugs‹ beschränken. Es wird sich als hilfreich erweisen, dem Theoretiker Aristoteles nicht nur den Praktiker Kleist, sondern auch den Theoretiker Wittgenstein gegenüberzustellen. Meine Aussagen zu Kleists Dramatik gewinnen ein neues Gewicht, wenn man sieht, wie die in ihr sich ausdrückende ›Philosophie‹ weder als Mißverständnis Kants abgewertet, noch als »echtes und tiefes Kant-Verständnis«[328] schließlich doch in die Vergangenheit verwiesen werden darf, sondern noch in Wittgensteins ›Tractatus logico-philosophicus‹ gleichsam einen bestätigenden Kommentar findet.

Der Wittgenstein des ›Tractatus‹ steht Kleist schon darin nahe, daß er seine Philosophie als – so der Untertitel der Wittgenstein-Monographie von Walter Schulz[329] – Negation der Philosophie versteht: Er be-

---

[328] Vgl. oben S. 36. Anm. 84.
[329] Walter Schulz: Wittgenstein. Die Negation der Philosophie. 1967.

schränkt sich in seiner Philosophie ausdrücklich nicht auf das »Denkbare« um seiner selbst willen:

> Sie (sc. die Philosophie) soll das Denkbare abgrenzen und damit das Undenkbare. Sie soll das Undenkbare von innen durch das Denkbare begrenzen. Sie wird das Unsagbare bedeuten, indem sie das Sagbare klar darstellt.[330]

Kleist hatte sich in dem letzten Brief vor dem großen Kant-Brief gegenüber Wilhelmine beklagt: »Aber soll ich immer von einer Wissenschaft zu andern gehen, und immer nur auf ihrer Oberfläche schwimmen und bei keiner in die Tiefe gehen? Das ist die Säule, welche schwankt.«[331] Entsprechend erklärt Wittgenstein – und leugnet damit für den Bereich des in Frage stehenden Eigentlichen die Bedeutung der Teleologie so radikal wie der Kant-Schüler Kleist –:

> Wir fühlen, daß selbst, wenn alle möglichen wissenschaftlichen Fragen beantwortet sind, unsere Lebensprobleme noch gar nicht berührt sind.[332]

Wie Kleist das Gemeinte in seinem Kant-Brief durch den Vergleich menschlicher Erkenntnisfähigkeit mit dem Gebrauch einer gefärbten Brille verdeutlichen wollte, so heißt es bei Wittgenstein:

> Du sagst, es verhält sich hier ganz, wie mit Auge und Gesichtsfeld. Aber das Auge siehst du wirklich nicht. Und nichts am Gesichtsfeld läßt darauf schließen, daß es von einem Auge gesehen wird. (...) Alles, was wir sehen, könnte auch anders sein. Alles, was wir überhaupt beschreiben können, könnte auch anders sein. (...)[333]

Das eigentliche Problem aber ist nicht nur das der Wahrheit, sondern das der Ethik:

> Darum kann es auch keine Sätze der Ethik geben. Sätze können nichts Höheres ausdrücken. Es ist klar, daß sich die Ethik nicht aussprechen läßt. Die Ethik ist transcendental (...)[334]

Schulz weist darauf hin, daß die Bestimmung ›transcendental‹ bei Wittgenstein »zumeist nichts anderes (bedeutet) als ›transzendent‹, das heißt, nicht wissenschaftlich«.[335] In unserem Zusammenhang ist freilich wichtig, daß derart ›transcendental‹ bei Wittgenstein eben doch nicht nur das kontradiktorische Gegenteil von ›wissenschaftlich‹ meint. An

---

[330] Ludwig Wittgenstein: Tractatus logico-philosophicus. Logisch-philosophische Abhandlung. 6. Aufl. 1969. Satz 4.114–4.115.
[331] II, S. 629–630.
[332] Wittgenstein: Tractatus. 6.52.
[333] A.a.O. 5.633–5.634.
[334] A.a.O. 6.42–6.421.
[335] Schulz: Wittgenstein. S. 34.

126

anderer Stelle formuliert Wittgenstein: »Gott (sic!) offenbart sich nicht in der Welt.«[336] »Gott« darf hier nicht einfach als »Inbegriff des Sinnes« übersetzt werden, wie Schulz dies aus Wittgensteins Tagebüchern erschließt. Es ist anders gemeint, wenn unter dem 8. 7. 1916 die Eintragung lautet: »An einen Gott glauben heißt, die Frage nach dem Sinn des Lebens zu verstehen. An einen Gott glauben heißt sehen, daß es mit den Tatsachen der Welt noch nicht abgetan ist. An Gott glauben heißt sehen, daß das Leben einen Sinn hat.«[337] Das wiederholte »heißt« gestattet nicht, wie bei einem Gleichheitszeichen die linke Seite gleichwertig durch die rechte zu ersetzen, sondern die rechte Seite gewinnt in diesen Sätzen ihren jeweiligen Sinn erst dadurch, daß sie der linken Seite zugeordnet bleibt: »nicht w i e die Welt ist, ist das Mystische (sic!), sondern d a ß sie ist.«[338] Also gilt: »Skeptizismus ist n i c h t unwiderleglich, sondern offenbar unsinnig, wenn er bezweifeln will, wo nicht gefragt werden kann. Denn Zweifel kann nur bestehen, wo eine Frage besteht; eine Frage nur, wo eine Antwort besteht, und diese nur, wo etwas g e s a g t werden kann. (...) Es gibt allerdings Unaussprechliches. Dies z e i g t sich, es ist das Mystische.«[339]

b) Wittgensteins Bestimmung der Grenze von Erkenntnistheorie und Psychologie

Hier lautet aber eben Wittgensteins Erklärung: »Sätze können nichts Höheres ausdrücken.«[340] Und noch einmal: »Es ist klar, daß sich die Ethik nicht aussprechen läßt. Die Ethik ist transcendental.«[341] So ist es von besonderer Bedeutung für meine Fragestellung, wenn Wittgenstein sich dagegen verwahrt, daß die im »Unaussprechliche(n)« und »Mystische(n)«[342] sich vollziehende ›Offenbarung Gottes‹ (»Gott offenbart sich nicht in der Welt«) durch psychologische Kategorien zu erfassen sei, anders herum ausgedrückt:

Es gibt also wirklich einen Sinn, in welchem in der Philosophie nicht-psychologisch vom Ich die Rede sein kann.[343]

---

[336] Wittgenstein: Tractatus. 6.432.
[337] Zitiert nach Schulz: Wittgenstein. S. 44/45.
[338] Wittgenstein: Tractatus. 6.44.
[339] A.a.O. 6.51 und 6.522.
[340] Ebd.
[341] A.a.O. 6.421.
[342] A.a.O. 6.522.
[343] A.a.O. 5.641.

Indessen treibt er dabei eben doch Psychologie, und zwar im analogen Sinne, wie er Philosophie negierend philosophiert. Beidemale erklärt er, in Bezug auf seinen Gegenstand, nur die Leistung einer Philosophie und Psychologie für unzulänglich, die glaubt, das Gemeinte ohne Transzendierung ihrer selbst in ihre Formeln einbringen zu können. Wenn also zwar die »Psychologie (...) der Philosophie nicht verwandter (ist) als irgendeine andere Naturwissenschaft«, jedoch die »Erkenntnistheorie (...) die Philosophie der Psychologie (ist)«,[344] so muß es entsprechend in seinem ›Tractatus‹ darum gehen, daß er sich nicht »in unwesentliche psychologische Untersuchungen« verwickelt,[345] sondern eben wesentliche psychologische Untersuchungen betreibt.

Ich sagte schon, daß Wittgenstein die Möglichkeit vollgültiger Erfassung des Objekts mit der gleichen Begründung leugnet wie Kleist: »(Es) genügt die idealistische Erklärung des Sehens durch die ›Raumbrille‹ nicht, weil sie nicht die Mannigfaligkeit dieser Beziehungen erklären kann.«[346] So folgt Wittgenstein der Theorie des Solipsismus zwar darin, daß er sagt: »Die Welt und das Leben sind Eins. Ich bin meine Welt. (Der Mikrokosmos.)«[347] Das aber erläutert er sogleich mit dem Satz: »Das denkende, vorstellende, Subjekt gibt es nicht«,[348] vielmehr schrumpfe das »Ich des Solipsismus (...) zum ausdehnungslosen Punkt zusammen, und es bleibt die ihm koordinierte Realität.«[349] Immerhin gilt: »Das Subjekt gehört nicht zur Welt, sondern es ist eine Grenze der Welt«,[350] also weiter: »Das Ich tritt in die Philosophie dadurch ein, daß die ›Welt meine Welt ist‹.«[351]

Damit ist indessen die rein erkenntnistheoretische Ebene im engeren Sinne verlassen, da hier eben auch von ›Welt‹ nur die Rede ist, wofern sie dem Ich ›meine Welt‹ zu werden, wofern also das Ich mit dem ›Sinn‹ der Welt sich selbst zu bejahen vermag. Diese »Bejahung«[352] kann ihren Grund freilich nicht in der ›Welt als meiner Welt‹ finden: »Der Sinn der Welt (sc. des Solipsismus, der »streng durchgeführt mit dem reinen Realismus zusammenfällt«[353]) muß außerhalb ihrer liegen. In der Welt ist alles wie es ist und geschieht alles wie es geschieht; es

---

[344] A.a.O. 4.1121.
[345] Ebd.
[346] A.a.O. 4.0412.
[347] A.a.O. 5.621–5.63.
[348] A.a.O. 5.631.
[349] A.a.O. 5.64.
[350] A.a.O. 5.632.
[351] A.a.O. 5.641.
[352] A.a.O. 4.064.
[353] A.a.O. 5.64.

gibt in ihr keinen Wert – und wenn es ihn gäbe, so hätte er keinen Wert. Wenn es einen Wert gibt, der Wert hat, so muß er außerhalb alles Geschehens und So-Seins liegen. Denn alles Geschehen und So-Sein ist zufällig. Was es nicht-zufällig macht, kann nicht in der Welt liegen; denn sonst wäre dies wieder zufällig. Es muß außerhalb der Welt liegen.«[354] Das führt Wittgenstein zu einer Folgerung, die ich gleichfalls schon als Bedingung und Ziel der Kleistschen Dramatik von Sündenfall und Rechtfertigung analysiert habe: »Es ist aber klar, daß die Ethik nichts mit Strafe und Lohn im gewöhnlichen Sinn zu tun hat. Also muß (die) Frage nach den Folgen einer Handlung belanglos sein. – Zum Mindesten dürfen diese Folgen nicht Ereignisse sein. Denn etwas muß doch an jener Fragestellung richtig sein. Es muß zwar eine Art von ethischem Lohn und ethischer Strafe geben, aber diese müssen in der Handlung selbst liegen.«[355]

Schließlich kommt Wittgenstein hier auf den ›Willen‹ zu sprechen: »Vom Willen als dem Träger des Ethischen kann nicht gesprochen werden. Und der Wille als Phänomen interessiert nur die Psychologie.«[356] Psychologie meint hier wieder ›nur‹ Psychologie, wofern sie sich für den Willen nur als Phänomen interessiert. Vom »Willen als dem Träger des Ethischen« kann aber eben deshalb nicht gesprochen werden, weil die »Welt (...) von meinem Willen (unabhängig ist). Auch wenn alles, was wir wünschen, geschähe, so wäre dies doch nur, sozusagen, eine Gnade des Schicksals, denn es ist kein logischer Zusammenhang zwischen Willen und Welt, der dies verbürgte (...)«[357] »Gott offenbart sich nicht in der Welt« heißt deshalb für die »Lösung des Problems des Lebens«, daß man sie nicht in eine Lösungsformel zu fassen vermag, sondern daß man die Lösung »merkt« – nämlich »am Verschwinden dieses Problems«.[358]

Solche Aussagen stimmen zusammen mit Ergebnissen Ricoeurs:

> (Die) Phänomenologie des Heiligen ist freilich nicht die Verlängerung einer Phänomenologie des Geistes; eine Teleologie, in Hegelschem Stil, hat zu ihrem letzten Terminus nicht das vom Mythos, Ritus und Glauben getragene Heilige. Worauf diese Teleologie zielt, ist das absolute Wissen, nicht der Glaube; und das absolute Wissen zielt auf keine Transzendenz, sondern auf das Aufgehen jeglicher Transzendenz in einem vollkommen vermittelten Selbst-Wissen. Daher kann man diese Phänomenologie des Heiligen nicht an die Stelle des Eschatons und in die Struktur des Horizonts

---

[354] A.a.O. 6.41.
[355] A.a.O. 6.422.
[356] A.a.O. 6.423.
[357] A.a.O. 6.373–6.374.
[358] A.a.O. 6.521.

setzen, ohne den Anspruch des absoluten Wissens in Frage zu stellen. Aber wenn auch die Reflexion nicht von sich aus den Sinn zu erzeugen vermag, der sich in dieser ›Herbeikunft‹ ankündigt – das Reich Gottes ist nahe herbeigekommen –, so begreift sie zumindest, weshalb sie sich nicht verschließen und ihren Sinn mit eigenen Mitteln vollenden kann. Der ›Grund‹ für dieses Scheitern ist das B ö s e.[359]

Wenn Wittgenstein aber etwa formuliert: »doch nur, sozusagen, eine Gnade des Schicksals«, oder wenn er zwar das Wort »Gott« gebraucht, aber hinzufügt, daß er damit nicht »wie die älteren bei Gott und dem Schicksal (stehen bleiben)«[360] möchte, dann sucht er damit eben das zu vermeiden, was Ricoeur für den Glauben als unvermeidlich beschreibt: »Der Glaube ist jener Bereich der Symbolik, wo die Horizontfunktion ständig zu einer Objektfunktion herabsinkt und Idolen zur Entstehung verhilft (...)«[361] Was er freilich meint, ist weder aus dem bloßen Gebrauch der Symbole selbst, noch aus ihrer einschränkenden Zurücknahme zu abstrahieren, sondern es ›zeigt sich‹ als ein Drittes allein dann, wenn und indem der Leser den Gesamtgedankengang des ›Tractatus‹ nachvollzieht.

Ich erinnere hier an die oben[362] getroffene Feststellung: »Daß Eve solche Ableitung (sc. des ›Zuspruchs‹ aus dem ›Anspruch‹) nunmehr wirklich zu leisten und insofern jenseits ihrer Begrifflichkeit zu ›begreifen‹ vermag, ist also tatsächlich auf keine Weise aus dem Satz selbst zu erklären, sondern nur zu konstatieren: Es z e i g t sich, und d a ß es sich zeigt, ist allein die Leistung des Dramas (...)« Wittgensteins ›Tractatus‹ ›beschreibt‹ also nicht etwa nur abstrakt die Bewegung des Dramas, sondern er wiederholt sie in einer Gedankenführung, die ihrerseits jenseits ihrer Begrifflichkeit und jenseits ihrer Symbolik ›begriffen‹ werden will. Wittgenstein hat selbst darauf hingewiesen, daß der ›Tractatus‹ damit in der für den Leser erstrebten Wirkung eine dem Kunstwerk analoge Funktion ausüben soll: »›(Dieses Buch) ist (...) kein Lehrbuch. – Sein Zweck wäre erreicht, wenn es einem, der es mit Verständnis liest, Vergnügen bereitete.«[363] Doch wiederholt der ›Tractatus‹ eben darüber hinaus die Bewegung des D r a m a s; denn es bezeichnet auch Leistung und Grenze des Dramas, wenn Wittgenstein zunächst formuliert: »Dagegen scheint mir die W a h r h e i t der hier (sc. im ›Tractatus‹) mitgeteilten Gedanken unantastbar und definitiv. Ich bin

[359] Paul Ricoeur: Die Interpretation. Ein Versuch über Freud. 1969. S. 538.
[360] Wittgenstein: Tractatus. 6. 372.
[361] P. Ricoeur: Die Interpretation. S. 542.
[362] S. 122.
[363] Wittgenstein: Tractatus. S. 7.

also der Meinung, die Probleme im Wesentlichen endgültig gelöst zu haben«, um dann hinzuzufügen: »Und wenn ich mich hierin nicht irre, so besteht nun der Wert dieser Arbeit zweitens darin, daß sie zeigt, wie wenig damit getan ist, daß die Probleme gelöst sind.«[364] Ich darf hier an die Antwort erinnern, die ich oben[365] auf die Frage gegeben habe, ob es sich beim ›Zerbrochnen Krug‹ um eine offene oder eine geschlossene Komödie handele. Die dort gefundene Antwort wird über den besonderen Inhalt der Komödien-Fabel hinaus nunmehr allgemein-dramenpoetologisch durch Wittgensteins ›Tractatus‹ bestätigt und erweitert, weil dessen Philosophie und Kleists Dramatik sich wechselseitig zu erhellen vermögen.

c) Die Grenze objektiver Rechtsprechung gegenüber dem Rechtsanspruch des Subjekts

Es ist indessen noch genauer die Frage zu beantworten, unter welchen Bedingungen nach Wittgenstein »nicht gefragt und nicht geantwortet« werden kann. Ein Eintrag vom 13. 8. 1916 in seinen Tagebüchern lautet folgendermaßen:

Angenommen, der Mensch könnte seinen Willen nicht betätigen, müßte aber alle Not dieser Welt leiden, was könnte ihn dann glücklich machen?
Wie kann der Mensch überhaupt glücklich sein, da er doch die Not dieser Welt nicht abwehren kann?
Eben durch das Leben der Erkenntnis. Das gute Gewissen ist das Glück, welches das Leben der Erkenntnis gewährt. Das Leben der Erkenntnis ist das Leben, welches glücklich ist, der Not der Welt zum Trotz.
Nur das Leben ist glücklich, welches auf die Annehmlichkeiten der Welt verzichten kann. Ihm sind die Annehmlichkeiten der Welt nur soviel Gnaden des Schicksals.[366]

Der Ton liegt hier nicht auf »Erkenntnis«, sondern auf «Leben der Erkenntnis«. Entscheidend ist hier, daß für den Philosophen Wittgenstein wie für den Dramatiker Kleist das »Leben der Erkenntnis« zwar nur »der Not der Welt zum Trotz« »glücklich« sein kann, nicht aber als »Flucht aus dem realen Leben und seinen Problemen« (wie Schulz[367] Wittgenstein interpretiert): Sonst wäre das Leben der Erkenntnis doch zuletzt glücklich eben jenen »Annehmlichkeiten des

---

[364] A.a.O. S. 8.
[365] S. 114 ff.
[366] Wittgenstein, zitiert nach Schulz: Wittgenstein. S. 49.
[367] Schulz: Wittgenstein. S. 48/49.

Lebens« ›zum Dank‹ (im Sinne des lateinischen ›gratia‹), auf die es zugunsten des geforderten »zum Trotz« ausdrücklich zu verzichten hat, wäre also kein »transcendental ethisches« Leben mehr.

»Wissenschaft und Leben« stehen derart für Wittgenstein keinesfalls »gleichgültig nebeneinander«, ohne daß nun freilich auf ihre wechselseitige Zuordnung nur zuträfe, was Schulz der »eigentümlichen Naivität« Wittgensteins entgegenhält: «(...) der Forschungsvollzug hat eine außerordentlich komplizierte Struktur, deren Kennzeichen es ist, daß der Forscher eben nicht mehr von sich selbst absehend objektiv-realistisch sich auf fixe Tatsachen bezieht; er muß sich selbst vielmehr in seinem forschenden Umgang mit den Gegenständen thematisieren.«[368]

Was bei Wittgenstein gemeint ist, läßt sich konkret zeigen, wenn man die eben in seiner Philosophie nachgewiesene ›dramatische‹ Bewegung auf die »prozessuale« Dramaturgie bezieht, die auch Walter Benjamin[369] am antiken Drama hervorgehoben hat, als er auf die »Verwandtschaft von Gerichtsprozeß und Tragödie in Athen« verwies. Es geht also zunächst um die adäquate Eingrenzung des Problems der Rechtsprechung als eines Problems angewandter Ethik.

Hans-Georg Gadamer hat in solchem Zusammenhang in seinem Buch über ›Wahrheit und Methode‹ der »hermeneutische(n) Aktualität des Aristoteles«[370] ein eigenes Kapitel gewidmet, diese Aktualität im Zusammenhang des »hermeneutische(n) Problem(s) der Anwendung«[371] untersucht und dabei die besondere Bedeutung der Aristotelischen Diskussion angemessener Selbstverwirklichung des Richters (δικαστικὴ φρόνησις) herausgestellt. Er benutzt sie zum Beleg für seine These der »exemplarische(n) Bedeutung der juristischen Hermeneutik«,[372] von welcher aus die geisteswissenschaftliche Hermeneutik ebenfalls neu zu bestimmen sei. An dieser Stelle geht es Gadamer zwar zuletzt wieder um seinen »eigentliche(n) Anspruch«, den er im Vorwort in den Satz gefaßt hatte: »Nicht, was wir tun, nicht, was wir tun sollen, sondern was über unser Wollen und Tun hinaus mit uns geschieht, steht in Frage.«[373] Um jenes ›Geschehen‹ aber zu verstehen, bedarf es zu-

---

[368] Schulz a.a.O. S. 50.

[369] Walter Benjamin: Ursprung des deutschen Trauerspiels. Revid. Ausg. Besorgt von Rolf Tiedmann. 1963. S. 121 und 122.

[370] Hans-Georg Gadamer: Wahrheit und Methode. Grundzüge einer philosophischen Hermeneutik. 2. Aufl. 1965. S. 295ff.

[371] Gadamer a.a.O. S. 290.

[372] A.a.O. S. 307ff.

[373] A.a.O. S. XIV.

nächst in diesem Zusammenhang doch der Erkenntnis der «Aufgabe, ein Allgemeines zu konkretisieren und sich zu applizieren.«[374]

So wird nach Gadamer der Richter, »der das Recht ›anwendet‹, (...) zwar in der konkreten Lage von der Strenge des Gesetzes nachlassen müssen (sc. nach der Formel: summum ius summa iniuria). Aber wenn er das tut, geschieht das nicht, weil es nicht besser geht, sondern weil es sonst nicht recht wäre. Indem er am Gesetze nachläßt, macht er also nicht etwa Abstriche am Recht, sondern er findet im Gegenteil das bessere Recht. Aristoteles (sc. in der ›Nikomachischen Ethik‹) gibt dem in seiner Analyse der Epieikeia, der ›Billigkeit‹, den bestimmtesten Ausdruck: Epieikeia ist Berichtigung des Gesetzes. Aristoteles zeigt, daß alles Gesetzte in einer notwendigen Spannung zur Konkretion des Handelns steht, sofern es allgemein ist und deshalb die praktische Wirklichkeit in ihrer vollen Konkretion nicht in sich enthalten kann (...) Es ist klar, daß hier das Problem der juristischen Hermeneutik seinen eigentlichen Ort hat.«[375] Gadamer erläutert das mit dem Satz: »Das Gesetz ist immer mangelhaft, nicht, weil es selber mangelhaft ist, sondern weil gegenüber der Ordnung, die die Gesetze meinen, die menschliche Wirklichkeit notwendig mangelhaft bleibt und daher keine einfache Anwendung derselben erlaubt.«[376]

Derart bleibt das Gesetz aber mangelhaft auch dann, wenn der Richter nicht nach dem Buchstaben Recht spricht: Das Ziel seiner Beurteilung ist nicht dieser Mensch als er selbst, sondern weiterhin nur als potentieller Erfüller einer Norm. Wirklich ›objektive‹ Beurteilung könnte hier nur heißen, daß sie dem Menschen als Menschen, also dem Subjekt gerecht wird. Wo aber derart der Mensch als Mensch auch nur beurteilt werden sollte, müßte ein Recht angestrebt werden, das nicht nur, um es zu verbessern, immer weiter »einzuschränken« wäre, sondern schon im Prinzip sich selbst aufhöbe: Seine Leitformel wäre nicht: summum ius summa iniuria, sondern die qualitativ radikal andere: nullum ius nisi iniuria.

Erst in solcher Formel wird die in der Ethik begründete Spannung zwischen »Wissenschaft und Leben« manifest, die insofern gerade nicht ihr gleichgültiges Nebeneinander bedeutet. Die ›Verkündigung‹ des ›Daß‹ dieser Spannung wie ihrer Versöhnung – als der Ethik des »Höheren« (Wittgenstein) zugehörig – ist nicht mehr diejenige beschreibbarer Inhalte, sondern geschieht tatsächlich – wie Gadamer es ganz in Übereinstimmung mit den schon angeführten Gedanken Ri-

---

[374] A.a.O. S. 315. (Hervorhebung von mir).
[375] A.a.O. S. 301.
[376] A.a.O. S. 301/2.

coeurs formuliert – durch die «Kraft des Wortes«: »Die Verkündigung läßt sich nicht von ihrem Vollzug ablösen. Alle dogmatische Fixierung der reinen Lehre ist sekundär.«[377]

Wenn derart Gadamer – zu vergleichen ist der oben[378] zitierte Satz Wittgensteins über den Skeptizismus! – erklären kann: »Der Gegensatz zu dem Sehen dessen, was recht ist, ist nicht der Irrtum oder die Täuschung, sondern die Verblendung«,[379] so gilt in einer solchen Ethik mit dem Satz, daß nicht der Inhalt (oder die Inhalte), sondern die Kraft des Wortes entscheide, eben auch jener andere Satz Wittgensteins: »Alle Sätze sind gleichwertig.«[380] Und: »Darum kann es auch keine Sätze der Ethik geben.«[381] Darin aber, daß Wittgenstein dabei die Ethik selbst, nämlich in dem von ihm gemeinten Sinne, keineswegs leugnet, stimmt er wiederum überein mit dem Ethik-Verständnis Kleists.

Nach Ernst Bloch, der bei Kant Tugend und Glück nicht wie Schopenhauer nur »in einem entlegenen und dunkeln Kapitel zusammenkommen«[382] sieht, übernahm die Philosophie bis hin auf Kant gerade aus der Theologie die Vereinigung der Bestimmung des höchsten Guts mit der »des mächtigsten Glücks; ja sie vereinigt sich mit ihm so dauerhaft, daß auch nach Abschwächung des realen Gottesglaubens die Glückseligkeit als Wesen des höchsten Guts übrigblieb. Das zuletzt bei Kant; er definiert das höchste Gut als Hoffnungsinhalt einer Welt, worin Tugend und Glückseligkeit vereinigt sind.«[383] Wenn Bloch jedoch wenig später hinzufügt: »Der absolute Zweck des höchsten Guts erscheint als einer, dem die Wirklichkeit als unüberwindliche Schranke gegenübersteht«, so trifft gerade hier auf Kleist nicht mehr zu, worin ihn Bloch mit Kant in eine Reihe stellt: »Das höchste Gut ist bei Kant zugleich so losgerissen und entlegen wie die Idealmenschen (Marquis Posa) und Idealbegriffe (Kohlhaas oder die Rechtsidee) bei den idealistischen Dichtern.«[384]

Kohlhaas sollte ja – so der Wortlaut der Novelle – zuletzt »die Welt, wegen des allzu rauhen Versuchs, sich selbst in ihr Recht verschaffen zu wollen, versöhnen«,[385] nachdem er sich zuvor – dies eine andere For-

[377] A.a.O. S. 313 (Hervorhebung von mir).
[378] S. 127.
[379] A.a.O. S. 305.
[380] Wittgenstein: Tractatus 6.4.
[381] A.a.O. 6.42.
[382] Arthur Schopenhauer: Sämtliche Werke. Nach der ersten, von J. Frauenstädt bes. Gesamtausg. neu bearb. und hrsg. von Arthur Hübscher. 1966. Bd. 4. S. 118.
[383] Ernst Bloch: Das Prinzip Hoffnung. 1959. S. 1561.
[384] Ebd.
[385] II. S. 100.

mulierung Kleists, nämlich die des berühmten Einleitungssatzes – als »einer der rechtschaffensten zugleich und entsetzlichsten Menschen seiner Zeit«[386] erwiesen hatte. Damit wendet Kleist sich, die alte rechtsphilosophische Formel des »summum ius summa iniuria« zum ›fabula docet‹ seiner Novelle gebrauchend, nicht nur beispielhaft gegen das Ziel des ›summum bonum‹, sondern gegen jegliche Einschränkung des ›bonum‹ auf einen materiellen Inhalt. Der Hoffnungsinhalt ist nicht primär auf Zukunft, sondern auf die jeweilige Gegenwart und das in ihr Gegebene bezogen. Hier liegt der Sinn des Kleistschen Gedankens der Rechtfertigung, die in der Absicht, »sich Recht verschaffen zu wollen«, nicht auf mehr Recht aus sein darf, und zwar weder in immer größerer Annäherung an das ideale Recht, noch überhaupt an irgendein bestimmtes materielles Recht. Kohlhaas, der sich nicht gegen den Junker von Tronka erhebt, um als Sozialrevolutionär die »Verhältnisse zu verändern«, begehrt ja außer »Bestrafung des Junkers, den Gesetzen gemäß«, ausdrücklich nichts anderes als die »Wiederherstellung der Pferde in den vorigen Stand; und Ersatz des Schadens, den ich sowohl, als mein bei Mühlberg gefallener Knecht Herse, durch die Gewalttat, die man an uns verübte, erlitten.«[387]

Es wäre dennoch ganz falsch, hier einem Kleistschen Eudämonismus das Wort zu reden, der billig mit dem Bestehenden sich zu arrangieren und »das Beste daraus zu machen« bereit wäre, weil es nun doch »einmal nicht zu ändern ist« und der Mensch mit wenigem glücklich sein könne. Worum es vielmehr geht, das ist die Rechtfertigung des Menschen als eines je schon gerechten, in diesem Sinne also die Rechtfertigung des Menschen als Menschen, ohne daß solche Anerkennung abhängig wäre von dem Mehr oder Weniger des Glanzes, der ihn vom Lichte des wie immer materiell gefüllten Ideals oder der Utopie erreicht: Für Kleist heißt Menschsein im vollen Wortverstand die Übereinstimmung des Menschen mit sich selbst.

So ist, um ein Wort Blochs Kleistisch abzuwandeln, nicht nur »vom bloßen Wünschen (...) noch keiner satt geworden«, sondern auch nicht, wenn »scharfes Wollen hinzukommt. Und mit ihm ein scharfer, umsichtiger Blick, der dem Wollen zeigt, was getan werden kann.«[388] Was getan werden kann, gewinnt für Kleist die Sicherheit der spes, quae speratur, erst sekundär aus der spes, qua speratur, wobei aber eben nicht erst in Bezug auf die so verstandene gehoffte Hoffnung die Überwindung von »Entfremdung, Entmenschlichung, Verdinglichung, dies(em)

[386] II. S. 9.
[387] II. S. 46.
[388] Bloch: Das Prinzip Hoffnung. S. 1602.

135

Zur-Ware-Werden aller Menschen und Dinge«[389] zu fordern ist: Gegenüber der gehofften Hoffnung, welche, »wenn sie bereits volle Zuversicht für sich hätte, gerade keine Hoffnung (wäre)«, hat auch nach Bloch die spes, qua speratur, »suo modo Zuversicht«;[390] genau um diese geht es Kleist: sie wird bei ihm zur primären und wichtigeren spes, quae speratur, und ist aus der bei Bloch als objektiv bezeichneten und für Kleist zwar gleichfalls notwendigen, aber sekundären gehofften Hoffnung nicht abzuleiten.

Es erweist sich also als inhaltliches Ziel Kleistscher Remythisierung keineswegs, wie von Schopenhauer[391] Leibniz unterstellt, »eine für Philosophie ausgegebene Jüdische Mythologie«, sondern eben das, was etwa in dem folgenden, von Bloch zitierten Marxsatz zur Kritik der Religion (aus der Einleitung zur Kritik der Hegelschen Rechtsphilosophie) zwar nicht als Ziel formuliert ist, in dem von Marx gemeinten Ziel aber nach der Auffassung Kleists unabdingbar enthalten sein müßte. Der Satz lautet: »Die Kritik der Religion endet mit der Lehre, daß der Mensch das höchste Wesen für den Menschen sei, also mit dem kategorischen Imperativ, alle Verhältnisse umzuwerfen, in denen der Mensch ein erniedrigtes, ein geknechtetes, ein verlassenes, ein verächtliches Wesen ist.«[392] Wenn der erniedrigte, geknechtete, verlassene Mensch ein Recht darauf hat, aus Erniedrigung, Knechtschaft, Verlassenheit befreit zu werden, so hat er schon vor aller Befreiung aufgehört, ein »verächtliches Wesen« zu sein. Die Möglichkeit seiner Anerkennung als Mensch hätte in diesem Sinne aller dialektischen Theorie und Praxis vorauszugehen, und in solcher Bedeutung, von Bloch so natürlich nicht gemeint, wäre also auch sein Verdikt zu leugnen, daß nichts »der echten, eben marxistisch geübten Nüchternheit ferner« sei als der »common sense, der typisch undialektische, (...), daß die Menschen immer Menschen bleiben.«[393] Schon die Erklärung der Menschenrechte von 1776 und 1789, also die Forderung, alle Menschen als von Natur frei und unabhängig anzuerkennen, war ja zuletzt nur daraus zu erklären, daß solcher common sense nicht vorausgesetzt werden konnte, sondern überhaupt erst einmal zu postulieren war. Für Kleist greift aber selbst der offenbare Fortschritt solcher Zielsetzung der französischen Revolution immer noch zu kurz. Sein Ziel ist in dem Brief aus Paris vom 15. August 1801 vor dem Hintergrund seines erschütterten,

---

[389] A.a.O. S. 1607.
[390] A.a.O. S. 1624.
[391] Schopenhauer: Sämtliche Werke. Bd. 3. S. 669.
[392] Bloch: Das Prinzip Hoffnung. S. 1607.
[393] A.a.O. S. 1619.

aber keineswegs gebrochenen teleologischen Wissenschaftsideals, selbst noch in der logischen Negation des letzten Satzes, schon in nuce vorweggenommen:

> Wohin das Schicksal diese (sc. die französische) Nation führen wird –? Gott weiß es. Sie ist reifer zum Untergange als irgend eine andere europäische Nation (...) Ein Staat kennt keinen andern Vorteil, als den er nach Prozenten berechnen kann. Er will die Wahrheit a n w e n d e n – Und worauf? Auf Künste und Gewerbe. Er will das Bequeme noch bequemer machen, das Sinnliche noch versinnlichen, den raffiniertesten Luxus noch raffinieren. – Und wenn am Ende auch das üppigste und verwöhnteste Bedürfnis keinen Wunsch mehr erinnern kann, was ist dann –? (...) Jede (sc. Wissenschaft) reicht uns Tugenden und Laster, und wir mögen am Ende aufgeklärt oder unwissend sein, so haben wir dabei so viel verloren, als gewonnen.[394]

So sehr man also solche Wertung der französischen Revolution und zugleich das ›objektiv Reaktionäre‹ an Kohlhaasens revolutionärer oder Walters wie seines Obertribunals in Utrecht reformistischer Theorie und Praxis bedauern mag – es trifft all dies nicht den Kern der Kleistschen Intention. Seine Dramatik hat zuerst und eigentlich nicht »das aktive Amt des Vor-Scheins und eben des Vor-Scheins eines objektiv-realen Vorscheins als der P r o z e ß w e l t , r e a l e n H o f f n u n g s w e l t selber«, wie Bloch[395] von der Kunst wie erst recht von der Philosophie fordert, sondern zielt auf etwas, das von der Dichtung verdeutlicht wird über jenen Vor-Schein hinaus. Es braucht dabei nicht daran erinnert zu werden, daß es zugleich in Kleists Dichtung auch die Kategorie des Noch-Nicht gibt, wofern sich auch bei Kleist das Immer-Schon stets zugleich an einem Noch-Nicht zu bewähren hat; das Problem ist oben ausführlich behandelt worden. Auf dieser Ebene ist Kleists Dichtung immer auch Negation des Bestehenden oder, wie Adorno literarästhetisch formuliert, »Ausdruck des Bruchs«.[396] Sie ist dies aber eben nicht als Ausdruck der Negation des Bestehenden um einer dialektischen Bewältigung von Zukunft willen, sondern radikaler als Infragestellen des Sinns von Wirklichkeit als bloßer »Prozeßwelt« überhaupt und als Versuch der Aufhebung einer ›Entfremdung‹, die allein durch Änderung der ›Verhältnisse‹ auf keine Weise aufzuheben ist, weil diese Entfremdung in den Verhältnissen selbst zwar ihre Ursache, nicht aber ihre Lösungsmöglichkeit findet.

---

[394] II. S. 681–682.
[395] Bloch: Das Prinzip Hoffnung. S. 1627.
[396] Theodor W. Adorno: Die Wunde Heine. In: Ders.: Noten zur Literatur I. 1965. S. 150.

2. Ansätze einer Aristotelischen Typologie des Lustspiels

a) Staigers Komödiendeutung und Theorie des Lachens

Nach Staiger beruht die »Möglichkeit problematischer und pathetischer, oder, um beides in einem zusammenzufassen, dramatischer Dichtung (...) im Grunde darauf, daß der Mensch als solcher sich immer voraus ist«:[397] »Der planende, hoffende, handelnde Mensch nimmt immer schon künftiges Dasein vorweg. Und wenn er auch nie gewiß sein kann, ob die Zukunft den Plan, die Hoffnung erfüllt, wenn er sein Handeln dem dunklen Schoß des Schicksals anvertrauen muß, so ist sein Wille doch für den Hörer ein Zeichen, wohin er vorausdenken soll.«[398] Doch charakterisiere »Voreiligkeit (...) jede menschliche universale Idee. Der Geist eilt vor zum Letzten über die unerschöpfliche Fülle der lebendigen Möglichkeiten hinaus«:[399] »Endlichkeit ist die Schuld, die mit dem Wesen des Menschen schon besteht und jede wirkliche Schuld begründet«,[400] und ihr gegenüber ist zuletzt das Ziel des Dramas, daß »in der Versöhnung (...) sich der Dichter und das Publikum beruhigen.«[401] Dabei sei die besondere wirkungsästhetische Funktion der Komödie darin begründet, daß sie dem Zuschauer »einen unerwarteten Ausweg ins Behagen des Komischen« eröffne: »Eine apriorische Erwartung wird getäuscht, ein Entwurf braucht plötzlich nicht durchgeführt zu werden.«[402]

Staigers Deutung geht jedoch weiter, wie sich an seiner Interpretation des ›Zerbrochnen Krugs‹ zeigt. Staiger wertet dieses Stück als »das geistreichste Spiel, das je der Sinn eines Bühnendichters erdacht, im Komischen so vollendet wie im Tragischen ›König Ödipus‹,[403] und Staiger folgert:

> Wir werden uns nicht darüber verwundern, daß Kleist, der am meisten tragische unter den neueren Bühnendichtern, auch der am meisten komische Dichter ist. Wenn jener Ausspruch des Sokrates am Schluß von Platons ›Symposion‹, der Tragiker müsse auch Komiker sein, wirklich etwas Entscheidendes sagen soll, dann muß er dies bedeuten: daß der Tragiker sein Geschäft nur bis zum vernichtenden Ende durchführen kann, wenn er zuletzt, statt in den Abgrund des Nichts, auf den Boden des Komischen fällt

---

[397] Emil Staiger: Grundbegriffe der Poetik. 3. Aufl. 1956. S. 172.
[398] A.a.O. S. 171.
[399] A.a.O. S. 187.
[400] A.a.O. S. 188.
[401] A.a.O. S. 191.
[402] A.a.O. S. 192.
[403] A.a.O. S. 201.

und über den Trümmern seiner Welt das Urgelächter dessen anstimmt, der weiß: der Geist vermag nicht ohne physische Basis wirklich zu sein, die physische Basis aber kann des Geistes entraten und ist sich selbst in elementarer Lust genug.«[404]

Indem Staiger hier nicht nur vom »Behagen« des Komischen, sondern von der »physischen Basis« »elementarer Lust« spricht, stimmt er mit dem berühmten Satz Hegels überein, es lasse sich, ohne Aristophanes gelesen zu haben, »kaum wissen, wie dem Menschen sauwohl sein kann.«[405] Schrimpf folgt Staiger in solcher Deutung und erklärt: »Der Mensch fällt – so konnte Kleist hier (sc. bei Aristophanes) erkennen – immer wieder augenblickshaft aus dem Ganzen einer geordneten und selbstgebauten Welt heraus in die Isoliertheit zusammenhangloser, sinnentleerter Kreatürlichkeit, aus der Höhe des Geistig-Menschlichen in die Niederungen des Physisch-Elementaren. Jede angemaßte Würde – und nicht nur diese – wird der Lächerlichkeit preisgegeben und der Mensch zugleich gezwungen und erinnert, diese seine entblößte sinnliche Existenz anzuerkennen und zu bejahen.«[406]

Was derart aus der Komödie des Aristophanes abgeleitet wird, versteht sich nur als Deutung der Gesamtwirkung der Komödie. Die Frage nach dem dramatischen Ziel des Komödienschlusses gegenüber dem Komödienanfang wird dabei offenbar – wenn das auch nirgends ausgesprochen wird – im Sinne Hegels beantwortet, nach dessen Theorie die dramatische Entwicklung der Komödie die komische Subjektivität am Ende nur darin betrifft, daß sie auf diese als eine von vornherein vorhandene nun nur ein neues Licht wirft.[407] Es zeigt sich hier

---

[404] Ebd.

[405] Hegel: Ästhetik. Bd. 2. S. 571.

[406] Hans-Joachim Schrimpf: Kleist. Der zerbrochne Krug. S. 350.

[407] Bei Hegel heißt es in der ›Ästhetik‹: »Komisch (...) ist überhaupt die Subjektivität, die ihr Handeln durch sich selber in Widerspruch bringt und auflöst, dabei aber ebenso ruhig und ihrer selbst gewiß bleibt. Die Komödie hat daher das zu ihrer Grundlage und ihrem Ausgangspunkte, womit die Tragödie schließen kann: das in sich absolut versöhnte, heitere Gemüt, das, wenn auch sein Wollen durch seine eigenen Mittel zerstört und an sich selber zuschanden wird, weil es aus sich selbst das Gegenteil seines Zwecks hervorgebracht hat, darum doch nicht seine Wohlgemutheit verliert.« (S. 570) Wenn Hegel hier erklärt, daß die Tragödie mit dem »in sich absolut versöhnte(n), heitere(n) Gemüt« »schließen« könne, so ist solche Entwicklung der subjektiven Reflexion des tragischen Charakters als Funktion des dialektischen Dreischritts der Selbstverwirklichung des Göttlichen in seiner weltlichen Realität zu verstehen. Jedoch »Was (...) in dem tragischen Ausgange aufgehoben wird, ist nur die einseitige Besonderheit, welche sich dieser Harmonie (sc. die in dem tragischen Ausgang hergestellt wird) nicht zu fügen vermocht hatte und sich nun in der Tragik ihres Handelns, kann sie von sich

aber, daß Staiger solche Übereinstimmung mit der Komödientheorie Hegels, die eine Entwicklung der Komik nicht kennt, dadurch rechtfertigt, daß er seine Theorie des Komischen aus einer bestimmten Theorie des Lachens ableitet. Meine Frage muß also nunmehr lauten, ob Staigers doppeltes Urteil, in der Komödie werde »eine apriorische Erwartung getäuscht« und brauche »ein Entwurf plötzlich nicht durchgeführt zu werden«, nicht vielleicht nur aus einer allzu einseitigen Theorie des Lachens folgt und sich also hieraus erklären läßt, warum Staigers Auffassung des ›Zerbrochnen Krugs‹ mit meiner Analyse in Widerspruch steht.

Staiger zitiert aus Kants ›Kritik der Urteilskraft‹: »Das Lachen ist ein Affekt aus der plötzlichen Verwandlung einer gespannten Erwartung in nichts.« Und er kommentiert: »Was Kant ›Erwartung‹ nennt, entspricht dem a priori der ›Welt‹, des Entwurfs, dem, worin sich der Mensch bei allem Erkennen, bei allem Erleben voraus ist. Diese Erwartung wird aber nicht in nichts aufgelöst – das wäre Enttäuschung – sondern sie fällt dahin, weil etwas sichtbar wird, das unmittelbarer, zusammenhangloser existiert.«[408] So beruft er sich denn zweitens auf Schopenhauer, der im zweiten Teil der ›Welt als Wille und Vorstellung‹ schrieb: »Bei jenem (sc. im Lachen) plötzlich hervortretenden Widerstreit zwischen dem Angeschauten und dem Gedachten behält das Angeschaute unmittelbar Recht (...) Dieser Sieg der anschauenden Erkenntnis über das Denken erfreut uns. Denn das Anschauen ist die ursprüngliche, von der tierischen Natur unzertrennliche Erkenntnisweise (...)«[409] Staiger schränkt hier nur ein: »Einzig die beiden Begriffe ›Denken‹ und ›Anschauen‹ bleiben zweifelhaft. Nicht jedes Entwerfen ist ein Denken. Gelächter aber entsteht bei jeder Art von Entwurf, die sich als ungemäß erweist, als ungemäß im Sinne einer zu weiten Spannung.«[410] Und: »Nicht immer sinken wir dabei gleich bis zum Tierischen herab (...) Wesentlich ist nur, daß das Faktische einen ge-

---

selbst und ihrem Vorhaben nicht ablassen, ihrer ganzen Totalität nach dem Untergange preisgegeben oder sich wenigstens genötigt sieht, auf die Durchführung ihres Zwecks, wenn sie es vermag, zu resignieren.« (S. 550) Ganz analog bezeichnet in der Komödie zuletzt das Subjekt, das sich »der Auflösung Meister macht«, durchaus nur uneigentlich ein neues Entwicklungsstadium des komischen Charakters. Entsprechend heißt die vollständige Definition der komischen Subjektivität bei Hegel: «(...) so macht das Subjekt sich auch dieser Auflösung Meister und b l e i b t in sich unangefochten und wohlgemut.« (S. 555. Hervorhebung von mir).

[408] Staiger a.a.O. S. 194.
[409] A.a.O. S. 195.
[410] A.a.O. S. 196.

ringeren Aufwand an Spannkraft erfordert als das Entworfene.«[411] Das Hauptargument Staigers bleibt also die durch das Lachen erreichte Auflösung einer gespannten Erwartung, und er weist hier sogar zusätzlich darauf hin, daß Sigmund Freud das Behagen des Lachens aus »erspartem Aufwand« erklärt habe.[412]

b) Die Aristotelische Aetiologie des Lachens vor dem Hintergrund seiner Transzendierung von Ethik und Psychologie

Vergleicht man nun alle diese Versuche der Definition des Lachens mit der des Aristoteles, so ergibt sich eine bedeutsame Differenz zwar nicht so sehr in der Erklärung des psychologischen Vorgangs (der zum Lachen führt), wohl aber in seiner Wertung. Es will scheinen, daß Aristoteles eben aus solcher anderer Wertung des Lachens auch komödiendramaturgisch zu Schlüssen gekommen ist, die sich von denjenigen Staigers (und schon Hegels) entschieden abheben und statt dessen die von mir versuchte Deutung nicht nur bestätigen, sondern weiterführen.

Aristoteles interpretiert nämlich das Lachen zunächst durchaus negativ nicht als Aufhebung einer Täuschung, sondern gerade selbst als Täuschung:

Das Lachen ist eine Art Geistesverwirrung und Täuschung.«[413]

Es wird sich später zeigen, daß solche Definiton das dramaturgische Mittel zu treffen vermag, wo Staiger schon den Zweck selbst im Auge hat. Zunächst gilt es, in solcher Formulierung des Aristoteles den Hinweis darauf zu sehen, daß es bestimmter qualitativer Voraussetzungen bedarf, durch die das Lachen von dem Verdikt der Täuschung und des Unverstandes befreit wird. Will man diese Voraussetzungen gleichsam von einem Kleistschen Aristoteles-Verständnis her bestimmen, so bedarf es zuvor der entsprechenden inhaltlichen Klärung der von Aristoteles gemeinten Täuschung und Verwirrung. Aristoteles, so könnte man folgern, scheint im Gegensatz zu Staigers Dramentheorie gerade davon auszugehen, daß der Mensch sich nicht «immer schon voraus ist», vielmehr – unter anderem gerade im Lachen! – in Gefahr gerät, seine Bestimmung als die eines strebenden Wesens (ζῷον ὀρεκτικόν) aufzugeben. Diese Bestimmung bezeichnet

---

[411] A.a.O. S. 197.
[412] A.a.O. S. 194.
[413] Problemata. S. 965ᵃ 14–15:»ἔστιν δὲ ὁ γέλως παρακοπή τις καὶ ἀπάτη.«

141

nach solcher Deutung für Aristoteles, mögen auch die Ziele des Strebens in seiner ›Metaphysik‹, seiner ›Politik‹, seinen ›Ethiken‹ als je verschiedene angegeben sein, ein anthropologisches Grundvermögen, das aber – und zwar als solches und nicht erst in Bezug auf bestimmte Ziele, etwa gar eine »universale Idee« – stets gefährdet ist. Dabei betrifft die »Geistesverwirrung« (παρακοπή), als welche die im Lachen sich ausdrückende »Lust« (ἡδονή) gewertet wird, offenbar das, was Aristoteles in der ›Nikomachischen Ethik‹ die »sittliche Einsicht« (φρόνησις) nennt. Diese ist nach Aristoteles »eine mit richtigem Planen verbundene, zur Grundhaltung verfestigte Fähigkeit des Handelns (...), des Handelns im Bereiche dessen, was für den Menschen wertvoll oder nicht wertvoll ist.«[414] Sie ist gefährdet nicht nur durch die Erfahrung der Lust, sondern auch der Unlust (λύπη): »Es wird nämlich nicht jegliches Urteilsvermögen durch das Erlebnis von Lust und Unlust zerstört oder in Verwirrung gebracht, z.B. nicht das Urteil, daß das Dreieck eine Winkelsumme hat – oder nicht hat –, die zwei rechten Winkeln gleich ist, sondern die Urteile über das Handeln.«[415] In der Begründung begegnet dann nach dem für Kleist so wichtigen Begriff des »Plans« auch der damit zusammenhängende andere des »Ziels«: »Denn die Ansatzpunkte jedes möglichen Handelns sind in dem Ziel gegeben, das durch das jeweilige Handeln verwirklicht werden soll. Einem Menschen aber, der durch Lust oder Unlust innerlich zerstört ist, zeigt sich schon gleich kein Ansatzpunkt des Handelns mehr, und auch kein Antrieb, daß dieses bestimmte Ziel oder dieser bestimmte Grund all seine Entschlüsse und Handlungen bestimmen soll.«[416]

Es bietet sich an, diese Sätze der ›Ethik‹ zur Deutung der Aristotelischen Dramentheorie heranzuziehen und von hier aus zunächst den folgenden poetologischen Satz zu formulieren: Wie die aus der Komödie gezogene Lust das Lachen hervorruft, so die von der Tragödie vermittelte Unlust[417] das Weinen: Beides ist der Ausdruck einer inneren Zerstörung, die durch den Verlust der Fähigkeit zu verantwortlichem Handeln definiert ist.

Doch es läßt sich hier noch mehr folgern. Aristoteles erklärt nämlich in der ›Nikomachischen Ethik‹ weiter: »Niemand (...) geht mit sich

---

[414] Aristoteles: Nikomachische Ethik. Übersetzt von Franz Dirlmeier. Darmstadt 1956. S. 127.

[415] Ebd.

[416] Ebd.

[417] Daß diese durch die Tragödie hervorgerufene Unlust zugleich als Lust erfahren wird (vgl. Aristoteles: Poetik. Kap. 14. S. 1453^b 12), liegt auf einer anderen Ebene. Auch die Komödie kennt natürlich neben der eben angesprochenen zugleich diese durch die Mimesis begründete Lust.

zu Rate über das, was keine Veränderung zuläßt und des echten Ziels entbehrt: Endziel aber bedeutet hier einen Wert, der durch unser Handeln erreicht werden kann.«[418] Wenn also das Endziel n i c h t durch unser Handeln erreicht werden kann, dann ist auch keine »Entscheidung« möglich. Da diese aber nach Aristoteles der »Ursprung des Handelns – die bewegende, nicht die Zweckursache –«[419] ist, hört der Mensch bei Verlust jenes erreichbaren Endziels auf, selbst der Ursprung des Handelns zu sein: »Denn wertvolles Handeln ist ein Ziel und das Streben geht in dieser Richtung. Daher ist das Fällen einer Entscheidung entweder ein vom Streben gesteuerter Verstand(esakt) oder ein vom Denken gesteuertes Streben und in solchem Sinne Ursprung (des Handelns) ist der Mensch.«[420]

An dieser Stelle folgt ein kurzer Hinweis, der frappierend an die Schillersche Deutung des ›Ödipus‹ erinnert. Aristoteles sagt nämlich: »Übrigens kann niemals ein Vergangenes den Gegenstand einer Entscheidung bilden: niemand nimmt sich vor, Troja zerstört zu haben. Man überlegt sich ja nicht das, was vergangen ist, sondern was geschehen wird und eine Veränderung zuläßt. Das Vergangene aber kann unmöglich nicht geschehen sein.«[421] Was hier in der ›Ethik‹ nur beiläufige Anmerkung sein kann, dem hat Schiller mit Recht einen hohen poetologischen Stellenwert zuerkannt, als er in seinem Brief an Goethe vom 2. Oktober 1797 im ›Ödipus‹ als besonders tragisch vermerkte, daß »das Geschehene, als unabänderlich, seiner Natur nach viel fürchterlicher ist, und die Furcht, daß etwas geschehen sein möchte, das Gemüt ganz anders affiziert, als die Furcht, daß etwas geschehen möchte.« Natürlich ist jener Hinweis auf die Bedeutung der Vergangenheit nur als Hinweis auf ein besonders eklatantes Beispiel zu verstehen. Man darf also allgemein folgern, daß der Zuschauer durch die Tragödie grundsätzlich an eine Grenze geführt wird, an der ihm ein menschliches Handeln der Entscheidung für das als richtig erkannte Ziel nicht mehr möglich erscheint.

Genauso ist dann freilich denkbar, daß ein solches Handeln nicht mehr n ö t i g erscheint, weil man es bereits geleistet zu haben glaubt. Im ersten Fall war das Ziel nur deshalb nicht zu erreichen, weil die Mittel fehlten, im zweiten Fall dagegen – und mit ihm sind wir offenbar bei der Komödie – fehlt das Ziel in dem Sinne, daß man es als s o l c h e s nicht mehr nötig zu haben meint. Solche Vorwegnahme der Errei-

---

[418] Nikomachische Ethik. S. 123.
[419] Nikomachische Ethik. S. 124.
[420] Ebd.
[421] Ebd.

chung des Ziels ist für ein verantwortliches Handeln nicht weniger läh-
mend als die Vorwegnahme seiner Unerreichbarkeit. Beide Formen der
»geistigen Verwirrung« sind – eben als Vorwegnahme der Wirklichkeit
– nur im Spiel erlaubt, denn – so erklärt Aristoteles – »›spielen um des
Ernstes fähig zu sein‹ – dieser Spruch des Anacharsis darf als richtig
gelten.«[422]

Das Spiel der Tragödie vermittelt also am Ende die Erfahrung der
Möglichkeit des Strebens, wo die Komödie dessen Notwendigkeit zum
Ziele hat, und zwar geschieht die Vermittlung beidemale per contrari-
um, also dadurch, daß das Spiel wieder in die Wirklichkeit mündet. Im
einen wie im anderen Falle wird eine den Menschen als Menschen be-
drohende Zukunft im Spiel vergegenwärtigt, um sie an dessen Ausgang
in dem Grade zur Vergangenheit zu entschärfen, in dem sie nun – als
Wirklichkeit – plötzlich ihren vorigen »verwirrenden« Aspekt verliert.

Damit berühren die Komödie und die Tragödie aber ein Seelenver-
mögen, in Bezug auf welches der Mensch als animal rationale nur in
einem durchaus sekundären Sinne zum »Ursprung des Handelns« erklärt werden kann. Zwar wird nach Aristoteles »die dem Menschen eigentümliche Aufgabe (...) erfüllt, indem sich sittliche Einsicht und die
Vorzüge des Charakters entfalten«, wobei »die letzteren bewirken, daß
die Zielsetzung richtig ist und die Einsicht (...) die richtigen Wege zum
Ziele weist.«[423] Damit ist jedoch kein Besitz, sondern wieder nur ein
Ziel angegeben; wofern die sittliche Einsicht auf die Möglichkeiten
menschlicher Rationalität beschränkt ist, greift sie notwendig zu kurz:
»Es wäre nämlich unverständlich, wenn jemand in der Staatskunst oder
der sittlichen Einsicht die höchste Wissenschaft sehen wollte – es sei
denn, der Mensch wäre das höchstwertige Wesen im Weltall (...) Der
Einwand aber, daß der Mensch das höchstwertige unter den Lebewe-
sen sei, hat kein Gewicht. Denn es gibt Wesenheiten, deren Natur sogar den Menschen an göttlichem Rang weit übertrifft – um nur die sicht-
barsten zu nennen: die (Gestirne), aus denen das All aufgebaut ist.«[424]
Ist also die sittliche Einsicht, wie am Anfang zitiert, »eine mit richtigem
Planen verbundene, zur Grundhaltung verfestigte Fähigkeit des
Handelns (...), des Handelns im Bereiche dessen, was für den Menschen wertvoll oder nicht wertvoll ist«, dann kann die Entwicklung
menschlicher Ratio zwar inhaltlich das Planen und die Einsicht des
Wertvollen oder nicht Wertvollen beeinflussen, nicht aber jene Grundhaltung hervorbringen, die das Streben an eben der Stelle ermöglicht,

[422] A.a.O. S. 230
[423] A.a.O. S. 137.
[424] A.a.O. S. 129.

144

an der das Ziel ebenso wie der Weg sich der Ratio zu entziehen drohen.

Für Aristoteles ist jedoch dieses Streben sowenig ein nur psychologisch-irrationales Problem wie ein Problem menschlicher Rationalität. Zwar bezeichnet er den strebenden Seelenteil insofern als irrational, als dieser den Logos weder im eigentlichen Sinne und als solchen besitzt, noch ihn als solchen ganz wahrzunehmen vermag. Positiv aber definiert er ihn – gegenüber dem rein »vegetativen« Seelenteil – gerade dadurch, daß er am Logos »teil-hat«.[425] Neben der Qualifizierung durch das Adjektiv »strebend« benutzt er zur Charakterisierung solcher Teilhabe auch die Adjektive »gehorsam«, »begehrend« und »hinhörend«. All das mag uns Walters Versuch in Kleists ›Zerbrochnem Krug‹ ins Gedächtnis rufen, Eve nicht so sehr durch sachliche Belehrung, als vielmehr durch die E r i n n e r u n g an ihre (nach seiner Meinung fraglos vorhandene) »Unschuld« sich »bewähren« zu lassen. Wenn wir aber sahen, daß Aristoteles ausdrücklich auf die Entscheidung als die »bewegende, nicht die Zweckursache« abhebt, dann dürfen wir uns nun wohl auch daran erinnern, daß er seine Bewegungslehre in der ›Metaphysik‹ als letzlich theologisches Problem behandelt und Gott den »ersten, unbewegten Beweger« nennt. Nichts hindert, entsprechend auch in seiner ›Ethik‹ den eben zitierten Satz ernstzunehmen, daß dem Menschen nicht der höchste göttliche Rang zuerkannt werden dürfe. Sittliche Vorzüge, »deren Besitz das Prädikat ›sittlich wertvoll‹ ohne Einschränkung zur Folge hat«, bleiben für den Menschen notwendig ein utopisches Ziel, wie noch einmal durch die hinzugefügte Erklärung deutlich wird: »Denn sobald der eine Vorzug, nämlich die sittliche Einsicht, da ist, werden sich alle übrigen Vorzüge einstellen.«[426] Utopisch ist dieser Satz jedoch nur, wenn man ihn perfektiv versteht. Anders verhält es sich, nimmt man ihn – wie im ›Zerbrochnen Krug‹ – als Beschreibung einer Ziel-Annäherung, deren Dynamik der Mensch zuletzt nicht seiner richtigen »Planung« und »Einsicht« (nämlich der »Zweckursache« und des zu ihr führenden Weges) zu verdanken hat, sondern dem »Hinhören« der »Seele« auf die letztlich »bewegende« Ursache, die nur dadurch, daß sie die menschliche Ratio transzendiert, überhaupt menschliches Handeln ermöglicht, sei dieses nun in seinem Zweck oder in seinen Mitteln gefährdet.

---

[425] Vgl. zu der Aristotelischen Unterscheidung von »rational« und »irrational« das von Dirlmeier im Kommentar zu seiner Übersetzung der ›Nikomachischen Ethik‹ (S. 292) aufgestellte Aristotelische Schema der Seelenteile.

[426] A.a.O. S. 140.

So leuchtet ein, warum Aristoteles – zunächst in seiner Tragödiendeutung – den zugleich medizinischen und religiösen Ausdruck der Katharsis, der ›Reinigung‹ verwendet. Die Wirkung der Tragödie ist über die psychotherapeutische hinaus zugleich eine moralisch-religiöse der ›Entsühnung‹ insofern, als der Mensch – um es mit Schopenhauer, aber gegen dessen Philosophie auszudrücken – zur ›Bejahung des Willens zum Leben‹ verpflichtet ist. Wenn dabei angesichts des notwendig in moralisch konkretisierten Kategorien sich vollziehenden Strebens des täglichen Lebens der Charakter des tragischen Helden als der eines Menschen eingeführt und durchgehalten werden muß, der sein Unglück »nicht verdient«,[427] dann ist das letzte wirkungsästhetische Ziel solcher für den Charakter des Helden aufgestellten Tragödienbedingung gerade die Aufhebung des je einzeln konkret fixierbaren juristischen Schuldgedankens beim Zuschauer, eben zugunsten jener anderen, eben skizzierten ›Moral‹, der Bestimmung des Menschen als Menschen, die aller inhaltlich fixierten Moral noch voraus- und zugrundeliegt. Der Moralkritiker Nietzsche konnte also den Aristotelischen Begriff der Katharsis nur deshalb als »Aristotelismus der Moral«[428] verurteilen, weil er die Aristotelische Tragödiendefinition durch die Brille Lessings sah.

c) ›Dramatische Erinnerung‹ als Unterscheidungskriterium von Lustspiel und Komödie

Das führt zurück zu Kleist: Am 18. Juli 1801, in einem Brief an Adolfine von Werdeck, schrieb er:

> Ja, es ist kein Unglück, das Glück verloren zu haben, das erst ist ein Unglück, sich seiner nicht mehr zu erinnern. So lange wir noch die Trümmern der Vergangenheit besuchen können, so lange hat das Leben auch immer noch eine Farbe. Aber wenn ein unruhiges Schicksal uns zerstreut, wenn die rohen Bedürfnisse des Daseins die leiseren übertäuben, wenn die Notwendigkeit uns zu denken, zu streben, zu handeln zwingt, wenn neue Gedanken sich zeigen und wieder verschwinden, neue Wünsche sich regen und wieder sinken, neue Bande sich knüpfen, und wieder zerreißen, wenn wir dann zuweilen, flüchtig, mit ermatteter Seele, die geliebten Ruinen besteigen, das Blümchen der Erinnerung zu pflücken, und dann auch hier alles leer und öde finden, die schönsten Blöcke in Staub und Asche gesunken (...), dann erst verwelkt das Leben, dann bleicht es aus, dann verliert es alle seine bunten Farben (...) zu schnell wechseln die Erscheinungen im Leben, zu eng ist das Herz sie alle zu umfas-

---

[427] Poetik. Kap. 13. S. 1453ᵃ 4.
[428] Nietzsche: Werke. Hrsg. von K. Schlechta. Bd. II. 1969. S. 654.

sen, und immer die vergangnen schwinden, Platz zu machen den neuen – Zuletzt ekelt dem Herzen vor den neuen, und matt gibt es sich Eindrücken hin,
deren Vergänglichkeit es vorempfindet – Ach, es muß leer und öde und trau-
rig sein, später zu sterben, als das Herz –[429]

Uns geht hier zunächst nur an, daß sich vom letzten Satz dieses Zitats her sein erster Satz folgendermaßen uminterpretieren läßt: »Ja, es
ist kein Unglück, das Glück verloren zu haben, das erst ist ein Unglück,
sich seiner selbst nicht mehr zu erinnern«, also positiv: »Das Glück
besteht darin, sich seiner selbst erinnern zu können.« So stellt sich heraus, daß »Herz« hier bei Kleist gleichsam die Übersetzung dessen ist,
was Aristoteles Seele nennt: Es war der Weg, auf dem Kleist zur Korrektur und Lösung des früheren Satzes fand, der seiner Berufung zum
Dramatiker noch im Wege gestanden hatte: »Aber der Irrtum liegt
nicht im Herzen, er liegt im Verstande und nur der Verstand kann ihn
heben.«

Es ist nicht zu leugnen, daß die soeben abgeleitete Kontraktion (»Das
Glück besteht darin, sich seiner selbst erinnern zu können«) nicht nur
an das von Staiger[430] der Lyrik zuerkannte ›Erinnern‹ gemahnt, sondern dieses sogar noch weiter zu introvertieren scheint. Das dramatische Erinnern als ein ›sich im Innern seiner selbst gewiß werden‹ hat
es gleichfalls weder mit der Erinnerung von Vergangenem zu tun, noch
mit dem, ›was jetzt geschieht‹, wie durch das Zitat aus dem Kleistbrief
vom 18. Juli 1801 noch einmal bestätigt wird. Lyrische Erinnerung im
Sinne Staigers ist aber im Unterschied zur dramatischen Erinnerung
»der Name (...) für das Fehlen des Abstands zwischen Subjekt und Objekt, für das lyrische Ineinander«,[431] denn »in der (sc. lyrischen) Stimmung sind wir in ausgezeichneter Weise ›draußen‹, nicht den Dingen
gegenüber, sondern in ihnen und sie in uns.«[432] Wenn hier auch die
»Möglichkeit einer Verständigung ohne Begriffe (...) sich (an)deu-
tet«,[433] so geht doch das Objekt als ›Welt‹ in das lyrische Moment ein,
so daß Staiger Fr. Th. Vischers Wort vom »punktuelle(n) Zünden der
Welt im lyrischen Subjekt«[434] zitieren kann. Demgegenüber erweist
sich zuletzt die dramatische Dichtung, nämlich in Aristotelischer Theorie und Kleistscher Praxis, in ihrem Kern als die subjektivste der drei
literarischen Gattungen: In ihr ist, in dem Tragödie und Komödie spe-

[429] II. S. 672.
[430] Staiger: Grundbegriffe der Poetik. S. 13–82.
[431] A.a.O. S. 62.
[432] A.a.O. s. 61.
[433] A.a.O. S. 18.
[434] A.a.O. S. 23.

zifisch bestimmenden Moment, auf den die Gesamtstruktur des Dramas hingeordnet ist, alle ›Welt‹ ausgeschlossen.

Nun verweist Staiger – im Anschluß an Hofmannsthals ›Gespräch über Gedichte‹ – schon für die Lyrik auf ihre Nähe zur Mystik. Hofmannsthal hatte gesagt, daß »wir und die Welt nichts Verschiedenes sind«, und Staiger erläutert: »Was heißt aber ›Welt‹? Hier offenbar so viel wie ›das Seiende insgesamt‹. Mit diesem All, das ewig und göttlich ist, fühlt der Mystiker sich identisch. Er schließt die Augen vor dem Vielen, zieht die Fülle in Eines und hebt die Zeit im Ewigen als dem ›sunder warumbe‹ Gottes auf.«[435] Doch geht es Staiger mit Recht zugleich vor allem um den Unterschied zwischen Lyrischem und Mystischem: »Das ›sunder warumbe‹ des lyrisch gestimmten Menschen dagegen ist eng begrenzt. Er fühlt sich eins mit dieser Landschaft, mit diesem Lächeln, mit diesem Ton, nicht also mit dem Ewigen, sondern gerade mit dem Vergänglichsten.«[436]

Hat man demgegenüber das Drama – immer nach der Aristotelischen Theorie und der Kleistschen Praxis des ›Zerbrochnen Krugs‹ – als die subjektivste der drei literarischen Gattungen erkannt, so bedarf es an diesem Punkt der hier analysierten Erkenntnisse des frühen Wittgenstein, um zu sehen, daß sich das Ziel des Dramas keineswegs in einen nur psychologischen Subjektivismus auflösen läßt. Von Wittgenstein aus ist zu verstehen, warum bei der Rekonstruktion der Aristotelischen Dramentheorie alle einseitige Berücksichtigung der Aristotelischen Psychologie nur zu einseitigen Ergebnissen führen kann. Die Psychologie der ›Nikomachischen Ethik‹ behandelt allein die Probleme, von denen Wittgenstein sagt, daß sie durch seinen ›Tractatus‹ nicht gelöst worden seien — da sie darin auch nicht gelöst werden sollten –, und so ist nur aus R a n d bemerkungen der ›Nikomachischen Ethik‹ umgekehrt die – freilich entsprechend zu interpretierende – ›Poetik‹ als der Ort zu erschließen, an dem es Aristoteles um jene ethische Transzendierung der Psychologie zu tun sein konnte, die das Ziel von Wittgensteins ›Tractatus‹ ist. Dafür, d a ß wir die ›Poetik‹ des Aristoteles so zu interpretieren haben, darf ich also von der S a c h e her Wittgenstein zum Zeugen benennen: »Es ist klar, daß sich die Ethik nicht aussprechen läßt. Die Ethik ist transcendental. (E t h i k und Ä s t h e t i k s i n d E i n s .)«[437]

Das dramatische Werk transzendiert seine eigenen Ausdrucksmittel somit genau dort, wo es sich als ästhetisches Werk vom nicht-ästhe-

---

[435] A.a.O. S. 64.
[436] Ebd.
[437] Wittgenstein: Tractatus. 6.421. (Hervorhebung von mir).

tischen unterscheidet: Die ›Logik der Dichtung‹ – so müssen wir hier Käte Hamburgers Ansatz erweitern – sieht es nicht nur »auf ein Verhältnis der Dichtung zur Sprache ab«, sondern zuletzt gerade auf das Unzulängliche dieses Verhältnisses, also zuletzt doch auf »Sprachkritik« im Sinne Wittgensteins, die Käte Hamburger aus ihrer ›Logik der Dichtung‹ ausdrücklich verbannte.[438] Der Glaube des Dramas ist, mit Wittgenstein zu reden, eine ›interne‹ Eigenschaft des Dramatischen: »Das Bestehen solcher interner Eigenschaften und Relationen kann aber nicht durch Sätze behauptet werden, sondern es zeigt sich in den Sätzen, welche jene Sachverhalte darstellen und von jenen Gegenständen handeln.«[439] Es ist dabei zwar biographisch ein Zufall, von der Sache her aber bezeichnend, daß Wittgenstein zur Erläuterung dieses Satzes sich derselben Ausdrucksweise bedient wie Kleist in der Komödie. Kleist hatte den Gerichtsrat Walter zu Eve sagen lassen: »Mein liebenswertes Kind! Wenn du mir deine / Unschuldigen (sc. Züge) bewährst, wie ich nicht zweifle, / Bewähr ich auch dir meine menschlichen.«[440] Wittgenstein erläutert seinen Begriff der »internen Eigenschaft« mit den Worten: »Eine interne Eigenschaft einer Tatsache können wir auch einen Zug dieser Tatsache nennen. (In dem Sinn, in welchem wir etwa von Gesichtszügen sprechen.)«[441] Und: »Eine Eigenschaft ist intern, wenn es undenkbar ist, daß ihr Gegenstand sie nicht besitzt.«[442]

Wie also die ›internen Eigenschaften‹ des Menschen sich in seinen Gesichtszügen zeigen – darin sich ausdrückend, ohne daß sie positivistisch daraus ›abzulesen‹ wären –, so ist die Unschuld, die Eve demnach nicht nur ›äußerlich‹ als die Unschuld ihrer Gesichtszüge zu »bewähren« hat, in ihr als eine Eigenschaft angelegt, die nicht so sehr bewährt werden muß, als mit Sicherheit bewährt werden kann und wird. Für das Drama aber heißt das – indem es zuletzt die Möglichkeit solcher Bewährung nicht in abstrakter Allgemeinheit, sondern als je in Wirklichkeit umgesetzte Potentialität zu vermitteln hat –, daß auch im Äußeren des dramatischen ›Zuges‹ sich ein ›Internes‹ zu zeigen vermag, eben als solches und nur als solches dramatisch zugleich »ein Unum wie ein Bonum wie vor allem ein Verum«.[443]

---

[438] Käte Hamburger: Die Logik der Dichtung. 2. Aufl. 1968. S. 9–10.
[439] Tractatus 4.122.
[440] V. 1955–57.
[441] Tractatus 4.1221.
[442] Tractatus. 4.123.
[443] Bloch: Das Prinzip Hoffnung. S. 1562.

Daß sich ein solches auf solche Weise in Kleists Lustspiel zeigt, erhebt Kleists ›Zerbrochnen Krug‹, wie nun deutlich werden wird, im Aristotelischen Sinne in den Rang der Komödie. Solche Unterscheidung zwischen Komödie und Lustspiel, die die Komödie unter den Gattungsbegriff des Lustspiels stellt, läßt sich zwar als solche bei Aristoteles nicht direkt nachweisen, doch mag man davon ausgehen, daß er genauso wie bei der Tragödie auch in der Bestimmung der Komödie – dabei zugleich historisch-genetisch und systematisch-typologisch verfahrend – einen Komödienbegriff herauszuarbeiten suchte, der die Bedingungen angab, unter welchen die Komödie »ihre eigene Natur erreichte«[444] und insofern erst eigentlich zur Komödie wurde.

So läßt sich mit Hilfe des vierten Buches der ›Nikomachischen Ethik‹ zeigen, daß Aristoteles die Komödie wahrscheinlich auch gegen einen zweiten Lustspieltypus abgegrenzt hat: gegen die Posse, die auf solche Weise ihrerseits eine bestimmte Definition erfährt. An der genannten Stelle bezeichnet Aristoteles nämlich die Haltung des Possenreißers als mißlich, weil es diesem nur darauf ankomme, die Leute um jeden Preis zum Lachen zu reizen.[445] Interpretiert man diese Definition des Possenreißers im Sinne einer Aristotelischen Bestimmung der Posse, so heißt das, daß die Posse zwar bewirkt, daß der Zuschauer lacht, nicht aber, daß er die Wirkung der Katharsis an sich erfährt, die das Lustspiel zur Komödie macht. Weiter erklärt Aristoteles zwar ausdrücklich, daß »die Menschen Erholung und Kurzweil im tätigen Leben notwendig brauchen«,[446] und bestätigt und anerkennt damit grundsätzlich die sozialpsychologische Funktion auch des Possenreißers. Doch habe der Possenreißer obendrein die Eigenschaft, um des unbedingten Effektes willen Dinge zu äußern, die ein »feiner und auf seine Freiheit bedachter Mensch« nie sagen würde, ja über die er bisweilen sogar, wenn er sie hört, nur gegen seinen Willen lacht.[447] Daraus läßt sich indirekt ein dritter Lustspieltypus ableiten, auf den die gegen die Posse gerichteten Vorwürfe nicht zutreffen, der aber deshalb doch noch keine Komödie bezeichnet: das ›ernste Lustspiel‹.[448] Begreift man schließlich die oben

---

[444] Vgl. Aristoteles: Poetik. Kap. 4. S. 1449a14: »καὶ πολλὰς μεταβολὰς μεταβαλοῦσα ἡ τραγῳδία ἐπαύσατο, ἐπεὶ ἔσχε τὴν αὑτῆς φύσιν.« Dagegen vermutet H. Arntzen in seinem Aufsatz ›Komödie und episches Theater‹ (in: Der Deutschunterricht 21. 1969. Heft 3. S. 68): »Bei Aristoteles sind also ›Tragödie‹ und ›Drama‹ nahezu identisch. Und obwohl er auch die Komödie natürlich als eine dramatische Gattung sieht, gilt sie ihm offenbar doch nicht als ›dramatisches Drama‹ (...)«

[445] Aristoteles: Nikomachische Ethik. Buch IV. Kap. 14. S. 1128a4–6.

[446] A.a.O. S. 1128b3–4. (Übersetzung nach Dirlmeier).

[447] A.a.O. S. 1128a33–36.

[448] Vgl. den Titel von Helmut Arntzens mehrfach zitiertem Buch ›Die ernste Ko-

zitierte Aussage des Aristoteles, in der Komödie gehe es zuletzt nicht um den Spott, sondern um das Lächerliche, wiederum als Bestandteil einer Typologie des Lustspiels, dann folgt aus der besonderen Funktion, die Aristoteles dem Lächerlichen in der Komödie zuweist, daß auch das nur satirische Lustspiel – der vierte Lustspieltypus – im Aristotelischen Sinne noch keine Komödie ist.

Man braucht nicht eigens darauf hinzuweisen, daß mit den Typenbezeichnungen von Posse, satirischem und ernstem Lustspiel auch die traditionelle Beschreibung der typologischen Entwicklung des d e u t - s c h e n Lustspiels skizziert ist. Die ›zu ihrer eigenen Natur gekommene‹ K o m ö d i e jedoch ist nun erst noch in ihrer Aristotelischen Deutung am Beispiel des ›Zerbrochnen Kruges‹ als ein eigener Typus innerhalb des deutschen Lustspiels nachzuweisen, und zwar in Abgrenzung gegen L e s s i n g s Aristoteles-Verständnis.

3. Rekonstruktionsversuch der Aristotelischen Komödientheorie aus seiner Tragödientheorie

a) Der Aristotelische Tragödiensatz

Meine Analyse konnte zeigen, daß Aristoteles die dramatische Katharsis mit einiger Wahrscheinlichkeit weder im Sinne der von Lessing behaupteten m o r a l i s c h e n Verwandlung bestimmter Affekte in »philanthropische Empfindungen«[449] und »tugendhafte Fertigkeiten«[450] verstanden hat,[451] noch aber auch nur als eine »körperlich-seelische Schocktherapie«, wie Hans Mayer[452] im Anschluß an Wolfgang Schadewaldt und Hellmut Flashar[453] erklärt. Wolf-Hartmut Friedrich hat

mödie‹. – Schon bei Platon fand sich die Forderung des ›ernsten Scherzes‹ ($\sigma\pi o\upsilon\delta\alpha\iota o\gamma\acute{\epsilon}\lambda o\iota o\nu$). Zahlreiche Belege dafür bietet Armando Plebe: La teoria del comico da Aristotele a Plutarco. Torino 1952. S. 14. Anm. 36.
[449] Lessing: Hamburgische Dramaturgie. 77. Stück. S. 304.
[450] ›Hamburgische Dramaturgie‹. 78. Stück. S. 308.
[451] Lessings Ziel, eine moralische statt einer nur emotionalen Wirkung der Tragödie zu beweisen, wird detailliert und einleuchtend analysiert von Peter Michelsen: Die Erregung des Mitleids durch die Tragödie. Zu Lessings Ansichten über das Trauerspiel im Briefwechsel mit Mendelssohn und Nicolai. In: Deutsche Vierteljahrsschrift 40. 1966. S. 548–566.
[452] Hans Mayer: Lessing und Aristoteles. In: Festschrift für Bernhard Blume. Aufsätze zur deutschen und europäischen Literatur. Hrsg. von E. Schwartz, H. G. Hannum und E. Lohner. 1967. S. 68.
[453] Wolfgang Schadewaldt: Furcht und Mitleid: In: Hermes 83. 1955. S. 129ff. Hellmut Flashar: Die medizinischen Grundlagen der Lehre von der Wirkung der Dichtung in der griechischen Poetik. In: Hermes 84. 1956. S. 12ff.

sich zwar entschieden dagegen verwahrt, daß »die κάθαρσις des religiös-sittlichen Charakters entkleidet und als medizinischer Fachausdruck verstanden wurde, nicht als Läuterung sondern als Purgierung.«[454] Doch stellt er Lessing darin über Aristoteles, daß er konstatiert: »Wie immer man sich die Katharsis vorstellen mag, sie hat es mit unvernünftigen, blinden Affekten zu tun, die sie entweder in der Seele abklären oder aus der Seele wegleiten soll. Die Empfindungen Dejaneiras, Iphigeniens und der Okeaniden sind dagegen vernünftig, sehend und bezeugen ein gesittetes Gemüt.«[455] Von Aristoteles dürfte man nicht mehr erwarten als die Erinnerung »an die massivsten Angriffe auf die Nerven der Zuschauer, an die unmittelbar überwältigenden, entsetzlichen, herzzerreißenden Szenen«, weil eine »Definition, die der poetischen Gattung und nicht der besonderen Leistung gerecht werden will, (...) ihren Ort notwendig weit unten, nahe der Wurzel und fern von den geistigen Spitzen (hat).«[456] Hier ist Friedrich nicht so sehr, wie dies Hans Mayer[457] tat, vorzuhalten, daß er nicht scharf genug zwischen szenischer Darstellung und Wirkungsästhetik trenne. Entscheidender ist, daß Friedrich selbst an dieser Stelle kaum über die bloße Purgierungsthese hinausfand, da er den »religiös-sittlichen Charakter« der Aristotelischen Tragödiendefinition kaum mehr als seine Gegner inhaltlich zu begründen vermochte. Die noch fehlende Voraussetzung lag in dem, was nach Newalds unzutreffender Behauptung[458] schon Lessing geschah, nämlich »an der Alleinherrschaft der Moral irre geworden« zu sein. Von hier aus erst ergibt sich die Notwendigkeit dramatischer Vermittlung von Ratio und Emotion: die Konstituierung des Dramas als poetischer Gattung durch die in ihm vollzogene, von der Ratio selbst geforderte religiöse Grenzüberschreitung der Ratio – eine Grenzüberschreitung, die nicht die Selbstaufhebung der Ratio, sondern zuletzt gerade umgekehrt die Ermöglichung der Ratio zum Ziele hat.

Geht man also davon aus, daß das Aristotelische Dramenverständnis wirklich in dem früher entwickelten »religiös-sittlichen« Sinne als übergeordnetes Prinzip nicht nur seiner Tragödien-, sondern auch seiner Komödiendefinition zugrunde liegt, dann muß seine Tragödientheorie der Tragödie zugleich ihre artspezifische dramatische Funktion gegenüber der Komödie zuweisen und es muß sich seine Komödientheo-

---

[454] Wolf-Hartmut Friedrich: Sophokles, Aristoteles und Lessing. In: Euphorion. Bd. 57. 1963. S. 20.
[455] Ebd.
[456] A.a.O. S. 21.
[457] Hans Mayer: Lessing und Aristoteles. S. 65.
[458] Vgl. Michelsen a.a.O. S. 565.

rie indirekt aus seinem Tragödien-Satz ableiten und rekonstruieren lassen. Damit aber ließe sich zugleich umgekehrt aus der Aristotelischen Theorie bestätigen, was ich in meiner ganzen Untersuchung vorausgesetzt habe: daß nämlich Komödie und Tragödie mit zwar verschiedenen, aber doch analogen Mitteln wirkungsästhetisch dasselbe spezifisch ›ernste‹ dramatische Ziel verfolgen. Hier fände sich dann eine letzte Rechtfertigung der These, daß die Interpretation des ›Zerbrochnen Krugs‹ nicht auf die Analyse seiner lustspielhaften Elemente beschränkt werden dürfe.

Die Arbeitshypothese[459] einer weitgehenden Analogie der Aristotelischen Komödientheorie mit seiner Tragödientheorie macht es erforderlich, hier zuerst noch einmal auf seinen so oft strapazierten Tragödien-Satz einzugehen: »Die Tragödie ist ein Drama, in dem vermittels Eleos und Phobos eine Katharsis von eben derartigen Affekten bewirkt wird.« Ich folge zunächst in der Deutung von Eleos und Phobos modifizierend den Ergebnissen Schadewaldts:

1. Der griechische Begriff des Eleos deckt sich nicht mit dem christlich-humanitären Mitleidsbegriff, wofern dieser auf ›caritas‹, tätige christliche Nächstenliebe zielt. Daß es sich um diese bei Aristoteles nicht handeln kann, wird klar, wenn man sich vor Augen führt, daß in der Tragödie der Held in ein unabwendbares, schreckliches Unheil gerät. Hier wäre alles Helfen-Wollen, wo nicht geholfen werden kann, sinnlos. Ich will dennoch, diese Erläuterungen nun voraussetzend, im folgenden weiter statt des von Schadewaldt vorgeschlagenen Wortes ›Jammer‹ das Wort ›Mitleid‹ gebrauchen, weil in ›Jammer‹ nicht mehr wie in ›Mitleid‹ kenntlich ist, daß der Jammer des Zuschauers durch das Leid eines anderen – eben der Dramenperson – hervorgerufen wird. Das fremde Leid, auf dem das Mit-leid des Zuschauers beruht, ist nach der Terminologie des Aristoteles das »Pathos« als »eine zum Untergang führende oder qualvolle Handlung, wie etwa Tod auf der Bühne, Schmerzen, Verwundungen und dergleichen«.[460] Auch das Aristotelische ›Pathos‹ ist also vom heutigen Gebrauch dieses Wortes ganz verschieden. –

2. Mit Phobos ist in der Aristotelischen Definition nicht Furcht gemeint im Sinne einer Furcht vor etwas, das dann eintreten kann oder auch nicht, sondern der elementare Schrecken, die Lähmung angesichts des furchtbaren, unabänderlichen Geschicks. Daß ich jedoch

---

[459] Vgl. hierzu besonders Armando Plebe: La teoria del comico da Aristotele a Plutarco. Torino 1952.
[460] Aristoteles: Poetik. Kap. 11. S. 1452b11–13. (Übersetzung nach Olof Gigon: Aristoteles: Poetik. 1964. S. 43).

auch Phobos nicht wie Schadewaldt mit ›Schrecken‹, sondern mit ›Entsetzen‹ wiedergebe, werde ich im folgenden in der Interpretation des Aristotelischen Begriffs der Katharsis begründen.

Nach Schadewaldts Deutung des Aristoteles hat die Katharsis der Tragödie die Aufgabe, dem Zuschauer zum befreienden Abreagieren seiner Affekte zu verhelfen, die durch die Tragödie erst künstlich in ihm erzeugt werden. Hier scheint es aber der Vermittlung mit jener Erweiterung der Tragödiendefinition durch den Begriff der Philanthropia im 13. Kapitel der ›Poetik‹ zu bedürfen, die im 76. Stück der ›Hamburgischen Dramaturgie‹ schon Lessing zu seiner »philanthropischen« Deutung der Tragödie herangezogen hat. Voraussetzung ist freilich eine neue Interpretation dieses Begriffes. An der genannten Stelle der ›Poetik‹ heißt es, es dürfe in der Tragödie nicht gezeigt werden, wie schlechte Menschen vom Unglück ins Glück geraten, weil das den unabdingbaren Forderungen der Tragödie widerspreche und weder Philanthropia, noch Mitleid, noch Entsetzen erzeuge. Lessing äußert dazu:

> Ich kenne nichts Kahleres und Abgeschmackteres, als die gewöhnlichen Übersetzungen dieses Wortes Philanthropie. Sie geben nämlich das Adjektivum davon im Lateinischen durch hominibus gratum; im Französischen durch ce que peut faire quelque plaisir; und im Deutschen durch ›was Vergnügen machen kann‹. Der einzige Goulston, soviel ich finde, scheinet den Sinn des Philosophen nicht verfehlt zu haben, indem er das φιλάνϑρωπον durch quod humanitatis sensu tangat übersetzt. Denn allerdings ist unter dieser Philanthropie auf welche das Unglück auch eines Bösewichts Anspruch macht, nicht die Freude über seine verdiente Bestrafung, sondern das sympathetische Gefühl der Menschlichkeit zu verstehen, welches, trotz der Vorstellung, daß sein Leiden nichts als Verdienst sei, dennoch in dem Augenblicke des Leidens in uns sich für ihn reget.[461]

Man muß hier Lessing sicher soweit folgen, daß auch das Streben, um das es wirkungsästhetisch geht, also das Streben des Zuschauers, zugleich als ein Streben nach dem moralisch Guten definiert ist. Dagegen verfehlt Lessings Beharren auf der Mitmenschlichkeit die wirkungsästhetische Subjektbezogenheit des Dramenziels, und die Erklärung der Katharsis ist mit Hilfe der Aristotelischen – bloße Psychologie transzendierenden – dramatischen Anthropologie folgendermaßen zu vervollständigen: Die Tragödie erzeugt im Zuschauer über den Affekt des Mitleids zunächst den Affekt des Entsetzens, in dem der Zuschauer – dies der Grund, weshalb ich dem Wort ›Entsetzen‹ gegenü-

---

[461] Lessing: Hamburgische Dramaturgie. 76. Stück. S. 299/300. Hervorhebung von mir.

ber ›Schrecken‹ den Vorzug gebe – ›ausser sich‹ geratend sich selbst aufgibt; durch die Katharsis jedoch befreit die Tragödie den Zuschauer nicht nur von diesen Affekten, sondern wieder zu sich selbst, genauer zu einem Selbstvertrauen, welchem die Bestimmung seines Menschseins als eines strebenden Wesens wieder lieb geworden ist.

Lessing hatte die Philanthropie nur graduell vom Mitleid geschieden, das Mitleid über die Philanthropie gestellt und die Philanthropie dramaturgisch nicht selbst als Zweck, sondern nur als Mittel zum Zweck verstanden:

> Und eben diese Liebe, sage ich, die wir gegen unsern Nebenmenschen unter keinerlei Umständen ganz verlieren können, die unter der Asche, mit welcher sie andere stärkere Empfindungen überdecken, unverlöschlich fortglimmet und gleichsam nur einen günstigen Windstoß von Unglück und Schmerz und Verderben erwartet, um in die Flamme des Mitleids auszubrechen; eben diese Liebe ist es, welche Aristoteles unter dem Namen der Philanthropie verstehet. Wir haben recht, wenn wir sie mit unter dem Namen des Mitleids begreifen. Aber Aristoteles hatte auch nicht unrecht, wenn er ihr einen eigenen Namen gab, um sie, wie gesagt, von dem höchsten Grade der mitleidigen Empfindungen, in welchem sie, durch die Dazukunft einer wahrscheinlichen Furcht für uns selbst, Affekt werden, zu unterscheiden.[462]

Dieser Deutung lag zugrunde, daß Lessing schon die Verknüpfung der beiden Begriffe Eleos und Phobos im Sinne von »Mitleid durch Furcht« interpretierte. Statt dessen ergibt sich nun, daß der Affekt des Entsetzens, um des dramatischen Zieles im Aristotelischen Verstande willen, wirkungsästhetisch nur durch den Affekt des Mitleids zu erzeugen ist, nicht umgekehrt.[463] Für das Dramenziel der Aristotelischen Philanthropie gilt dann freilich, daß der Bestandteil der »Autopathie« nur logisch, nämlich poeto-logisch, von dem der »Sympathie« zu unterscheiden ist, da es sich dabei offenbar um zeitlich kaum zu trennende Aspekte ein und desselben Affekts handelt und die Unterscheidung zwischen einem primär subjektbezogenen und einem primär objektbezogenen Affekt in diesem Falle also streng genommen nicht zulässig ist.[464] (Dramen-)poeto-logisch aber muß hier die »Autopathie« als das eigentliche Ziel der Wirkungsästhetik verstanden werden, ein Ziel, dem gegenüber die neue Sympathie nur sekundäre Folgeerscheinung ist.

---

[462] Lessing a.a.O. S. 300/301.
[463] Vgl. dagegen Friedrich a.a.O. S. 14.
[464] Für die Unterscheidung von subjekt- und objektbezogenen Affekten vgl. das von Plebe (S. 17, Anm. 48) zitierte Fragment eines ägyptisch-griechischen Papyrus mit der stoischen Unterscheidung von αὐτοπάθεια und συμπάθεια, bezogen auf den Begriff der φιλανθρωπία.

Wenn aber die Tragödie, die als Mimesis das Leid fiktiv ›darstellt‹, den Zuschauer durch die Darstellung f r e m d e n, zum Entsetzlichen gesteigerten Leidens über das Mitleid, das ein Mit-entsetzen ist, zum eigenen Entsetzen führt, um ihn vor der Gefahr der Verzweiflung und Selbstaufgabe zu bewahren, so ist zu fragen, wie sie dies zu leisten vermag. Hier ist zunächst daran zu denken, daß das aus dem Mitentsetzen entstandene eigene Entsetzen, das durch das Erlebnis der Tragödie nur künstlich erzeugt wurde, doch nicht frei ist von der Erleichterung, daß jenes fremde unabwendbare Leid nicht das eigene sei, welches vielmehr hinter jenem immer noch zurückstehe. Dies eben ist die Aufgabe der tragischen M i m e s i s, daß sie dem Zuschauer die D i s t a n z zum unabwendbaren Leid ermöglicht. Nach Gadamer[465] ist »die Distanz, die der Zuschauer zu dem Schauspiel hält, keine beliebige Wahl eines Verhaltens, sondern die wesenhafte Beziehung, die in der Sinneinheit des Spieles ihren Grund hat.« Die heilende Wirkung der Tragödie kommt also nicht dadurch zustande, daß sie die Kräfte des Zuschauers durch neue Kräfte von außen vermehrt, sondern daß sie, gleichsam nur das vorhandene Kräftepotential mobilisierend, es effektiv werden läßt. Die Gefahr der Selbstaufgabe wird erst dann unausweichlich, wenn nicht nur die Bereitschaft zur Ausschöpfung des Kräftepotentials, sondern dieses selbst erschöpft ist. Dafür aber objektive Bedingungen anzugeben, ist nicht möglich: Sie liegen ausschließlich als subjektive Bedingungen im Kräftepotential des Menschen selbst, und die Erschöpfung des Potentials, das hier in Frage steht, kann immer erst nachträglich in der tatsächlichen und endgültigen Selbstaufgabe des Menschen konstatiert, nie aber durch objektives Ausmessen des Potentials selbst vorhergesagt werden. Ich weise, um Mißverständnisse zu vermeiden, noch einmal ausdrücklich darauf hin, daß es damit in der Tragödie wirkungsästhetisch zuletzt nie um die äußeren ›Verhältnisse‹, sondern stets um die subjektiven ›Seelen‹-Bedingungen geht. Gefährdet ist der Mensch hier als ζῷον ὀρεκτικὸν und nicht als ›animal rationale‹: Zu stärken ist er nicht durch Erweiterung seines objektiven Wissens, sondern durch die Behandlung seiner ›Seele‹ – wenn man mit diesem Wort jenen strebenden Kräften gleichsam einen Ort und ein Organ zuweisen und ihnen so einen Namen geben will. Dabei bleibt freilich entscheidende Voraussetzung, daß solche Behandlung zuletzt nicht allein durch die Gegenüberstellung mit den D r a m e n p e r s o n e n und ihrer Geschichte geschieht. Soll es wirklich zur ›K a t h a r s i s‹ kommen, so verlangt diese die Verwandlung der dramatischen Fabel in ›H e i l s‹-Geschichte. Und

---

[465] Gadamer: Wahrheit und Methode. S. 123.

das heißt umgekehrt: Nur wo die Tragödienfabel noch in diesem Sinne als Mythos rezipiert und wahrgenommen wird, gewinnt die Tragödien-Fabel die ihr von Aristoteles zuerkannte religiös-psychotherapeutische, ›kathartische‹ Funktion.

b) Die Aristotelische Komödientheorie

Bevor ich mich der Rekonstruktion der Aristotelischen Komödientheorie zuwende, sei noch einmal Staiger zitiert: »Es dürfte nun klar sein, wie das Komische zum dramatischen Stil gehört. Der Komiker spannt, um zu entspannen. Er tut so, als wolle er hoch hinaus, um in dem Augenblick, da wir den Aufwand machen, den Aufwand zu ersparen und etwas vorzuweisen, das sich ohne weiteres selbst verbürgt.«[466] Staiger findet bei solcher Zielsetzung der Komödie selbst: »Freilich kommt die Einheit des dramatischen Werks dabei in Gefahr.« Sein Lösungsversuch lautet: »Und so geht geht es nun immer weiter im Antagonismus von dramatischer Spannung und komischer Entspannung.«[467]

Warum die naheliegende Frage nach der dramatischen Entwicklung jenes Antagonismus nicht so leicht zu beantworten ist, zeigt eine Untersuchung Eckehard Catholys mit dem Titel ›Komische Figur und dramatische Wirklichkeit‹. Catholy, der in seinem Aufsatz von der Gleichsetzung der »komischen Figur« mit dem Possenreißer und »Hans Wurst« ausgeht, kommt zu der folgenden These: »Einer genaueren Prüfung aber hält die Meinung nicht stand, daß Tragöde und Komiker Antipoden sind, die sich auf ein und derselben Ebene gegenüberstehen. (...) Der tragischen Person liegt eine andere Auffassung von der dramatischen Wirklichkeit zugrunde als der komischen Figur.«[468] Und: »(Alle anderen Personen des Dramas) spielen ihre Rollen, auf die sich Handlung und Idee des Dramas beziehen oder aus denen sie sich überhaupt erst ableiten. Sie sind auf das genaueste aufeinander bezogen, so wie es die realen Menschen im realen Leben sind. Die Personen des Dramas realisieren also die dramatische Wirklichkeit – und umgekehrt: Die Wirklichkeit des Dramas stützt sich auf seine Personen. Nichts davon trifft indes für die komische Figur, den Hanswurst oder wie sie immer heißen mag, zu. Sie wirkt sogar gegen die Handlung und

---

[466] Staiger: Grundbegriffe der Poetik. S. 199.
[467] Ebd.
[468] Eckehard Catholy: Komische Figur und dramatische Wirklichkeit. Ein Versuch zur Typologie des Dramas. In: Festschrift Helmut de Boor. 1966. S. 193.

gegen die Idee des Stücks, denn sie steht in keiner echten Beziehung zu den Personen des Dramas, sondern sie bleibt für sich, mag sie auch gelegentlich mit diesen zu schaffen haben.«[469]

Damit die Komödie als Komödie eine dramatische Handlung erhält, ist also für die komische Figur offenbar nötig, was Catholy dem Hanswurst und Possenreißer mit Recht abspricht: daß nämlich der Zuschauer durch ihr Rollenspiel und ihre Funktion in der dramatischen Wirklichkeit des Stücks »an seine eigene Rollenhaftigkeit erinnert wird, an die Art und Weise, wie er sich gemäß den Funktionen, die ihm zugefallen sind, geben und ausdrücken muß.«[470] Damit ist jedoch gerade nicht gesagt, daß der Zuschauer sich mit der im Aristotelischen Sinne eine Komödie konstituierenden komischen Figur in der Weise identifizieren könnte, daß ihm das, was an ihr »lächerlich« ist und was Aristoteles ausdrücklich einen »Fehler« ($\dot{\alpha}\mu\dot{\alpha}\rho\tau\eta\mu\alpha$) und eine »Schande« ($\alpha\tilde{\iota}\sigma\chi\sigma\varsigma$)[471] nennt, an die Stelle dessen tritt, was er bislang als den ihm selbst wie der Komödienfigur gemäßen ›Entwurf‹ betrachtete. Soll das Drama – durch die komische Figur – eine Komödie und die Komödie – wiederum durch die komische Figur! – ein Drama bleiben, so darf der ›Entwurf‹ der Komödienfigur bis zum Komödienende als das erst noch zu Erreichende gegenüber dem je dargestellten ›Voraus‹ nicht aus dem Blick geraten. Gerade also, weil der Possenreißer vorzuweisen hat, was »sich ohne weiteres selbst verbürgt«, kann er aus dramatischen Gründen nicht konstituierende Figur der Komödie sein.

Ich verweise statt dessen auf das vierte Kapitel der ›Poetik‹. Dort rühmt Aristoteles, anläßlich einer Einführung in die Geschichte der Komödie, daß Homer als erster das »Wesen der Komödie« angedeutet habe, indem er »nicht den Spott ($\psi\dot{\sigma}\gamma\sigma\varsigma$), sondern das Lächerliche ($\gamma\epsilon\lambda\sigma\tilde{\iota}\sigma\nu$)« dramatisch dargestellt habe.[472] Plebe[473] folgert aus der zitierten ›Poetik‹ - Stelle, Aristoteles habe den Spott – den Plebe mit dem Aristotelischen Verdikt gegen die persönliche Invektive zusammenbringt – aus der Komödie entfernen und damit die Komödie auf ein höheres, »urbaneres« Niveau heben wollen. Aristoteles wollte aber doch wohl vor allem auch darauf hinweisen, daß es in der Komödie nicht darauf ankomme, daß der (oder das) Lächerliche in seiner Fehlerhaftigkeit entlarvt werde, sondern daß der Zuschauer selbst durch das Lachen über das Lächerliche in die Rolle der komischen Figur ge-

---

[469] Catholy a.a.O. S. 199.
[470] A.a.O. S. 198.
[471] Aristoteles: Poetik. Kap. 5. S. 1449a34–35.
[472] Aristoteles: Poetik. Kap. 4. S. 1448b37.
[473] A. Plebe: La teoria del comico. S. 20–21.

drängt wird. Es ist ja deutlich das Lächerliche in der Komödie das Pendant zum Leid (›Pathos‹) in der Tragödie. Für das von Aristoteles gemeinte Lächerliche gilt zwar, daß es insofern »harmlos« (ἀνώδυνον)[474] sein muß, als es nicht wie das Leid der Tragödie eine »zum Untergang führende oder qualvolle Handlung« zeigt, weil es sonst nicht Spott, sondern Mitleid hervorrufen würde. Keineswegs harmlos ist das Lächerliche dennoch in dem anderen und für die Wirkungsästhetik wesentlichen Sinne, daß das Lächerliche die überhebliche Selbstgefälligkeit und Selbstgerechtigkeit dessen hervorruft, der spottend darüber lacht, indem er – ich gebrauche die Begriffe Staigers – das von der Komödienfigur zur Schau gestellte ›Voraus‹ gegenüber dem ihr und ihm auferlegten ›Entwurf‹ als »Fehler« und »Schande« zu erkennen meint, über die er sich selbst erhaben glaubt.

Wieder erzeugt also das Lächerliche, wie das Leid, einen doppelten Affekt – bzw. zwei Vektoren eines einzigen –: Das Lachen des Zuschauers ist – auch hier mindestens im logischen Sinne – zuerst objektbezogen, um dann zur Rückwirkung auf das eigene Bewußtsein zu führen. Es handelt sich demnach auch in der Komödie um einen Doppelaffekt, der der Katharsis bedarf. Plebe hat antike Zeugnisse bei Jamblich und Proklos sowie in byzantinischen Abhandlungen als wahrscheinlichen Beleg für die Aristotelische These einer komischen Katharsis beibringen können.[475] Damit geht gut zusammen, daß Aristoteles seine Beschäftigung mit der Komödie gegenüber Platons Verdikt rechtfertigen mußte, heftiges Lachen sei Ausdruck einer irrationalen Verwirrung der Seele.[476] Eben dies tat er offenbar durch seine These, daß durch die Katharsis die schließliche Aufhebung der eingestandenermaßen zuvor bewirkten irrationalen Verwirrung erreicht werde.

Damit zeigt sich, daß alle komische Entspannung solange in immer neue Spannung übergehen muß, wie die Entspannung durch das – mit Catholy zu sprechen – »reale Leben« als scheinhaft widerlegt wird. Die komische Figur wird in der Komödie dadurch zur dramatischen Person, daß sie immer neu von der Wirklichkeit eingeholt wird, aus deren Gesetzen sie auszubrechen sucht, um sie dennoch für sich auszubeuten. So treibt die dramatische Entwicklung die komische Person immer weiter in die Enge, bis der Verstoß gegen die Wirklichkeit, immanent betrachtet, nicht als ersparter, sondern im Gegenteil als überflüssiger, ja dem selbst gesteckten Ziel entgegenwirkender Aufwand plausibel gemacht ist, der statt ins Glück in feindliche Isolierung führt. Dabei ist

---

[474] Aristoteles: Poetik. Kap. 5. S. 1449a35.
[475] Plebe: La teoria del comico. S. 18.
[476] Platon: Der Staat. 3. Buch. S. 388e5–7.

es zwar gleichgültig, ob der Zuschauer am Ende mit der komischen Person – als dem scheinbaren Sieger – oder über sie – als den offenbaren Verlierer – lacht. Unverzichtbar dagegen ist, daß das Entzücken, durch das der Zuschauer ebenso außer sich gerät wie in der Tragödie durch das Entsetzen, zuletzt als Ergebnis einer Mit-freude legitimiert erscheint, die die Notwendigkeit und bewahrende Macht des moralischen Ziels sogar noch in dessen (oder der moralischen Person) scheinbarer Vernichtung gewahrt weiß.

Plebe[477] weist obendrein darauf hin, daß Cicero den Aristoteles-Schüler und -nachfolger als Haupt des Peripatos, Theophrast, exzerpiert, wenn er die »caritas hominum« – dies die lateinische Übersetzung von φιλανθρωπία – als notwendig zu wahrendes Element des Lächerlichen benennt.[478] Die caritas hominum als Liebe zu den Mitmenschen zielt dabei freilich schon bei Cicero, wie später in Lessings Tragödien-Deutung, als objektbezogenes Wohlwollen nur auf die erst sekundäre Folge gegenüber der Selbstgewißheit, die ihr logisch vorausgehen muß. Diese Selbstgewißheit ist jedoch das eigentliche Ziel der Tragödie und der Komödie, die es zwar beide wegen seiner doppelten Gefährdung mit verschiedenen Mitteln, jedoch beidemale auf dem Wege der Katharsis zu erreichen suchen. Die Katharsis aber verlangt offenbar auch für die Fabel der Komödie, daß sie als ›Heils‹-Geschichte konzipiert ist und also insofern an den religiösen Mythos gebunden bleibt.[479]

---

[477] Plebe: La teoria del comico. S. 17.
[478] Cicero: De oratore. II. 237.
[479] Im Anhang (S. 188) gebe ich ein Schema der hier analysierten Aristotelischen Tragödien- und Komödienbestimmungen.

Schluß:
ARISTOTELES UND ARISTOPHANES
(Die Quellenprobe)

1. Analysis und Anagnorisis: Die Aristotelische Deutung des ›König Ödipus‹

Am Ende drängt sich eine doppelte Frage auf: 1) Wieweit läßt sich nachweisen, daß Kleist Aristoteles gelesen und für sein Drama genutzt hat? 2) Wieweit ist die mit Hilfe der Kleistschen Dramaturgie gewonnene Interpretation der Aristotelischen ›Poetik‹ mit der griechischen Komödienpraxis zu vereinbaren, die der Aristotelischen Theorie zugrunde liegt? Da es auch hier wieder auf Kleists Verständnis der griechischen Komödie ankommt, wird die Beantwortung der zweiten Frage vor allem an den Nachweis gebunden sein, daß Kleist die Aristophanischen ›Wespen‹ als wichtigste Komödien-Quelle für den ›Zerbrochnen Krug‹ benutzte,[480] indem er sie vor dem Hintergrund des biblischen Mythos vom Sündenfall interpretierte.

Zunächst zu Aristoteles. Man muß sich natürlich klarmachen, daß Kleist in seiner Aristoteles-Rezeption nicht weniger als Gottsched, Lessing oder Schiller von der Aristoteles-Philologie seiner Zeit abhängig war. Die entscheidende Rolle spielte dabei die Aristotelische ›Poetik‹ in der umfangreich kommentierten Übersetzung von Curtius aus dem Jahre 1753,[481] die sich auch nach der Übersetzung des Göttinger Gelehrten J. G. Buhle[482] aus dem Jahre 1798 in Deutschland noch behaupten konnte.

---

[480] Auf Christian Felix Weißes Einakter ›Der Krug geht so lange zu Wasser, bis er zerbricht; oder der Amtmann‹ verweist Richard F. Wilkie: A new source for Kleist's ›Der zerbrochne Krug‹. In: The Germanic Review. Bd. XXIII. 1948. Heft 4. S. 239–253. Kleists Lektüre dieses Stückes soll nicht bestritten werden; ein Vergleich mit den ›Wespen‹ zeigt aber leicht deren ungleich größere Bedeutung für den ›Zerbrochnen Krug‹.

[481] Michael Conrad Curtius (Hrsg.): Aristoteles Dichtkunst, ins Deutsche übersetzt, Mit Anmerkungen, und besonderen Abhandlungen, versehen von M.C.Curtius. Hannover 1753.

[482] Johann Gottlieb Buhle: Aristoteles über die Kunst der Poesie. Aus dem Griechischen übersetzt und erläutert. Hrsg. von J.G.Buhle. Berlin 1798.

Um zu zeigen, daß es hier nicht nur auf die Quelle ankommt, sondern mindestens ebensosehr auf den, der sie liest, sei Kleists Lektüre des Curtius der Schillerschen Rezeption desselben Buches gegenübergestellt. Das Aristotelische Verdikt gegen die Episierung der Tragödie kommentiert Curtius wie folgt: »Das Heldengedicht sowohl als das Trauerspiel erfodert eine Einheit der Fabel; jedoch mit diesem Unterscheide: daß die Einheit eines Heldengedichts mehr zusammengesetzet ist, als eines Trauerspiels; weil jenes mehr Zeit und Raum einnehmen darf, als dieses, denn eine Epopee hat lange Episoden, eine Tragödie aber kurze.«[483] Das erinnert bis in den Wortlaut an Schillers nur scheinbar paradoxes Ziel einer Tragödie der »zusammengesetzteste(n) Handlung, welche der tragischen Form ganz widerstrebt« – ein Ziel, das Schiller aufgrund seiner Curtius-Lektüre mit der Technik des ›Ödipus‹ erfüllbar, oder doch nahezu erfüllbar scheinen konnte. Zu der Aristotelischen Forderung nämlich, daß jede Tragödie »aus der Verknüpfung des Knotens, und dessen Auflösung« bestehen müsse, äußert Curtius:

Der Knoten überhaupt muß eine Einheit haben. Er muß aus einer Quelle entspringen, und eine Absicht zum Endzwecke haben (...) Der Knoten selbst kann allenfalls zusammengesetzt seyn, die Ursache aber ist einfach (...) Die Theile des Knotens, und folglich der ganze Knoten müssen mit der Hauptabtheilung genau zusammen hangen. Ein Knote, der in den inneren Begebenheiten der Fabel seinen Grund hat, ist dem vorzuziehen, der nur durch äußere Zufälle geknüpfet wird. Der Knote entspringt aber von äußeren Begebenheiten (...) wenn die Begebenheit, die den entfernten Grund des Knotens in sich enthält, keinen Theil der Handlung ausmachet.«[484]

Dabei war es offenbar ein Versehen von Curtius, gerade den ›Ödipus‹ von dieser letzten Spezies mit der Begründung auszunehmen, daß in ihm der »Knoten größtentheils durch innerliche und aus dem Stücke selbst gezogene Begebenheiten geknüpfet« sei, während er, Curtius, doch »in der *Iphigenia* in Aulis (den) Zorn der Diana gegen die Griechen, in der taurischen *Iphigenia* (den) Ausspruch eines Orakels (!) (...), in dem *verlornen Paradiese* (sc. Miltons), die Überwindung des Satans«[485] ausdrücklich als »äußere Begebenheiten« bezeichnete. Dieses Versehen in Bezug auf das Orakel im ›Ödipus‹ konnte Schiller umso eher berichtigen, als Aristoteles kurz vor der hier von Curtius kommentierten Stelle eigens erklärt hatte: »Keine Begebenheit des Trauerspiels muß sich ohne eine gegründete Ursache zutragen. Sollte aber dieses nicht möglich seyn, so muß solche Begebenheit wenigstens kei-

---

[483] Curtius: Aristoteles Dichtkunst. S. 281. Anm. 256.
[484] Curtius a.a.O. S. 272. Anm. 244.
[485] Curtius a.a.O. S. 273.

nen Theil der Handlung ausmachen, wie in dem *Oedipus* des *So-phokles*.«[486] Schiller konnte schließen, daß Aristoteles hier das Orakel meine, da der zitierte Satz auf die vorige Forderung des Aristoteles folgte: »Hieraus wird klar, daß die Auflösung des Knotens aus der Fabel selbst erfolgen müsse, und nicht durch eine Maschine (...) Denn Maschinen dürfen nur außerhalb der Handlung angewandt werden, entweder das Vergangene, so ein Mensch nicht wissen kann, zu entdekken; oder das Zukünftige voraus zu sehen, und zu verkündigen. Denn den Göttern schreiben wir die Wissenschaft aller Dinge zu.«[487] Daß das auch auf das Orakel zielte, schien ja auch Curtius selbst zu meinen, da er eine »Maschine« ausdrücklich als die »Erscheinung eines Gottes, ein(en) Orakelspruch, ein Wunderwerk etc.« definierte.[488] So findet sich sogar der von Schiller in diesem Zusammenhang formulierte Satz, daß man »bei veränderten Personen und Zeiten« das Orakel natürlich nicht beibehalten könne, schon bei Curtius: »Die Zeitläufe sind unendlich von einander unterschieden. Maschinen hatten zu des Sophokles (!) Zeiten nichts unglaubliches, und unwahrscheinliches: man konnte sie also eher aufführen, als zu unsern Zeiten, da sie vollkommen fehlerhaft seyn würden.«[489]

Während diese Feststellung für Curtius nichts Problematisches hatte, da Crebillon und Racine auch ohne Maschinen ausgekommen seien, hat Schiller in diesem Punkt – das wurde oben ausführlich behandelt – entschieden tiefer gesehen. Im übrigen aber hielt er sich, wie er meinte notgedrungen, durchaus an Curtius, der zwar zugestand, daß der Dichter »vor der Fabel um einen Hauptcharakter bekümmert seyn«[490] könne, die Fabel selbst und ihre »Umstände« aber für wichtiger erklärte:

> Der Poet muß, nach der Vorschrift des Aristoteles, selbst erfinden, und sich der schon bekannten Fabeln geschickt bedienen. Dieses fodert von dem Dichter nicht eben die Erfindung neuer Fabeln, sondern neuer Umstände, und in dieser Erfindung besteht der gute Gebrauch bekannter Fabeln, den *Aristoteles* fodert. Manche Fabeln sind überall, oder zum Theil, nicht geschickt, auf der Bühne vorgestellt zu werden (...) Hier muß dann der Poet Umstände verändern (...), nachdem er solches den Absichten seines Stückes gemäß findet. Andere Umstände der Begebenheiten können dem Charakter, welchen der Dichter abbilden, und den Leidenschaften, welche er erregen will, im Wege stehen (...)[491]

[486] A.a.O. S. 33.
[487] Ebd.
[488] A.a.O. S. 244. Anm. 210.
[489] A.a.O. S. 242.
[490] A.a.O. S. 122. Anm. 86.
[491] A.a.O. S. 206. Anm. 181.

Ohne Zweifel ging Schiller auf solche Bestimmungen ein, als er über seinen ›Wallenstein‹ – dessen »Fabel« (Historie) bekannt war und dennoch in ihren poetischen »Umständen« erst »erfunden« werden mußte – an Goethe schrieb: »Da der Hauptcharakter eigentlich retardierend ist, so tun die Umstände eigentlich alles zur Krise, und dies wird, wie ich denke, den tragischen Eindruck sehr erhöhen.« Auf diese Weise versuchte er, durch die formale, »tragische« Anordnung seines Stoffes ein Problem des Stoffes selbst zu lösen, das sich seinem Kausalitätsdenken stellte und ihn als Historiker eben dort in Schwierigkeiten brachte, wo »die Begebenheiten auch noch so kompliziert und von Umständen abhängig waren.« Wenn für ihn im ›Ödipus‹ »alles (...) schon da (war), und es nur herausgewickelt (wurde)«, dann ging es ihm in dieser »Analysis« um die Entfaltung des kausalen Nacheinanders und letzlich um die kausale Erklärung des Geschehens selbst. Nur in diesem Sinne ging es ihm um den Satz des Curtius: »Manche Fabeln sind überall, oder zum Theil, nicht geschickt, auf der Bühne vorgestellt zu werden (...) Hier muß dann der Poet Umstände verändern (...)«

Wie steht es dagegen bei Kleist? Sein stolzes Wort an Goethe, es seien – abgesehen von Weimar – Deutschlands »übrige Bühnen (...) weder vor noch hinter dem Vorhang so beschaffen«, daß sie seinen ›Zerbrochnen Krug‹ aufführen könnten, liest sich fast wie die Umkehrung jenes Curtius-Satzes und jedenfalls so, als glaube er, sich über alle Regeln hinwegsetzen zu dürfen. In Wahrheit aber war Kleist, der sich mit seinem Brief die bekannte, scharfe Reaktion Goethes einhandelte, der ›Poetik‹ des Aristoteles nicht weniger verpflichtet als Schiller – freilich auf ganz andere Weise. Für ihn muß schon der bloße Begriff der Anagnorisis – zumal aufgrund des Wortlauts der Curtius-Übersetzung – ein Reizwort gewesen sein, da Curtius nicht wie moderne Übersetzer[492] von »Entdeckung«, sondern außer von »Erkennung« vor allem von »Erkenntnis« und »Wiedererkenntniß« spricht. So hatte Aristoteles erklärt, daß diejenige Anagnorisis die schönste sei, die mit der Peripetie zusammenfalle, und er hatte den ›Ödipus‹ als Beispiel angeführt; der Satz lautet bei Curtius: »Die schönste Art der Erkenntniß ist, die mit der Glücksänderung verbunden wird, wie in dem Oedipus.«[493]

Der ›Ödipus‹ war also für Kleist nach Aristoteles das Paradigma für die schönste Art der Erkenntnis – zugleich aber für die vollendete Tragödie, die an dieser Stelle über die berühmte Tragödien-

---

[492] Vgl. Olof Gigon (Übers.): Aristoteles. Poetik. 1964. S. 42.
[493] Curtius a.a.O. S. 23.

definition des 6. Kapitels hinaus eben durch die exemplarische Erkenntnis des Ödipus definiert schien. Die Fortsetzung der Aristoteles-Stelle
lautet nämlich (immer in der Übersetzung von Curtius):

> Zwar giebt es auch andere Gattungen der Wiedererkenntniß; indem sie sich
> durch leblose oder zufällige Dinge äußert, oder jemand aus gewissen Hand-
> lungen erkannt wird, die vollzogen worden, oder nicht. Die vorbesagte Art
> aber ist die vozüglichste, in Ansehung beyder, der Fabel und der Handlung:
> denn eine, mit der Glücksänderung verknüpfte, Wiedererkenntniß wird Er-
> barmen oder Schrecken erwecken: daß aber das Trauerspiel eine Nachah-
> mung solcher Handlungen sey, liegt schon aus dem vorigen zum Grunde.
> Überdem wird durch solche Erkennung Glück und Unglück bestimmet.[494]

Bevor Aristoteles auf die »schönste Art der Erkenntnis« zu sprechen kam, hatte er die Anagnorisis allgemein definiert: »Die Erkennung ist, wie schon der Name bezeichnet, die Veränderung, welche
durch die Erkenntniß vorher unbekannter Personen entsteht, und Liebe oder Haß, in den zum Glück oder Unglück bestimmten Personen
wirket.«[496] Dazu bemerkt Curtius in seinem Kommentar: »Die Erkenntniß ist fehlerhaft, wenn sie die Personen in der vorigen Stellung und
Gesinnung läßt. Sie muß, wie Aristoteles saget, entweder den Haß in
Liebe, oder die Liebe in Haß, verändern, und überhaupt von großen
Veränderungen vergesellschaftet (sc. begleitet) seyn (...) so dünket
mich, man könnte in dieser Absicht, eine zweyte Gattung der Wieder-
erkennung ausfündig machen, nämlich die Erkenntniß des Charakters,
welche Haß und Liebe oft mit stärkerem Maaße wirket, als die Erkenntniß der Personen. Was für Veränderungen gehen nicht in dem *Mithridat* und *Phaidra* des *Racine* vor, so bald *Mithridat* den Charakter des
Xiphares, und *Theseus* den Charakter der *Phädra* erkennet? (...) In
dem Lustspiele zeiget sich dieses aufs deutlichste, als woselbst die ganze Auflösung sich oft auf die Kenntniß eines Charakters gründet (...)
(und) die Glücksänderung eine Folge der Entwickelung (sc. Entfaltung,
Enthüllung) des wahren Charakters (ist).«[497] Das ist indessen noch nicht
die besondere »Erkenntniß« in der Tragödie des Sophokles; bei der handelt es sich nicht um die Erkenntnis f r e m d e r Personen, sondern um
die S e l b s t - Erkenntnis des Ödipus – nach Curtius (mit Kleists Augen
gelesen) die wunderbarste, weil unmittelbarste Quelle der Glücksänderung:

> Nach dem genauen Wortverstande ist eine jede Erkennung eine Peri-
> petie, weil sie nothwendig eine Veränderung hervorbringt. *Aristoteles* aber

[494] Ebd.
[496] Ebd.
[497] A.a.O. S. 164. Anm. 139.

versteht durch Peripetie eine Glücksänderung, die mit der Auflösung des Knotens im ganzen Stücke einen Zusammenhang hat. Je unvermutheter und wunderbarer die Auflösung des Stückes ist, desto vollkommener und schöner ist sie auch, und desto lebhafter ist ihr Eindruck. Es dienet dieses die Grade der Vollkommenheit aller Erkennungen zu bestimmen. Auf der *ersten* Stufe der Vollkommenheit steht die Erkennung, aus welcher die Glücksänderung unmittelbar fließt: es ist kein Zweifel, daß diese stärker, als die übrigen Arten, auf das Herz wirken, und wunderbarer scheinen müsse. O e d i p u s   E r k e n n t - n i ß   s e i n e r   s e l b s t[498] ist hierin vortrefflich, indem sie ihn auf einmal aus dem glücklichsten Zustande in den unglückseligsten stürzet.[499]

Nicht also »Analysis« als dramatische Entfaltung des kausalen Nacheinanders, sondern »Anagnorisis« als dramatische »Erkenntnis seiner selbst« war für Kleist das von Aristoteles formulierte höchste Ziel der Tragödie wie der Komödie. Deshalb war im ›Zerbrochnen Krug‹ die »Auflösung des Knotens« mit der »Entwickelung« von A d a m s »wahrem Charakter« noch nicht vollendet und bedurfte es der sich anschließenden Selbsterkenntnis Eves. Adams »Sündenfall« und Eves »Bekehrung« hatten dabei die gleiche »Quelle« wie die Tat und anschließende Selbsterkenntnis des Ödipus: Das Reagieren auf die Gebote und Verheißungen der Bibel entspricht der Wirkung der Befehle und Prophezeiungen des Apollinischen Orakels.

Damit bleibt festzuhalten, daß Kleist s e i n e n Aristoteles an einer ganz anderen Stelle der ›Poetik‹ fand als Schiller. Umso aufschlußreicher ist, daß die für Schiller zentrale Passage über »die Verknüpfung des Knotens und dessen Auflösung« durchaus auch auf Kleists ›Zerbrochnen Krug‹ Einfluß gehabt hat: durch zwei Beispiele des Curtius, die für Schiller von seiner Fragestellung aus ganz belanglos bleiben mußten. Das erste Beispiel betrifft ein c h r i s t l i c h e s Epos, das Curtius aufgrund seiner mythologischen Affinität nicht nur mit dem antiken Epos, sondern vor allem auch mit dem ›Ödipus‹ in eine Reihe stellen konnte: das ›Paradise Lost‹ von Milton. Auf diese Weise enthielt der Aristoteles-Kommentar für Kleist einen indirekten, aber doch deutlichen Hinweis auf die Möglichkeit der Vermittlung des griechischen mit dem christlichen Mythos. Ich zitiere die eben für Schiller nur ausschnitthaft exzerpierte Stelle hier noch einmal ausführlich, weil Kleist wahrscheinlich weniger durch Miltons Buch selbst, als eben durch diese Worte des Curtius beeinflußt wurde:

Der Knoten überhaupt muß eine Einheit haben. Er muß aus einer Quelle entspringen, und eine Absicht zum Endzwecke haben. Satans Bemühungen, sich, durch Zerstörung der Glückseligkeit der Menschen, an dem Schöpfer zu rä-

---

[498] Hervorhebung von mir.
[499] A.a.O. S. 164/65. Anm. 140.

chen, machen den Knoten des verlorenen Paradieses. Alle seine Unternehmungen stammen aus seinem Hasse, und zielen auf einen Endzweck (...) Der Knoten selbst kann allenfalls zusammengesetzt seyn, die Ursache aber ist einfach. In der *Aeneis*, der *Odyssee*, und dem *verlornen Paradiese* hat der Knoten verschiedene Verknüpfungen, allein die Grundursachen des Knotens, als der Haß der Juno, des Neptuns, und Satans sind einfach.
b. Die Theile des Knotens können zusammengesetzt seyn. Der Knoten in dem verlornen Paradiese, besteht aus verschiedenen Abtheilungen, als Satans Anschlage gegen die Menschen, seiner Reise durch das Chaos, seiner Einschleichung und Entdeckung im Garten.
c. Die Theile des Knotens, und folglich der ganze Knoten müssen mit der Hauptabtheilung genau zusammen hangen. Ein Knote, der in den inneren Begebenheiten der Fabel seinen Grund hat, ist dem vorzuziehen, der nur durch äußere Zufälle geknüpft wird. Der Knote entspringt aber von äußeren Begebenheiten (...) wenn die Begebenheit, die den entfernten Grund des Knotens in sich enthält, keinen Theil der Handlung ausmachet. Dergleichen ist in der *Iphigenia* in Aulis der Zorn der Diana gegen die Griechen; in der taurischen *Iphigenia* der Ausspruch eines Orakels, (...) in dem *verlornen Paradiese*, die Ueberwindung des Satans (...)[500]

Aus dem ganzen ›Verlornen Paradies‹ wird hier immer nur der Satan in den Vordergrund gerückt, doch ist es auch nach Curtius nicht Satan, sonder die Ü b e r w i n d u n g Satans, die den »entfernten Grund des Knotens« in sich enthält – also der S t u r z Satans durch G o t t. Gott hat Satan fallen lassen, weil er sich gegen ihn aufgelehnt hat, und Satans anschließende »Unternehmungen« entspringen seinem Haß gegen Gott. Damit sind wir bei Kleist: Satan/Adam unternimmt für seine »Anschlage gegen die Menschen« (die Verführung von Eva/Eve) eine »Reise durch das Chaos« (im Stück: von seiner Wohnung durchs Dorf, wovon gleich die Rede sein soll) zum Zwecke seiner »Einschleichung und Entdeckung im Garten« (sc. der Eva/Eve). Wie also Milton in seinem Epos den Sturz Satans nach apokalyptischen Vorbild mit der Genesis-Geschichte vom Sündenfall verknüpft hat, so tat dies auch Kleist im ›Zerbrochnen Krug‹. Adams Trinkspruch »Nach der Pythagoräer-Regel« besagt nichts anderes: »Eins ist der Herr; / Zwei ist das finstre Chaos; / Drei ist die Welt.«[501] Milton hatte den biblischen Paradiesesgarten gleichsam als einen geordneten Kosmos dem Chaos gegenübergestellt und als den Ort, aus dem der Satan vertrieben war, dem Himmel zugeordnet. Von hier aus versteht man, daß Satan/Adam nach seinem Höllensturz der Schritt in die – gegenüber dem Chaos – geordnete Welt des Menschen wie ein Schritt ins Paradies, ein Schritt in den Himmel vorkommen muß: »Eins ist der Herr; Zwei ist das finstre

---

[500] A.a.O. S. 272–273.
[501] V. 1530–33. Vgl. Offenb. 20,2.

Chaos; / Drei ist die Welt. Drei Gläser lob ich mir. / Im dritten trinkt man mit den Tropfen Sonnen, / Und Firmamente mit den übrigen.«[502] Adam, der »gefallene Engel« des Stückes, maßt sich also unbewußt die Rolle des Miltonschen Satans an, dem nun freilich, da er von vornherein in der Menschenwelt zu Hause ist, diese Welt selbst, wofern sie s e i n e Welt ist, zum Chaos wurde, das er nur dadurch glaubt zum Paradies umschaffen zu können, daß er sich in den »Paradieses-Garten« der Eve einschleicht. Eben dies sind schließlich auch die Denkbahnen der Frau Brigitte, die die Fährte des Teufels entdeckt zu haben glaubt: »Und Menschenfuß und Pferdefuß, und Menschenfuß und Pferdefuß, / Quer durch den Garten, bis in alle Welt.«[503]

So läßt sich an der Funktion Adams demonstrieren, wie erfolgreich sich Kleist für sein Stück die Forderung von Curtius zueigen gemacht hat, daß der »Knoten oder die Verwirrung (...) mit dem Stücke selbst anfangen[504] und hernach stufenweise zunehmen, und gegen die Katastrophe oder Glücksänderung sich am meisten häufen (muß).« Und nicht weniger erfüllt er durch seinen Adam die zweite, von Curtius unmittelbar angeschlossene Forderung: »Die Auflösung ist das, was bey den alten Exodus hieß. Sie muß (...) durchaus einfach seyn, und zu gleicher Zeit geschehen, sie muß einen nothwendigen Zusammenhang mit der Haupthandlung haben, und sich daraus entwickeln. In dem vorhergehenden muß nach dem Ausspruche *Scaligers*, schon der Saame der künftigen Auflösung liegen (...)«[505] Die »Überwindung des Satans durch Gott« liefert, als die »äußere Begebenheit«, die dem Stück vorausliegt, mit dem aus der Überwindung folgenden Haß Satans gegen Gott den »entfernten Grund« nicht nur des Knotens, sondern auch der Auflösung; die »Überwindung Satans« steht am Anfang u n d am Ende des Stückes.

Doch wir sahen ja, daß es sich hier nur um die v o r l ä u f i g e Auflösung der Komödie handelt, also nicht um die Auflösung nach der »ersten Stufe der Vollkommenheit«, nicht nach jener höheren und höchsten, die Kleist mit Curtius auf dem Gebiet der Tragödie durch den ›Ödipus‹ repräsentiert sah und die er in seiner Komödie durch die ›Bekehrung‹ Eves zu erreichen suchte. Für sie hat er das zweite, bereits angekündigte Beispiel des Curtius genutzt: das Lustspiel ›L'Obstacle imprévu, ou l'obstacle sans obstacle‹ von Destouches.

---

[502] V. 1532–35.
[503] V. 1726–27.
[504] Vgl. hierzu auch Goethes, von Schiller zitierte Äußerung, in der er »das den besten dramatischen Stoff (nennt), wo die Exposition schon ein Teil der Entwicklung ist.« (Brief Goethes an Schiller vom 22. April 1797).
[505] Curtius a.a.O. S. 274. Anm. 245.

Curtius führt das Stück als einzigen Beleg dafür an, daß sein gerade zitiertes Gesetz, (es müsse »die Verwirrung (...) mit dem Stücke selbst anfangen, hernach aber stufenweise zunehmen, und gegen die Katastrophe oder Glücksänderung sich am meisten häufen«) auch für »regelmäßige Lustspiele« gelte: »Man sehe das ›unvermuthete Hinderniß‹ des Destouches.«[506] Das Lustspiel ist in unserem Zusammenhang zunächst schon deshalb von Interesse, weil es sich dabei um eine offensichtliche Parodie des Ödipus-Mythos handelt. Das »unvermuthete Hinderniß«, das der Heirat der beiden Hauptpersonen Julie und Léandre entgegensteht, ist der ›Inzest‹ Léandres mit seiner zukünftigen Schwiegermutter (!), die er ohne Wissen Julies und ohne selbst zu wissen, daß es sich um Julies Mutter handelte, kurz vor ihrem Tode geheiratet hatte, um sich durch die zu erwartende Erbschaft Geld für seine Heirat mit Julie zu beschaffen. Als er nach dem Tode der Frau zu Julie zurückkommt und Julie herausfindet, daß er inzwischen verheiratet, ja mit ihrer Mutter verheiratet war, ist des Entsetzens kein Ende. Léandre jammert: »Je ne sais où j'en suis. Surpris, confus, désespéré (...) Ciel! puis-je découvrir cet incident sans mourir de douleur?« Und Julie klagt: »A-t-on jamais rien vu de pareil?« und »Quoi! me voilà séparée de vous, au moment où je ne pouvois plus douter d'être unie avec vous pour jamais!«[507] Im letzten Moment – sie hat beschlossen, ins Kloster zu gehen und er will nach einem so großen Unglück Ausschau halten, daß er die Folgen seiner so gut gemeinten Heirat vergessen kann – stellt sich heraus, daß die Lustspiel-Iokaste gar nicht Julies wirkliche Mutter, sondern nur ihre Pflegemutter war: Das »unvermuthete Hinderniß« war gar keines, und der Heirat steht nichts mehr im Wege. Hier findet sich also nichts von jener Selbsterkenntnis des Ödipus, und Kleist hat deshalb auch nicht das Mindeste von dieser Ödipus-Parodie übernommen. Statt dessen hat er aus diesem Stück eine Stelle für sich genutzt, die bei Destouches nur eine unbedeutende Episode ist und die Curtius bei seinem Lob sicherlich nicht im Auge gehabt hat. Eine Dienerin soll durch einen Geldbeutel mit dreißig Pistolen dazu bestochen werden, die Hauptperson Julie zur Heirat mit einem ungeliebten Manne, Valere, zu bewegen. Als Valere der Dienerin den Beutel überreicht hat, umarmt und küßt er sie mit den Worten: »Allons, ma chere enfant, il faut se rendre.«[508] Ihr Mann hat die beiden

---

[506] Curtius a.a.O. S. 273.
[507] Philippe [Néricault] Destouches: L'Obstacle imprévu, ou l'obstacle sans obstacle. In: Ders.: Oeuvres dramatiques. Nouvelle édition. Tome sixiéme. Paris 1774. Szene IV,9.
[508] L'Obstacle imprévu II, 9.

belauscht und beklagt sich bitter bei ihr, sie habe ihn verschachern und für dreißig Pistolen verraten wollen: »Comment, Madame la coquine, vous mettez mon front à l'enchere, et vous m'en donnez pour trente pistoles!«[509] Kleist, der diese Worte offenbar auf den Judas-Verrat bezog,[510] machte im ›Zerbrochnen Krug‹ aus dem Beutel mit den d r e i ß i g Pistolen einen Beutel mit z w a n z i g Gulden.[511] Dafür nämlich, daß Ruprecht – in den Augen Eves – in die Fremde in die Sklaverei verkauft werden sollte, war das Vorbild nicht Jesus, sondern Josef: »und (sie) verkauften ihn (sc. Josef) den Ismaeliten um 20 Silberlinge; die brachten ihn nach Ägypten.«[512] Während bei Destouches der scheinbar verratene Ehemann lustspielhaft damit versöhnt wird, daß er die dreißig Pistolen selber einstecken darf, lenkt Walter im ›Zerbrochnen Krug‹ Eve über die zwanzig Gulden nun seinerseits zu dem Jesus-Gleichnis vom Zinsgroschen und darf ihr für die dadurch vermittelte Erkenntnis bzw. »Wiedererkenntnis«[513] am Ende den Kuß geben,[514] den Valere gleich zu Anfang als Dreingabe für seine dreißig Pistolen gefordert hatte.

2. Le juge en peinture ou la cruche cassée: Racines ›Plaideurs‹ und die ›Wespen‹ des Aristophanes

Daß Kleist und seine Freunde durch den Kupferstich zu einem Dichterwettstreit angeregt wurden, hat man bisher hingenommen, ohne zu fragen, ob nicht die »mancherlei Deutungen des Inhalts«, die zu dem Wettstreit führten, selbst schon literarisch bedingt waren. Es will jedoch scheinen, als ob Kleist, der die Aufgabe des Lustspiels übernahm, überhaupt erst durch ein Lustspiel – bzw. zwei Fassungen dieses Lustspiels – auf die Möglichkeit der Literarisierung aufmerksam geworden war.

Den Schlüssel liefert Racine mit seinem Lustspiel ›Les Plaideurs‹. Die erste Rolle in diesem Stück spielt ein Richter, genauer Dorfrichter (juge de village[515]), der von einem Prozeßteilnehmer als »Maître Adam«[516]

[509] A.a.O. II, 10.
[510] Matth. 26, 15: »und (Judas) sprach: Was wollt ihr mir geben? Ich will ihn euch verraten. Und sie boten ihm dreißig Silberlinge.«
[511] V. 2350.
[512] 1. Mose 37, 28.
[513] »O Jesus! / Daß ich nicht solche Münze mehr erkenne!« (V. 2376–77).
[514] V. 2377–78.
[515] [Jean] Racine: Les Plaideurs. In: Ders.: OEuvres complètes. I. (Théatre – Poésies). Bibliothèque de la Pléiade. [Paris] 1950. I, 7.
[516] Les Plaideurs III, 3.

angeredet wird und sich wie Kleists Adam gezwungen sieht, aus einem Fenster zu springen. Der Grund dafür ist freilich dem des Kleistschen Adam entgegengesetzt. Der Richter ist nämlich so von seiner Richterleidenschaft besessen, daß ihn sein Sohn im Hause gefangenhält, damit er nicht auch noch nachts ins Gericht läuft und dann dort im Gerichtssaal (à l'audience[517]) schlafen muß. Er mag ohnehin nur noch in Robe und Richterbarett (en robe et (...) en bonnet carré[518]) zu Bett gehen. Als der Sohn ihn schließlich bei seinem Sprung aus dem Fenster ertappt hat und den nunmehr hinkenden Richter davon zu überzeugen sucht, daß er doch genauso gut zu Hause über seine Diener zu Gericht sitzen könne, wenn er denn unbedingt Richter sein müsse, wehrt der sich mit dem empörten Ausruf, daß er nicht nur dem Namen nach, sondern wirklich Richter sein wolle. Um dies auszudrücken, legt ihm Racine eine Metapher in den Mund: »Vois tu? je ne veux point être un juge en peinture.«[519] Eben ein solcher »juge en peinture« aber wurde später zum Vorbild für den Kleistschen Richter. Kleists Adam nämlich stellt ohne Bedenken seine besondere »bildliche« Qualität, die durch den Kupferstich allein keineswegs vorgegeben war, im Sinne jenes Ausspruchs des Racinschen Richters dadurch unter Beweis, daß er sein Amt bewußt vernachlässigt, ja aus Prinzip mißbraucht. Für den Zuschauer gibt es das ganze Stück hindurch nicht den geringsten Zweifel, daß er in diesem Sinne tatsächlich auch »bildlich hingeschlagen« sei und nicht »unbildlich«, wie er auf die scheinheilige Frage Lichts nach außen hin beteuert.[520]

Doch sehen wir weiter: Auch in den ›Plaideurs‹ hat der Richter einen Schreiber (secrétaire), ohne daß der freilich von dem Ehrgeiz des Schreibers Licht besessen wäre. Licht scheint, zumal in seiner Bestechlichkeit, eher ein Nachfahre von Racines Pförtner zu sein.[521] Zwar ist es bei Racine nicht der Richter selbst, sondern sein Sohn, der einer jungen Eva (hier Isabella) nachstellt, doch sendet der – über den Schreiber – nicht nur dem Mädchen einen Liebesbrief, sondern zugleich deren Vater jene falsche Gerichtsvorladung (faux exploit[522]), aus der Kleist später den angeblichen »Brief aus Utrecht« machte, »die geheime Instruktion, die Landmiliz betreffend.«[523] Die von Racine im 2. Akt in-

---

[517] Les Plaideurs I, 4.
[518] A.a.O. I, 1.
[519] A.a.O. II, 13.
[520] V. 14–15.
[521] Vgl. in den ›Plaideurs‹ vor allem die Szene I, 1.
[522] A.a.O. I, 5.
[523] V. 2067–71.

szenierte Verwechslungskomödie (der Schreiber übergibt der Tochter die Vorladung und dem Vater den Brief) findet dann als solche im ›Zerbrochnen Krug‹ ebenso wenig eine Wiederholung wie die Prozeß-Farce, die der prozeßwütige Richter im 3. Akt gegen einen Hund führt, der einen Kapaun gestohlen hat. Während im 2. Akt der Vater des Mädchens dazu gebracht wird, unwillentlich die Heiratserlaubnis für seine Tochter zu unterschreiben, wird im 3. Akt der Richter so von ihr bezaubert, daß er seinerseits sogleich durch Urteil bestimmt, sie müsse auf der Stelle heiraten. Obwohl er erfahren muß, daß er sie damit unfreiwillig seinem eigenen Sohn zugesprochen hat, ist er von seinem Urteil so gerührt, daß er am Schluß auf Antrag seines Sohnes auch noch den Hund begnadigt.

Es handelt sich demnach bei Racine zwar um einen verrückten, zuletzt aber doch noch gnädigen Richter, und der falsche Trost des Sohnes, sein Vater werde als Richter im eigenen Hause statt eines »juge en peinture« sogar ein »juge sans appel«[524] sein können, verliert fast seine Pointe. Jedenfalls konnten die Zuschauer, die nach dem Mißerfolg der Uraufführung davon überzeugt waren, Racine würde wegen Verunglimpfung des Richterstandes verhaftet werden, an der persönlichen Moral dieses Richters nicht viel auszusetzen haben. Es ist nur galant gemeint und jedenfalls ganz ohne verfängliche Folgen, wenn er vor dem Heirats-Urteil dem jungen Mädchen selbstgefällig schmeichelt: »Dites. Qu'elle est jolie, et qu'elle a les yeux doux! / Ce n'est pas tout, ma fille, il faut de la sagesse. / Je suis tout réjoui de voir cette jeunesse. / Savez-vous que j'étais un compère autrefois? / On a parlé de nous«[525]

Racine gibt uns jedoch einen wichtigen Hinweis, der uns bei der Frage weiterhilft, warum der Fall des Kleistschen Adam entschieden schwerer wiegt, als der des Richters der ›Plaideurs‹. Racine bekennt nämlich in der Vorrede zu seinem Stück, daß er den »Richter, der durchs Fenster springt«, ebenso wie den straffälligen Hund aus den ›Wespen‹ des Aristophanes übernommen, ja daß er eigentlich mit seinem Stück nur den Aristophanes übersetzt habe: »Mais enfin je traduis Aristophane, et l'on doit se souvenir qu'il avait affaire à des spectateurs assez difficiles.«[526] Als K l e i s t diesem Hinweis nachging – daß er dies wirklich tat und so aus den ›Wespen‹ sehr viel mehr für seinen ›Zerbrochnen Krug‹ gewann als aus den viel zitierten ›Wolken‹, wird gleich unzweifelhaft deutlich werden –, da mußte er freilich feststellen, daß Racine

---

[524] Les Plaideurs II, 13. (»Richter ohne übergeordnete Berufungsinstanz«).
[525] A.a.O. III, 4.
[526] A.a.O. S. 310.

172

den ganzen Schlußteil fortgelassen hatte, der bei Aristophanes auf den Hundeprozeß folgte. Noch in der französischen Übersetzung der ›Wespen‹ durch M. Poinsinet de Sivry – sie wurde 1784 in Paris verlegt – weigert sich der Übersetzer, diesen Schluß in seine Ausgabe aufzunehmen: »Nous portons du reste de la Comédie des Guêpes le même jugement qu'en a porté Racine, et qu'en portera tout homme de goût. Ici finit réellement l'action. Tout ce qui suit est une superfétation, un appendice inutile, un hors d'oeuvre monstrueux (...) rien de tout cela convien à nos moeurs.«[527] P. Brumoy, dessen offenbar von Kleist benutzte[528] Übersetzung der ›Wespen‹ im Jahre 1788 – wiederum in Paris, wo Kleist einer Überlieferung zufolge sogar Griechisch gelernt haben soll – eine Neuauflage erfuhr, wertet zwar nicht anders, bietet aber doch den vollständigen Schluß. In einer einleitenden Zusammenfassung weist er darauf hin, daß Aristophanes im Gegensatz zu Racine nicht nur einen verrückten Richter (juge insensé) gezeichnet, sondern seinen Richter am Schluß (dans les deux dernières actes) eine Wandlung habe durchmachen lassen: vom gravitätischen Richter (grave magistrat) in einen gewaltigen Wüstling (débauché et furieux).[529] Angesichts der Formulierung des »gravitätischen Richters« braucht man kaum noch einmal auf Kleists ›Vorrede‹ zum ›Zerbrochnen Krug‹ hinzuweisen.[530] Hinzu kommt jedoch, daß der Richter, der angeblich erst am Schluß von seinem Sohne zum Genußleben bekehrt wird, sich hierin im Stück von Anfang an als Heuchler entlarvt, der zwar den gewissenhaften Richter spielt, in Wahrheit aber längst dem Genußleben anhängt. Er ist mit vollem Bewußtsein und gutem Gewissen jener »juge en peinture«, dessen bloße Andeutung später bei dem Richter Racines eine durchaus ehrliche moralische Entrüstung hervorrufen sollte.

Welcher Art die Rechtsauffassung dieses Richters ist, verrät gleich zu Anfang im Einzugslied der Chor seiner Richterkollegen, der ihn zum Gericht abholen will: »D'ailleurs, nous sommes saisis d'un de ces riches personages, qui ont livré la Thrace; il faut que vous travailliez à le déshonorer et à le punir capitalement.«[531] Er selbst verrät seine wahre

[527] M. Poinsinet de Sivry (Übers.): Théatre d'Aristophane, traduit en français, partie en vers, partie en prose (...) Tome troisième. Paris 1784. S. 203.

[528] Kleist kann außer dem Urtext und lateinischen Übersetzungen kaum einen anderen Text benutzt haben, da bei Poinsinet der entscheidende Schluß fehlt und es deutsche Übersetzungen der ›Wespen‹ damals anscheinend noch nicht gegeben hat.

[529] [Pierre] Brumoy (Übers.): Théatre des Grecs, par le P. Brumoy. Nouvelle édition. Tome oncieme. Paris 1788. S. 412.

[530] Vgl. oben S. 15.

[531] Brumoy a.a.O. S. 440.

Existenz dann vor allem in dem großen Redeagon mit seinem Sohn, in dem sie darum streiten, ob der Richter in seinem Amt ein König oder ein Sklave sei. Schon dadurch, daß sich der Richter verpflichtet, im Falle seiner Niederlage »ne jamais boire de vin, qui est la récompense du bon genie«[532], zeigt er gleich zu Beginn, daß er längst dem Wein ergeben ist; Brumoy vermerkt deshalb in einer eigens verfaßten Note: »Il est bon de faire cette remarque pour préparer au dénouement.«

So kann es nicht verwundern, daß der Sohn – der Vater beschimpft ihn mit dem wiederum auch für ihn selbst bezeichnenden Satz: »Il s'imaginoit venir vendanger une vigne abandonnée.«[533] – nicht sonderlich viel Mühe hat, den genußsüchtigen und habgierigen Vater davon zu überzeugen, daß er doch noch viel mehr haben könnte und deshalb kein König, sondern nur ein Sklave genannt werden dürfe. Er fordert von seinem Vater, daß er sich einmal die Summe des realen Steuereinkommens (la totalité de l'impôt réel) vor Augen führe, das Athen von seinen abhängigen Städten beziehe,[534] da müsse ihm doch aufgehen, daß er nichts als der Sklave aller jener Männer sei, »qui font les seigneurs«, also jener Herren, die mit Geschenken überhäuft würden, während er seine geringen drei Obolen pro Sitzung »à la sueur de (son) front« verdienen müsse, »soit en livrant des batailles sur terre ou sur mer, soit en escaladant des villes.«[535]

Das alles bezieht sich natürlich auf das politische Hauptziel dieser Komödie, die prozeßhungrigen Athener von ihren persönlichen, unbedeutenden Streitereien fort auf das nationale Problem des damaligen Krieges zu lenken; Aristophanes spitzte das Argument seiner Komödie auf die Alternative zu: Prozesse führen oder Krieg führen. Aus einer Anmerkung konnte Kleist entnehmen, daß mit dem oben zitierten Satz die Athenische Bedingung für das Richteramt ironisch verkehrt worden war, nach der nur ein solcher Bürger dieses Amt übernehmen durfte, der niemals fahnenflüchtig geworden war: »qu'il n'eut jamais jeté son bouclier.«[536] Die Spartaner sind in Thrakien eingedrungen, und Kleon hat dort im Jahre 423 das Kommando. Statt sich aktiv an diesem Krieg zu beteiligen, glauben die Richter – dies ihre Art der Fahnenflucht –, sich auf eine für sie lukrative nachträgliche gerichtliche Untersuchung des Krieges beschränken zu können. So schlagen sie im Moment ihre »Schlacht« in Form eines von Kleon ange-

[532] A.a.O. S. 458.
[533] A.a.O. S. 466.
[534] A.a.O. S. 468.
[535] A.a.O. S. 471.
[536] Ebd.

strengten Prozesses gegen den Athenischen Feldherrn Laches, dem sie auf diese Weise die angeblich unrechtmäßig in der Sizilienexpedition erworbenen Reichtümer abjagen wollen. Genauso hoffen sie, später Kleon selbst, auf den sie sich jetzt gegenüber Laches so eifrig und dankbar berufen, als Verräter der Thrakischen Mission verurteilen zu können. Mit wieviel Recht Aristophanes hier nicht nur die fehlende Moral, sondern die selbstzerstörerische Kurzsichtigkeit solchen Treibens angeprangert hat, ergibt sich historisch daraus, daß Kleon später keineswegs wie Laches mit Reichtümern beladen aus Thrakien zurückkehrte, sondern im nächsten Jahr mit seinem Heer in der Schlacht bei Amphipolis geschlagen und auf der Flucht getötet wurde.[537]

Der Sohn kann den Richter nun zunächst davon überzeugen: »Ils (sc. qui font les seigneurs) veulent vous tenir dans la pauvreté (...) Leur dessein, est que vous soyez dans leur dépendance, afin que vous déchiriez impitoyablement leurs ennemis, contre lesquels ils vous exciteront et vous irriteront à leur gré, comme autant de chiens.«[538] Natürlich möchte der Richter n i c h t »wie ein Hund« behandelt werden - wohl aber selbst den »Seigneur« spielen, der seinerseits seine Angeklagten wie Hunde behandeln kann. Eben daraus entwickelt Aristophanes in witzig-satirischer Überspitzung den sich anschließenden Prozeß gegen den Hund Labes, der - eine Anspielung auf den oben erwähnten Feldherrn Laches - aus dem Hause des Richters einen sizilischen Käse gestohlen haben soll.

Ganz offensichtlich ist dieser Prozeß nichts anderes als die »bildliche« Repräsentation und Karikatur jener Prozeßführung, die sich dieser Richter ü b l i c h e r w e i s e, wenn auch heuchlerisch verhüllt, gegen seine m e n s c h l i c h e n Angeklagten zuschulden kommen läßt. Deutlich hat Kleist - wenn auch unter Verzicht auf die »äsopische« Karikatur - dieses Doppel-Verhältnis des Aristophanischen Richters zu seinen »Herren« und zu seinen Opfern auf das Verhältnis Adams zu seinen Vorgesetzten und zu Ruprecht übertragen. Während Adam vorgibt, verhindern zu wollen, daß Ruprecht »zum Heil der Haager Krämer« dazu mißbraucht wird, im Kampf gegen die Kolonien das »reale Steuereinkommen zu erhöhen«, sprich: »Pfeffer und Muskaten einzuhandeln«, mißbraucht er selbst mit eben diesem Vorwand den Einziehungsbefehl dazu, Ruprecht bei Eve aus dem Felde zu schlagen.

Mit dem Hundeprozeß ist indessen im Stück des Aristophanes — anders als bei Racine — zugleich auch die Beziehung zum ›König Ödipus‹

---

[537] Vgl. Brumoy a.a.O. S. 385–387.
[538] Brumoy a.a.O. S. 473.

des Sophokles gegeben, die für Kleists ›Zerbrochnen Krug‹ so wichtig werden sollte. Darin, daß dieser Prozeß »im Hause« stattfindet, sieht nämlich der Richter selbst nichts geringeres als die Erfüllung eines Orakels: »Voilà cependant comme les oracles s'acomplissent. J'avois toujours oui dire qu'un jour viendroit où chaque Athénien jugeroit dans sa maison, et se pratiqueroit dans son vestibule un tout-à-fait petit tribunal (...)«[539] Das so zitierte Orakel, das zunächst reiner Unsinn zu sein scheint, bekommt seinen Sinn im Zusammenhang mit einem anderen, nun ausdrücklich Delphischen Orakel, an das der Richter gleich zu Beginn der Komödie seinen Sohn erinnert, um seine überspannte Richterpassion zu rechtfertigen: »Et sans doute: l'oracle de Delphes ne m'a-t'il pas annoncé que je périrois dés qu'un criminel pourroit esquiver ma sentence?«[540] Dieses Orakel entspricht genau dem der Sophokleischen Tragödie, das dem König Ödipus befahl, nach dem Mörder des Laios zu suchen, also sich selbst als diesen Mörder zu entlarven: auch der Richter der ›Wespen‹ soll nicht, wie er interpretiert, keine f r e m d e n Verbrecher entkommen lassen, sondern sich s e l b s t, wie es bei Kleist heißt, »den Hals ins Eisen judizieren.« Das zweite Orakel der Komödie ist also mit dem ersten identisch, weil das »dans sa maison« wiederum nichts anderes heißt, als den Schuldigen in der eigenen Person zu suchen.

In diesem Zusammenhang haben nun bei Aristophanes – neben anderen Requisiten – Gefäße jeder Form: Töpfe, Vasen, Kessel, Urnen, Krüge, eine besondere Funktion. Schon formal tragen sie fast leitmotivisch bei zur Einheit der Komödie. In der Eingangsszene berichtet ein Sklave, der Richter sei mittlerweile so aufs Richten versessen, daß er bei allem und jedem nur an den Stimmtopf denke (le vase aux suffrages).[541] Gleich darauf erinnert der Chor in seinem Einzugslied den Richter an vergangene gemeinsame Heldentaten, als sie in Byzanz Wache gestanden und einer Brotbäckerin einen Holzmörser (mortier de bois) geraubt und in Stücke geschlagen hätten (mis en morceaux).[542] Als der Sohn den Vater dazu überredet hat, zu Hause Gericht abzuhalten, sucht er nach einem Delikt, über das der Vater zu Gericht sitzen könnte: »Eh bien, quelle cause appelerai-je la premiere? Quelqu'un des gens a-t'il fait quelque sotise? Bon, la Thratta la cuisiniere a laissé dernierement brûler la marmite ...«[543] Nicht dieser Fall jedoch wird hernach unter-

[539] A.a.O. S. 480.
[540] A.a.O. S. 430.
[541] A.a.O. S. 425.
[542] A.a.O. S. 437.
[543] A.a.O. S. 482.

sucht, sondern es kommt zu dem Hundeprozeß, bei dessen Vorbereitung dann allerdings wieder von Stimmtöpfen die Rede ist, für die man Ersatz schaffen müsse, auch von einem Nachttopf für den Richter[544] – bis schließlich, an zentraler Stelle des Prozesses selbst, das französische Wort »cruche« auftaucht. Dem angeklagten Hund ist vorgeworfen worden, er sei so habgierig, daß er sogar den »Mörtel« der Städte verschlinge (l'enduit des villes).[545] Auf diese Anklage, die natürlich wieder eine Anspielung auf das Aussaugen der von Athen abhängigen Städte ist, antwortet der Richter empört, daß ihm selbst ja dann nichts bleibe, womit er die Risse s e i n e s »Kruges« zustopfen könne: »Hélas! il ne m'en restera par conséquent pas de quoi boucher les fentes de ma cruche.«[546] Damit ist sein Wille, den Hund zu verurteilen, um ihn dadurch als »Nebenbuhler« zu vertreiben, besiegelt. Nur aus Versehen spricht er ihn dann doch frei, weil er, ohne es zu merken, seine Stimmsteine in die falsche Urne wirft.[547] Laut klagend entschuldigt er sich bei den Göttern, daß er solchermaßen jedenfalls nicht willentlich gegen das Orakel verstoßen habe; er wolle nie mehr richten und statt dessen entsprechend dem Rat seines Sohnes »aux festins, aux bals, aux spectacles« gehen.[548]

Als er hernach von den hier angekündigten Freuden zurückkehrt, hat er von einem Gastmahl eine Bäckerin entführt, die sich nicht so sehr über diese Entführung, als vor allem darüber beschwert, daß er ihre Brote umgeworfen habe.[549] Während der Richter noch meint: »Des petits contes pour rire arrangeront cela«, kommt schon der nächste, um sich zu beschweren, daß ihn der betrunkene Richter geschlagen und mit Steinen beworfen habe.

Damit hat sich jedoch die Anklage der Bäckerin nur scheinbar erledigt, denn Aristophanes führt den Zuschauer auf einem bemerkenswerten Umweg zu der Entdeckung, daß die beiden Klagen auch in den Augen des Richters in Wahrheit von Anfang an zusammengehören.

Die Antwort, die der Richter dem neuen Kläger nun zunächst entgegenhält, ist der folgende sybaritische »petit conte«: »Un Sybarite s'étoit laissé choir de dessus un char, et s'étoit grièvement blessé à la tête: il n'étoit pas très expérimenté dans l'art de mener des chevaux. Un de ses amis se recontrant là, lui dit: IL FAUT QUE CHACUN FASSE SON MÉTIER:

---

[544] A.a.O. S. 485.
[545] A.a.O. S. 491.
[546] Ebd.
[547] A.a.O. S. 496.
[548] A.a.O. S. 497.
[549] A.a.O. S. 530.

maintenant courez au guérisseur.«[550] Daraus wird bei Kleist die Szene, in der statt des erwarteten Gerichtsrats zunächst dessen Bedienter kommt, um dem selbst schwer blessierten Adam[551] zu melden, daß des Gerichtsrats Wagen »im Hohlweg umgeworfen« sei.

> DER BEDIENTE. Je, nun! Wir sind im Hohlweg umgeworfen.
> ADAM. Pest! Mein geschundner Fuß! Ich krieg die Stiefeln –
> LICHT. Ei, du mein Himmel! Umgeworfen, sagt Ihr?
>   Doch kein Schaden weiter – ?
> DER BEDIENTE.   Nichts von Bedeutung.
>   Der Herr verstauchte sich die Hand ein wenig.
>   Die Deichsel brach.
> ADAM.   Daß er den Hals gebrochen!
> LICHT. Die Hand verstaucht! Ei, Herr Gott! Kam der Schmied schon?
> DER BEDIENTE. Ja, für die Deichsel.
> LICHT.   Was?
> ADAM.   Ihr meint, der Doktor.
> LICHT. Was?
> DER BEDIENTE. Für die Deichsel?
> ADAM.   Ach, was! Für die Hand.
> DER BEDIENTE. Adies, ihr Herrn. – Ich glaub, die Kerls sind toll. *Ab.*
> LICHT. Den Schmied meint ich.
> ADAM.   Ihr gebt Euch bloß Gevatter.[552]

Adams Ausruf »Pest! Mein geschundner Fuß!« signalisiert gleich doppelt den Bezug zum ›König Ödipus‹, doch erscheint hier die Fabel Adams gegenüber der des Ödipus durch die Vermittlung der Aristophanes-Stelle gerade um so viel verschoben, daß die Tragödienfabel zur Komödienfabel wird. Deutlich entspricht der Sturz Walters dem Sturz des Laios. »Mit meinem Stabe«, so erinnert sich Ödipus, »versetzte ich ihm (sc. dem Laios) einen einzigen Schlag, von dem er rücklings sogleich vom Wagen taumelte.«[553] Im Gegensatz zum Sturz des Laios handelt es sich bei Walter, wie bei dem Sybariten des Aristophanes,

---

[550] A.a.O. S. 534.
[551] Vgl. den Bericht Ruprechts V. 978–80.
[552] V. 203–213.
[553] Zitiert nach der von Kleist 1803 in Dresden ausgeliehenen Prosa-Übersetzung von J.J. Steinbrüchel: Oedipus, Koenig von Thebe. In: J.J.S.: Das tragische Theater der Griechen. Des Sophocles Erster Band. Zürich 1763. S. 172. Daß Kleist im Jahre 1803 in Dresden diese Ausgabe benutzte, hindert natürlich nicht, daß er den ›Ödipus‹ schon früher kennengelernt hatte. So konnte er ihn in Paris in demselben Sammelwerk finden, in dem er nach meiner Hypothese auch die ›Wespen‹ des Aristophanes las: im ›Théatre des Grecs‹ des P. Brumoy.

um einen bloßen Unfall: niemand stürzt sie vom Wagen. Weder der Freund des Sybariten, noch Richter Adam begehen also wie Ödipus einen Mord. Dennoch liegt ihr - wenngleich im Sinne der Aristotelischen Unterscheidung von Tragödie und Komödie[554] »harmloses« - Vergehen in der besonderen Art ihrer nur scheinbar teilnahmsvollen Ratschläge, durch die sie gerade umgekehrt wider Willen ihren gänzlichen Mangel an Mitgefühl verraten: Der Gestürzte ist ihnen im Wege. Adam beharrt darauf, daß Walter den Doktor brauche, weil er hofft, daß der Revisor auf diese Weise an einem »métier« gehindert wird, dessen Ausübung auf seines, Adams, Entlarvung hinauszulaufen droht.

Wie also Ödipus den Laios nur »von der Straße weg« treiben wollte, so wünscht sich auch Adam nichts anderes, als daß Walter bei seinem Sturz »aus dem Wege« geräumt wäre. In diesem Wunsch liegt der Keim zu jener Tat, die Ödipus vollführt, während Adam an ihr gehindert wird. Wo sich aber Adam gegenüber Walter zu schwach weiß, da wird aus dem auf den Revisor bezogenen irrealen Wunsch der Vergangenheit (»Daß er den Hals gebrochen!«) gegenüber einem Gegner wie Ruprecht der reale Wunsch der Gegenwart und Zukunft, den Adam sogar in Ruprechts eigenem Vater zu reproduzieren vermag: Sogar Veit sagt schließlich über Ruprecht: »Doch dann der Teufel soll den Hals ihm brechen.«[555]

Der Richter der ›Wespen‹ läßt jedoch seiner ersten Geschichte aus Sybaris sogleich eine zweite nachfolgen, die sich nicht nur als plumpe Verdrehung seines vorigen Streites mit der Bäckersfrau erweist, deren Vorwurf gegen ihn er nun gegen sie selber richtet (in der Geschichte ist die Frau die Schuldige!), vielmehr bekennt er wider Willen durch dieses neuerliche Märchen zugleich sein Versagen als R i c h t e r. Während ihm die Bäckersfrau nämlich vorgeworfen hatte, daß er ihre Brote umgeworfen habe, spricht er von einem Stimmtopf, und wir werden gleich sehen, was der mit seiner eigenen Person als Richter zu tun hat. Die Geschichte beginnt: »Une femme avoit un jour cassé à Sybaris, le vase des suffrages« - worauf sich der Topf einen Zeugen genommen und die Sybaritin vor Gericht verklagt habe. Die aber habe geantwortet: »Oui, par Proserpine, vous eussiez bien mieux fait, si, laissant là toute chicane, vous eussiez acheté des ligatures.«[556] Brumoy erläuterte das in der zugehörigen Anmerkung folgendermaßen: »Le vrai mot seroit là: Des compresses, parce que Philocléon veut parler de son homme batu: mais cependant comme il veut conserver le ton de l'allégorie, il

[554] Vgl. Aristoteles: Poetik. Kap. 5 (am Anfang) und Kap. 11 (am Ende).
[555] V. 1392.
[556] Brumoy S. 534/35.

faut une expression qui convienne aussi au vase cassé.« Auf diese ›therapeutische‹ Bedeutungsebene, die das zweite »Märchen« deutlich mit dem ersten gemeinhat und die Brumoy hier einseitig auf den »homme batu« bezieht, wird zurückzukommen sein. Liest man das Märchen jedoch zunächst als verspätete Reaktion auf die Klage der Bäckerin, so ist der vom Richter – wie bewußt auch immer – intendierte Sinn zunächst offenbar der, daß nicht er die Existenz der Bäckerin, sondern umgekehrt die Bäckerin die Existenz des Richters bedroht habe. Da der Zuschauer natürlich weiß, wer in Wahrheit der Schuldige ist, wird er in dem Märchen an die Stelle der angeklagten Frau den Richter selbst setzen und sich zugleich klarmachen, warum der Richter an dieser Stelle nicht mehr wie im Hundeprozeß, als es um seine materiellen Interessen ging, nur von einer »cruche«, sondern von dem »vase des souffrages« spricht. Wenn nämlich, entsprechend der damit enthüllten zweiten Bedeutung, in Wahrheit er selbst durch seine zum Stimmtopf gewordene »cruche cassée« vor Gericht geladen wird, weil er selbst sie zerschlagen hat, dann kann das nur bedeuten, daß er, der Richter, sich bei sich selbst als bei demjenigen zu verklagen hat, der seine eigene Richterexistenz zerstört hat. Er selbst, so erkennt der Zuschauer, ist sich also zumindest in tieferen Schichten seines Bewußtseins über die Strafwürdigkeit seines Richterdaseins sehr wohl im klaren.

Mag aber die gerichtliche Verfolgung des Richters für diesen selbst auch nur ein verdrängtes Schreckgespenst sein – Aristophanes hat sie in seinem Stück deutlich genug gefordert, und eben deshalb dürfte Kleist sie auch in jenen Kupferstich mit dem Titel ›Le Juge ou la cruche cassée‹ hineingelesen haben.

Die Bäckerin nämlich droht dem Richter mit dem Agora-Gericht (»je vous accuse au tribunal des agoranomes«[557]), der »homme batu« mit dem Archonten: »Riez, riez, en atendant que l'archonte apele l'affaire.«[558] Daß es sich dabei um den Thesmotheten unter den Archonten handelte, konnte Kleist wiederum aus dem Brumoy erfahren, der schon in seiner Einleitung erläutert hatte: »Les magistrats qu'on appeloit Thesmothetes (nom tiré du pouvoir de porter des loix) connoissoient des accusations et des plaintes. Ils portoient la parole sur ces sortes d'affaires. Mais leur principal office étoit de revoir les loix chaque année, et de les corriger, suivant le besoin, par des interprétations convenables.«[559] Damit ist genau die Tätigkeit des »Gerichtsrats« und »Revisors«

---

[557] A.a.O. S. 531.
[558] A.a.O. S. 535.
[559] A.a.O. S. 405

180

Walter beschrieben, wie er sie selbst im ›Zerbrochnen Krug‹ definiert: »Das Obertribunal in Utrecht will / Die Rechtspfleg auf dem platten Land verbessern, / Die mangelhaft von mancher Seite scheint, / Und strenge Weisung hat der Mißbrauch zu erwarten. / Doch *mein* Geschäft auf dieser Reis ist noch / Ein strenges nicht, sehn soll ich bloß, nicht strafen.«[560]

Dadurch, daß Walter, der »Thesmotete«, zur Inspektion kommt, kehren sich die Folgen des Genußlebens, die bei Aristophanes der Sohn dem Richter in den schönsten Farben malt, bei Kleist genau um. Bei Aristophanes heißt es: »Il y aura un avantage réel, c'est que tout se fera dans l'ordre. Vous attendrez que le soleil soit levé, pour juger à l'ardeur de ses rayons: qu'il pleuve ou qu'il neige, vous instruirez les procès près de votre feu; et quelque tard que vous vous leviez, nul Thesmothete ne pourra vous exclure du droit de siéger chez vous.«[561] Kleists Adam wird dagegen zu Beginn des Stücks in ungewohnter Frühe zu seiner Gerichtssitzung gezwungen, woraus sich die ganze Hektik des ziemlich langen, aber sehr schnell zu spielenden zweiten Auftritts ergibt, und am Ende kann er weder »an seinem eigenen Feuer«, noch an dem des Gerichtssaales (die bei ihm ja eins waren) mehr »Sitzung halten«, sondern man sieht ihn »das aufgepflügte Winterfeld (durchstampfen).«[562] Daß er nicht mehr Richter sein darf, wird dabei wieder Aristophanisch dadurch ausgedrückt, daß er bei seiner Flucht »seinen Schild fortwirft«: die Amtsrobe, die er in den Händen seines Feindes Ruprecht läßt. Die durch die Flucht erstrebte Freiheit ist jedoch in Wahrheit wieder nur ein neues »être esclave«, wie bei Aristophanes durch das Mantelmotiv noch weiter explizit gemacht wird: Zu Beginn hatte der Sohn den Richter dazu zu überreden gesucht, »å ne plus reprendre son costume de juge«[563]; während der Vater dann am Ende ein letztes Mal emphatisch erklärt: »Non, tant que je vivrai, je ne me déferai de mon manteau«[564], zwingt ihn der Sohn in einen »habit à la Persiene«, den er als die neueste Mode ausgibt und der doch schon aus seinem Namen als ein Mantel für Unfreie, ein Sklavenmantel erkennbar ist. Kleists Adam indessen flieht, »als flöh er Rad und Galgen«[565]: Kleist nimmt damit das wiederholte Aristophanische »aller aux corbeaux« auf, zu dem die französische Übersetzung anmerkt: »c'est-

---

[560] V. 297–302.
[561] S. 478.
[562] V. 1956.
[563] Brumoy S. 426.
[564] S. 507.
[565] V. 1955.

à-dire au diable, aller se pendre, aller aux fourches patibulaires.«[566] Wie Adam hier am Ende also das »aufgepflügte Winterfeld durchstampft«, als bringe ihn die Fortsetzung des Prozesses »aux fourches patibulaires«, so hatte sein Richterkollege aus Holla sich zuvor in ein »aller se pendre« zu flüchten versucht – und selbst daß er dies am »Sparren hoch des Daches (seiner Scheuer)« (V. 110/11) zu tun versuchte, ist offenbar wiederum durch Aristophanes angeregt. In den ›Wespen‹ nämlich springt der Richter nicht nur aus dem Fenster, sondern er flüchtet sich auch aufs Dach. Ein Untenstehender meint zunächst, es handele sich um eine Maus, die dort oben raschelt, doch er wird belehrt: »Une souris? Point du tout: mais c'est un juge des goutieres qui s'est juché au haut du toit.« (S. 435). Hier zitiert auch Brumoy Racine, um zu zeigen, was der aus dieser Stelle gemacht habe, nämlich dies: »Le voilá (sc. le juge), ma fois, dans les gouttieres. (...) Vous verrez qu'il va juger les chats.« Diesen Satz des Racine dürfte dann wiederum Kleist aufgegriffen und für die Szene verwandt haben, in der Adam die Katze beschuldigt, daß sie in seine Perücke »gejungt« habe.[567]

Die Konfrontierung des Richters mit dem Archonten ist also bei Aristophanes, dessen Komödie in einem wilden Tanz endet, durchaus als eine auf die Zukunft projizierte Möglichkeit benannt, die eben damit, entsprechend der Intention der Satire, als die in die Wirklichkeit umzusetzende Notwendigkeit erscheint. Kleists Komödie erweist sich so als die von Aristophanes gleichsam selbst geforderte Fortsetzung der ›Wespen‹.

3. Fabel und Mythos bei Aristophanes

Der Sklave, der dem Sohn meldet, daß der Richter während des Gastmahls »des fables de la maniere la plus maussade« vorgetragen habe, fügt hinzu: »et qui ne revenoient aucunement à la circonstance.«[568] Das ist insofern ein Fehlurteil, als die vom Richter vorgebrachten Märchen mit dem jeweiligen Tatbestand gerade dies zu tun haben, daß sie von ihm ablenken sollen. Wenn man sich gegen jemanden vergangen hat, dann muß man ihm, so war der Vater von dem Sohn selbst belehrt worden, »quelqu'une des facéties« erzählen, »qu'on aura débietée pendant le festin, soit historiete Esopienne pour rire, soit quelque Sybaritique. On tâche de faire rire le batu, et de s'en tirer sans plus de

---

[566] Brumoy S. 421/22.
[567] V. 242–258.
[568] Brumoy a.a.O. S. 525.

frais.«[569] Auf diese Weise könne man sich der Notwendigkeit entziehen, »mettre tout son avoir pour payer sa sotise.«[570]

Was aber hat diese Lehre der Wechselwirkung von Wirklichkeit und Märchenerfindung mit dem religiösen Grundgedanken zu tun, den ich für Kleists ›Zerbrochnen Krug‹ nachzuweisen suchte? Daß ja auch die bloße Verwendung eines Orakels ein Stück noch keineswegs zur Aristotelischen Komödie oder Tragödie macht, ließe sich unschwer etwa an dem nach Lessing damals »allgemein bekannt(en) und allgemein beliebt(en)«[571] Stück ›L'Oracle‹ von Saint-Foix zeigen. Dort ist das Orakel als bloß märchenhaftes Requisit in die ausschließliche Märchenwelt eines Feenreiches versetzt.[572] Bei Aristophanes muß man sich indessen an die Ausgangsfrage der Komödie erinnern. Der Vorschlag des Sohnes, das Leben gleichsam nur noch als ein großes Fest zu nehmen, auf dem man sich äsopische Fabeln und sybaritische Märchen erzählt, stellte dem Vater in Aussicht, zu Recht sagen zu können: »Je prétends bien être Roi.«[573] Bedenkt man nun, daß der Sohn das Dasein des Vaters zuvor verächtlich als ein »être esclave« abgetan hatte, weil er seine Ansprüche immer noch viel zu niedrig angesetzt habe, so enthüllt sich die ganze Absurdität des Vorwurfes erst dann, wenn man sich die r e - l i g i ö s e Hybris des Richters vor Augen führt. Er versteigt sich nämlich in seinem Größenwahn nicht nur bis zur Königsmacht, sondern ausdrücklich bis zur Gottgleichheit. Wenn bei ihm vor Gericht ein Vater in seiner Not um Erbarmen für sein Kinder bittet, so weidet sich der Richter daran mit den Worten: «(...) ensuite le pére tremblant me supplie par eux comme un dieu, pour que je le blanchisse.«[574] Und: »N'ai-je donc point d'après cela une vraie souveraineté, et capable d'aller de pair avec celle de Jupiter? On parle de nous comme de ce dieu même.«[575] So redet ihn denn selbst sein Sohn als »digne descendant de Saturne« an - dies aber an derselben Stelle, an der nun nicht nur das Orakel, sondern sogar er selbst auf den ›König Ödipus‹ anzuspielen scheint, indem er die »Krankheit« des Vaters mit der Pest im Theben der Sophokleischen Tragödie vergleicht. Die Heilung seines Vaters sei »une entreprise difficile et au dessus de tous les efforts d'une comédie,

---

[569] Brumoy a.a.O. S. 521.
[570] A.a.O. S. 520.
[571] Hamburgische Dramaturgie. S. 286.
[572] [Germain François Pouillain] de Saint-Foi[x]: L'Oracle, comédie en un acte et en prose. Nouvelle edition. Paris 1793.
[573] Brumoy a.a.O. S. 457.
[574] A.a.O. S. 461.
[575] A. a. O. S. 465.

que de guérir une maladie depuis long-temps invétérée dans une ville.«[576]

Es ist kaum ein Zweifel möglich, daß Kleists Hauptinteresse an der Komödie des Aristophanes durch solche Worte geweckt wurde, die er in ihrer Interpretation des ›König Ödipus‹ als genaues Äquivalent zu dem »und werdet sein wie Gott« der Genesis verstehen konnte. Später ließ er die »Analysis« des ›Amphitryon‹ in Alkmenes Erkenntnis der Nichtidentität Amphitryons und Jupiters münden und Alkmene damit zur Selbsterkenntnis finden; genauso wandelte er sogar den Vornamen des historischen Hans Kohlhaase in Michael, zu Deutsch: »Wer ist wie Gott?«[577] um und deutete so wiederum schon durch die Namengebung an, in welcher Weise das Ziel der Novelle zu interpretieren sei. Entsprechend suchte er auch bereits in den ›Wespen‹ nach einer Lösung, die mit der Verurteilung des Richters die Möglichkeit angemessener Selbsterkenntnis vermitteln könne. Beides schien ihm bei Aristophanes im Orakel und in dem Hinweis auf den Thesmotheten zwar angelegt, nicht aber durchgeführt. Als er daraufhin mit dem ›Zerbrochnen Krug‹ die Fortsetzung dieses Stückes schrieb, verzichtete er dann allerdings selbst auch darauf, Verurteilung und Selbsterkenntnis in der einen Person Adams darzustellen. Anders als Kohlhaas, der am Ende sein Urteil akzeptiert, weil er zu der schon in seinem Namen enthaltenen Selbsterkenntnis gefunden hat, ist dieser Schluß für den Adam des ›Zerbrochnen Krugs‹ wieder nur, wie bei Aristophanes, als die ebenso mögliche wie notwendige Lösung in die Zukunft projiziert. Denn er flüchtet, doch »auf der Flucht zerschlagen sich die Krüge«[578] – so hatte Kleist ihn selbst beziehungsvoll in der romanischen, reflexiven Form des Passivs sagen lassen. Für ihn, der in dem Krug sich selbst zerschlagen hat, bedürfte es eines weiteren Gerichtsprozesses, damit ihm »sein Recht (geschieht)«, wie Frau Marthe unsinnigerweise für den Krug fordert und wie ihr der Gerichtsrat für den Krug ironisch, in bezug auf Adam aber durchaus ernsthaft bestätigt. Der Revisionsprozeß soll zwar – so Aristophanes – »au tribunal des agoranomes« stattfinden, also »Am großen Markt«, wie der Gerichtsrat verspricht, doch kann die Gerichtsverhandlung auch dort nur dann erfolgreich sein, wenn der »Krug« sich endlich wirklich »bei sich selbst verklagt« und der Richter in eben dem Sinne »dans sa maison« zu richten bereit ist, wie es Eve mit Walters Hilfe bereits in dem Huisumer Prozeß gelungen ist.

---

[576] S. 467.
[577] Henrik Lange: Säkularisierte Bibelreminiszenzen in Kleists ›Michael Kohlhaas‹. In: Kopenhagener Germanistische Studien. Bd. 1. 1969. S. 215.
[578] V. 1350.

Es zeigt sich also in Kleists Rezeption der ›Wespen‹, daß seine Vorliebe für Aristophanes und gerade für diese Komödie des Aristophanes nicht einfach als Folge einer zufälligen Lesefrucht zu werten ist. Wie der Vergleich mit Racine lehrt, bedurfte es der Auseinandersetzung mit Kant und aller sich daraus ergebenden erkenntnistheoretischen und theologischen Konsequenzen, um nicht nur in dem Hunde-Prozeß, sondern auch in dem Motiv des Stimmtopfs überhaupt jene spezifische Stimme des Gewissens zu gewahren: den »inneren Gerichtshof im Menschen«, »vor welchem sich seine Gedanken einander verklagen oder entschuldigen.« Daß Kleist gegenüber Aristophanes jedoch noch mit besonderem Nachdruck auf der Abhängigkeit der »Sentenz« des Gerichtsurteils vom Erkenntnisurteil beharrt, zeigt sich an Kleists Änderung einer scheinbar so unbedeutenden Episode wie der folgenden. Kurz bevor der Richter in den ›Wespen‹ sein Urteil über den Hund fällen will, jammert er, nachdem ihm die kleinen Kinder des Hundes vorgeführt wurden: »Comme je souffre d'avoir avalé quelque chose! Il m'est échapé des larmes, ce qui, j'en suis sûr, ne me seroit jamais arivé sans ces maudites lentilles dont je me suis gonflé.«[579] Während der Richter also hier sein ungewolltes Mitleid als traurige Folge einer Linsenmahlzeit ›entschuldigt‹, stöhnt Adam: »Mein Seel! / Wenn ich, da das Gesetz im Stich mich läßt, / Philosophie zu Hülfe nehmen soll (...)«, worauf ihn der Gerichtsrat dann unwillig anfährt: »Wer also wars? Der Lebrecht oder Ruprecht? / Ihr greift, ich seh, mit Eurem Urteil ein, / Wie eine Hand in einen Sack voll Erbsen.«[580]

Doch zeigt der Vergleich mit Racine und Destouches auch dies, daß Kleists Vorliebe für Aristophanes zugleich auf der Affinität eines Denkens beruhte, dem historische Geschichte und »poetisches Märchen« (oder »Fabel«) zwei nicht zu trennende Seiten ein und derselben Wirklichkeit sind. Alles geschichtliche Handeln sucht sie notwendig in eine dann nur scheinbar problemlose Märchenwelt zu verfälschen, die den Menschen in Wahrheit immer wieder mit sich selbst und seinen Mitmenschen in Konflikt bringt. Als karikaturhaft verzerrendes Paradigma steht dafür Adams Versuch, sich in Huisum (also letzlich bei sich selbst, »in seinem Hause«: Huisum kommt von dem holländischen Wort für »Haus«) durch die Verführung Eves paradiesische Zustände zu schaffen. Wieder ist der Verführungsversuch schon aus dem Aristophanes herauszulesen. Der Sohn überlegt sich nämlich als Verhandlungsgegenstand für die Prozeßführung »im Hause« zwei paralle-

[579] Brumoy a.a.O. S. 495.
[580] V. 1080–82 und 1085–87.

le Delikte, von denen das eine (irgendeine Dienerin habe doch sicher wieder irgendeinen Kessel anbrennen lassen) bereits erwähnt wurde. Das zweite Delikt lautet: »S'il arive que votre servante ouvre votre porte à votre insçu, vous lui ferez porter la peine de ce crime, comme vous l'avez pratiqué jusqu' à présent aux barreau.«[581] Nicht das bloße Türöffnen ohne die Erlaubnis des Richters war hier natürlich das Delikt, sondern die sich anschließende Szene, die der »débauché et furieux« sogleich daraus zu machen suchte; denn worum es dem Richter im Umgang mit seinen »Dienerinnen« vor allem zu tun war, zeigt sich in den ›Wespen‹ immer wieder deutlich genug, am eklatantesten wohl (nur zwei Seiten zurück) an dem Angebot des Sohnes an den Vater, ihn für den Verlust des Richteramtes mit einer »femme« zu entschädigen: »une femme enfin pour lui rendre toutes sortes de petits services.«[582] Um welche sehr handgreiflich-sexuellen Dienste es sich dabei handelte, sagt die Übersetzung in einer Anmerkung vorsichtshalber auf Latein! Es nimmt also nicht wunder, daß auch Kleist in seiner Komödie Eve zu Adam »aufs Amt« kommen und Adam darin auf ebensolche Weise seine Vorteile suchen läßt. Eve aber steht – dies wiederum der K l e i s t s c h e Zusatz oder besser die Kleistsche Verdeutlichung – zugleich dafür, daß das Verfehlen paradiesischer Unschuld nicht etwa nur die Folge eines derartig extremen, von Adam vorgeführten bewußten Entschlusses ist, »frevelhaft den Leitfaden einer moralisch gesetzgebenden Vernunft im guten Lebenswandel zu verlassen«, wie Kant formuliert hatte.[583] Dadurch ergibt sich als Adams e i g e n t l i c h e r Frevel (der dem andern noch vorausliegt) ein Vergehen, das Kant im Gegensatz zu Aristophanes und Sophokles überhaupt nicht erst in den Blick bekommen hatte, als er an dieser Stelle von der Gefahr sprach, den Leitfaden einer moralisch gesetzgebenden Vernunft »unmittelbar an die Idee des höchsten Wesens zu knüpfen«: die Hybris einer angemaßten Gottgleichheit, die sich ihr Verhalten von einem Gotte weder unmittelbar noch mittelbar, sondern überhaupt nicht mehr vorschreiben lassen will.

Jene beiden Seiten der Wirklichkeit werden also bei Kleist wie bei Aristophanes zuletzt durch einen Mythos zusammengehalten, der den Anspruch dogmatischer Buchstabenwahrheit eingebüßt hat und dennoch die Kraft besitzt, scheinbar zusammenhanglose und sogar noch bewußt in »Lügengeschichten«, »sybaritische Märchen« und »äsopische Fabeln« umgebogene Wirklichkeitssplitter in eine homogene

[581] Brumoy a.a.O. S. 478.
[582] A.a.O. S. 476.
[583] Vgl. oben S. 26.

Wirklichkeit zu verwandeln und in ein sinnvolles Kontinuum zu bringen. Dabei ist das Verfahren, metaphorische »Bildlichkeit« in die Wirklichkeit der dramatischen Fabel umzusetzen, keinesfalls von dem Mythos zu trennen. Er allein kann den so entstehenden Versatzstücken der Wirklichkeit über ihre etwaige leitmotivische Funktion hinaus ihre besondere symbolische Kraft verleihen. Diese Symbolfunktion besaß etwa das Krugmotiv durchaus schon in den ›Wespen‹. Mit dem zusätzlichen biblischen Motiv, daß letztlich Gott selbst »den Krug zerschlug«, damit der Mensch sich bekehren könne, hat Kleist freilich – fast wäre man wieder versucht zu sagen: in echt Kleistscher Zuspitzung – noch einmal in das Krugsymbol selbst hineinprojizieren können, was in den ›Wespen‹ erst durch die Verbindung mit dem Orakel gegeben, aber eben doch auch gegeben war. Die Formel der ›Wespen‹, daß derjenige »verloren« sei, der sich nicht selber richte, enthält ja durch das Orakel gleichfalls die religiös begründete Umkehrung, daß er durch Selbsterkenntnis und Überwindung der eigenen Hybris »gerettet« werden könne. Brumoy sah im Schluß der ›Wespen‹ nur die »obscurité de quantité de satyres, qui sont des énigmes impénétrables, particulierement au sujet des poëtes tragiques.«[584] Kleist dagegen glaubte, diese Rätsel gelöst zu haben, als er die Parallele der »Krankheit« des Aristophanischen Athen mit der Pest des Sophokleischen Theben entdeckte und so als eigentlichen Vollender nicht nur der Tragödie, sondern auch der Komödie den Gott erkannte, dem allein es gegeben war, als wahrer Arzt und »guérisseur« die Wunden zu »verbinden« und die »Risse des Kruges zu stopfen«. Wofern hier bei Aristophanes zuletzt wie bei Sophokles die menschliche Erkenntnis des göttlichen Orakels mit einer Selbsterkenntnis zusammenfiel, die sich auf das religiöse Selbstverständnis des Menschen bezog, war die Aristophanische Komödie offenbar mehr als bloße Satire, vielmehr eine Komödie vom Range der Tragödie und eben darin das große Vorbild für den Komödiendichter Kleist.

---

[584] Brumoy a.a.O. S. 413

Rekonstruktion des dramenpsychologischen Schemas der Aristotelischen Tragödien- und Komödienbestimmungen

	Quellen der Affekte	Affekte der Zuschauer		Äußerung der Affekte	Das psychotherapeutische Ziel	
		objektbezogen	subjektbezogen		privativ	positiv
Tragödie	Leid (Pathos)	Mitleid (Eleos) — Unlust	Entsetzen (Phobos)	Weinen	Katharsis von Mitleid und Entsetzen	Stärkung des „strebenden" Seelenteils
Komödie	Das Lächerliche (Geloion)	(Mit-)freude — Lust	Entzücken	Lachen	Katharsis von (Mit-)freude und Entzücken	

LITERATURVERZEICHNIS

(Das Verzeichnis enthält nur Werke, die in dieser Arbeit zitiert wurden.)

I. Texte

(Anonymus): Rhetorica ad Herrenium. With an English translation by H. Caplan. London, Cambridge, Massachusetts 1964.

Aristophane: Les Guêpes. In: P. Brumoy (Hrsg.): Théatre des Grecs, Par le P. Brumoy. Nouvelle édition. Tome XI. Paris 1788.

- Über die Kunst der Poesie. Aus dem Griechischen übersetzt und erl. Hrsg. von J. G. Buhle. Berlin 1798.

- Dichtkunst, ins Deutsche übersetzt, Mit Anmerkungen, und besonderen Abhandlungen versehen von M. C. Curtius. Hannover 1753.

Aristoteles: De arte poetica. (Hrsg. von I. Bywater.) 2. Aufl. Oxford 1911.

- Poetik. Übersetzung, Einleitung und Anmerkungen von Olof Gigon. Stuttgart 1964.

- Ethica Nicomachea. (Hrsg. von I. Bywater.) Oxford 1955.

- Problems II (Books XXII-XXXVIII). With an English translation by W. S. Hett. London, Cambridge, Massachusetts 1957.

Bloch, Ernst: Das Prinzip Hoffnung, Frankfurt 1959.

Cicero, Marcus Tullius: De oratore. Liber secundus. 6. Aufl. bes. von O. Harnecker. Leipzig 1889.

Destouches, [Philippe] Néricault: L'Obstacle imprévu ou L'Obstacle sans obstacle. In: Ders.: Oeuvres dramatiques. Nouvelle édition. Tome VI. Paris 1774.

Fichte, Johann Gottlieb: Die Bestimmung des Menschen. In: J. G. Fichtes sämmtliche Werke. Hrsg. von I. H. Fichte. Bd. II. Berlin 1845/6.

Freud, Sigmund: Zur Psychopathologie des Alltagslebens. In: S. Freud: Gesammelte Werke. Bd. IV. 3. Aufl. London 1955.

- Der Witz und seine Beziehung zum Unbewußten. In: S. Freud: Gesammelte Werke. Bd. VI. London 1948.

Hegel, Georg Wilhelm Friedrich: Ästhetik. Nach der zweiten Ausg. H. G. Hothos (1842) redig. und mit einem ausf. Register vers. von F. Bassenge. 2 Bde. Berlin und Weimar 1965.

Kant, Immanuel: Metaphysik der Sitten. Hrsg. von K. Vorländer. Unveränd. Abdruck der 4. Aufl. 1922. Hamburg 1966.
- Kritik der reinen Vernunft. Unveränd. Neudruck der von Raymund Schmidt bes. Ausg. (nach der zweiten durchges. Aufl. von 1930). 1967.
- Kritik der Urteilskraft. Hrsg. von K. Vorländer. Unveränd. Nachdr. der 6. Aufl. von 1924. Hamburg 1968.
Kleist, Heinrich von: Sämtliche Werke und Briefe. 2 Bde. Hrsg. von H. Sembdner. (Unveränd. fotomechan. Nachdr. der zweiten, verm. und völlig revid. Aufl. München 1961). Darmstadt 1962. (Zitiert wird nach Band- und Seitenzahl, der ›Zerbrochne Krug‹ (aus dem 2. Band) nur nach der Verszahl).
Leibniz, Gottfried Wilhelm: Die Theodizee. Übersetzung von A. Buchnau. 2. Aufl. Hamburg 1968. (1. Aufl. 1925).
Lessing, Gotthold Ephraim: Hamburgische Dramaturgie, Kritisch durchges. Gesamtausg. mit Einleitung und Kommentar von O. Mann. 2. Aufl. Stuttgart 1969.
Nietzsche, Friedrich: Werke in drei Bänden. Hrsg. von K. Schlechta. München und Darmstadt 1966.
Platon: Res publica. In: Platonis opera. Tom. IV. Oxford 1957.
Racine, [Jean]: Les Plaideurs. In: Ders.: Oeuvres complètes. I. (Théatre-Poésies). Bibliothèque de la Pléiade. [Paris] 1950.
Schiller, Friedrich: Sämtliche Werke. Hrsg. von G. Fricke und H. G. Göpfert in Verbindung mit H. Stubenrauch. 4., durchges. Aufl. München 1965.
- Briefe. Hrsg. von G. Fricke. München 1955.
Schopenhauer, Arthur: Sämtliche Werke. Nach der ersten, von J. Frauenstädt hrsg. Gesamtausg. neu bearb. und hrsg. von A. Hübscher. Wiesbaden 1966.
Weiße, Christian Felix: Der Krug geht so lange zu Wasser, bis er zerbricht; oder der Amtmann. In: Ders.: Briefwechsel der Familie des Kinderfreundes. Leipzig 1786. S. 185–318.
Wittgenstein, Ludwig: Tractatus Logico-philosophicus. Logisch-philosophische Abhandlung. 6. Aufl. Frankfurt 1969.

190

II. Literatur

Adorno, Theodor W.: Noten zur Literatur I. Frankfurt 1965.

Arntzen, Helmut: Die ernste Komödie. Das deutsche Lustspiel von Lessing bis Kleist. München 1968.

– Komödie und episches Theater. In: Der Deutschunterricht 21. 1969. Heft 3. S. 67–77.

Benjamin, Walter: Ursprung des deutschen Trauerspiels. Revid. Ausg. Besorgt von Rolf Tiedmann. Frankfurt 1963.

Blöcker, Günter: Heinrich von Kleist oder das absolute Ich. Berlin 1960.

Böckmann, Paul: Die Verrätselung des Daseins in Kleists Dichtungen. In: Ders.: Formensprache. Studien zur Literaturästhetik und Dichtungsinterpretation. Hamburg 1966. S. 385–406.

Braig, Friedrich: Heinrich von Kleist. München 1925.

Cassirer, Ernst: Heinrich von Kleist und die Kantische Philosophie. In: Ders.: Idee und Gestalt. Goethe. Schiller. Hölderlin. Kleist. Darmstadt 1971. (Neudruck der 2. Aufl. 1924).

Catholy, Eckehard: Komische Figur und dramatische Wirklichkeit. Ein Versuch zur Typologie des Dramas. In: Festschrift Helmut de Boor. Tübingen 1966. S. 193–208.

Conrady, Carl Otto: Das Moralische in Kleists Erzählungen. Ein Kapitel vom Dichter ohne Gesellschaft. In: H. J. Schrimpf (Hrsg.): Literatur und Gesellschaft vom neunzehnten ins zwanzigste Jahrhundert. 1963. S. 56–82. (Wieder abgedruckt in: W. Müller-Seidel (Hrsg.): Heinrich von Kleist. 1967. S. 707–735.)

Dirlmeier, Franz (Übers,): Aristoteles: Nikomachische Ethik. Darmstadt 1956.

Dürst, Rolf: Heinrich von Kleist. Dichter zwischen Ursprung und Endzeit. Kleists Werk im Licht idealistischer Eschatologie. Bern 1965.

Emrich, Wilhelm: Kleist und die moderne Literatur. In: W. Müller-Seidel (Hrsg.): Heinrich von Kleist. Vier Reden zu seinem Gedächtnis. 2. Aufl. Berlin 1965. S. 9–25.

Fricke, Gerhard: Gefühl und Schicksal bei Heinrich von Kleist. Studien über den inneren Vorgang im Leben und Schaffen des Dichters. (Unveränd. fotomech. Nachdr. der 1. Aufl. Berlin 1929). Darmstadt 1963.

Friedrich, Wolf-Hartmut: Sophokles, Aristoteles und Lessing. In: Euphorion. Bd. 57. 1963. S. 4–27.

Gadamer, Hans-Georg: Wahrheit und Methode. Grundzüge einer philosophischen Hermeneutik. 2. Aufl. Tübingen 1965.

Gordon, Wolff von: Die dramatische Handlung in Sophokles' ›König Oidipus‹ und Kleists ›Der zerbrochene Krug‹. Halle 1926.

Graham, Ilse: Der zerbrochene Krug – Titelheld von Kleists Komödie. In: W. Müller-Seidel. (Hrsg.): Heinrich von Kleist. Aufsätze und Essays. 1967. S. 272–295. (Zuerst in englischer Sprache in: Modern Language Quarterly. XVI. 1955. S. 99–113).

Guthke, Karl S.: Geschichte und Poetik der deutschen Tragikomödie. Göttingen 1961.

– Kleists Amphitryon als Tragikomödie. In: Orbis litterarum 13. 1958.

Hamburger, Käte: Die Logik der Dichtung. 2., stark veränd. Aufl. Stuttgart 1968.

Heimreich, Jens: Das Komische bei Heinrich von Kleist. Diss. Hamburg 1937.

Hoffmeister, Elmar: Täuschung und Wirklichkeit bei Heinrich von Kleist. Bonn 1968.

Hohoff, Curt: Komik und Humor bei Heinrich von Kleist. Ein Beitrag zur Klärung der geistigen Struktur eines Dichters. Diss. Münster 1936.

– Heinrich von Kleist in Selbstzeugnissen und Bilddokumenten. Hamburg 1958.

Ide, Heinz: der junge Kleist. »... in dieser wandelbaren Zeit ...« Würzburg 1961.

Kluckhohn, Paul: Die Arten des Dramas. In: Deutsche Vierteljahrsschrift 19. 1941. Heft 3. S. 241–268.

Kommerell, Max: Die Sprache und das Unaussprechliche – Kleist. In: Ders.: Geist und Buchstabe der Dichtung. Frankfurt 1944.

– Lessing und Aristoteles. Untersuchung über die Theorie der Tragödie. Frankfurt 1940.

Kreutzer, Hans Joachim: Die dichterische Entwicklung Heinrichs von Kleist. Untersuchungen zu seinen Briefen und zu Chronologie und Aufbau seiner Werke. Berlin 1968.

Kreuzer, Helmut: Kleist-Literatur 1955–1960. In: Der Deutschunterricht 13. 1961. Heft 2. S. 116–135.

Lange, Henrik: Säkularisierte Bibelreminiszenzen in Kleists ›Michael Kohlhaas‹. In: Kopenhagener Germanistische Studien. Bd. 1. 1969. S. 213–226.

Leber, Elsbeth: Das Bild des Menschen in Schillers und Kleists Dramen. Bern 1969.

Lefèvre, Manfred: Kleist-Forschung 1961–67. In: Colloquia Germanica 3. 1969. S. 1–86.

Lukács, Georg: Metaphysik der Tragödie. Paul Ernst. In: Ders.: Die Seele und die Formen. Essays. Neuwied und Berlin 1971. (Erstausg. Berlin 1911).

- Die Tragödie Heinrich von Kleists. In: Ders.: Deutsche Literatur in zwei Jahrhunderten. Neuwied und Berlin 1964. S. 201-231.

Martini, Fritz: Kleists ›Der zerbrochne Krug‹. Bauformen des Lustspiels. In: Jahrbuch der dt. Schillergesellschaft. 9. Jg. 1965. S. 373-419.

Mayer, Hans: Heinrich von Kleist. Der geschichtliche Augenblick. Pfullingen 1962.

- Lessing und Aristoteles. In: Festschrift für Bernhard Blume. Aufsätze zur deutschen und europäischen Literatur. Hrsg. von E. Schwartz, H. G. Hannum und E. Lohner. 1967. S. 61-75.

Michelsen, Peter: Die Erregung des Mitleids durch die Tragödie. Zu Lessings Ansichten über das Trauerspiel im Briefwechsel mit Mendelssohn und Nicolai. In: Deutsche Vierteljahrsschrift 40.1966. Heft 4. S. 548-566.

Müller, Johann Karl-Heinz: Die Rechts- und Staatsauffassung Heinrich von Kleists. Bonn 1962.

Müller-Seidel, Walter: Versehen und Erkennen. Köln und Graz 1961.

- Kleists Weg zur Dichtung. In: H. Steffen (Hrsg.): Die deutsche Romantik. Poetik, Formen und Motive. Göttingen 1967. S. 112-133.

Muth, Ludwig: Kleist und Kant. Versuch einer neuen Interpretation. Köln 1954.

Plebe, Armando: La teoria del comico da Aristotele a Plutarco. Torino 1952.

Reske, Hermann: Traum und Wirklichkeit im Werk Heinrich von Kleists. Stuttgart-Berlin-Köln-Mainz 1969.

Ricoeur, Paul: Die Interpretation. Ein Versuch über Freud. Frankfurt 1969. (Titel der Originalausg.: De l'Interpretation. Essai sur Freud. Paris 1965).

Rogge, Alma: Das Problem der dramatischen Gestaltung im deutschen Lustspiel. Diss. Hamburg 1926.

Rommel, Otto: Die wissenschaftlichen Bemühungen um die Analyse des Komischen. In: Deutsche Vierteljahrsschrift 21. 1943. Heft 2. S. 161-195.

- Komik und Lustspieltheorie. In: Deutsche Vierteljahrsschrift 21. 1943. Heft 3. S. 252-286.

Schadewaldt, Wolfgang: Der ›Zerbrochene Krug‹ von Heinrich von Kleist und Sophokles' ›König Ödipus‹. In: Heinrich von Kleist. Aufsätze und Essays. Hrsg. von W. Müller-Seidel. 1967. S. 317-325. (Zuerst veröffentlicht in: Schweizerische Monatshefte 37. 1957. S.

311–318. Außerdem abgedruckt in: Ders.: Hellas und Hesperien. 1960. (2. Aufl. 1970. Bd. II. S. 333–340).

– Furcht und Mitleid? In: Hermes 83. 1955. S. 129–171.

Schneider, Karl Ludwig: Heinrich von Kleists Lustspiel ›Der zerbrochne Krug‹. In: H. Steffen (Hrsg.): Das deutsche Lustspiel I. Göttingen 1968. S. 166–180.

Schoch, Margrit: Kleist und Sophokles. Diss. Zürich 1952.

Schoeller, Bernd: Gelächter und Spannung. Studien zur Struktur des heiteren Dramas. Zürich 1971. (Zürcher Beiträge zur deutschen Literatur- und Geistesgeschichte 39).

Schrimpf, Hans Joachim: Kleist. Der zerbrochne Krug. In: B. von (Hrsg.): Das deutsche Drama. Vom Barock bis zur Gegenwart. Interpretationen. Bd. I. Düsseldorf 1964. S. 342–366.

Schulz, Walter: Wittgenstein. Die Negation der Philosophie. Pfullingen 1967.

Sembdner, Helmut: Neues zu Kleist. In: Jahrbuch der dt. Schillergesellschaft 7. 1963. S. 371–382.

Spörri, Reinhart: Dramatische Rhythmik in Kleists Komödien. Diss. Zürich 1954.

Staiger, Emil: Grundbegriffe der Poetik. 3. Aufl. Zürich 1956.

Streller, Siegfried: Heinrich von Kleist und Jean-Jaques Rousseau. In: Weimarer Beiträge 8. 1962. (Wieder abgedruckt in: W. Müller-Seidel (Hrsg.): Heinrich von Kleist. Aufsätze und Essays. 1967. S. 635–671).

Szondi, Peter: Theorie des modernen Dramas (1880–1950). 7. Aufl. Frankfurt 1970.

Wiese, Benno von: Heinrich von Kleist: Tragik und Utopie. In: Walter Müller-Seidel (Hrsg.): Heinrich von Kleist. Vier Reden zu seinem Gedächtnis. 2. Aufl. Berlin 1965. S. 63–74.

– Die deutsche Tragödie von Lessing bis Hebbel. 7. Aufl. Hamburg 1967.

Wittkowski, Wolfgang: Weltdialektik und Weltüberwindung. Zur Dramaturgie Kleists. In: R. Grimm (Hrsg.): Deutsche Dramentheorien. Frankfurt 1971. S. 270–292.

Wolff, Hans M.: ›Der Zerbrochene Krug‹ und ›König Ödipus‹. In: Modern Language Notes. Vol. LIV. 1939.

– Heinrich von Kleist. Die Geschichte seines Schaffens. Bern 1954.